角度
人生
界更美好

淡定

——活出全新的自己

刘艳 著

内蒙古出版集团　远方出版社

图书在版编目　　数据

淡定：活出全新的自己/ 刘艳著． —呼和浩特：远方出版社，2014. 9

（换个角度看人生）

ISBN 978-7-5555-0167-1

Ⅰ. ①淡… Ⅱ. ①刘… Ⅲ. ①人生哲学-通俗读物

Ⅳ. ①B821-49

中国版本图书馆 CIP 数据核字（2014）第 049755 号

淡定——活出全新的自己

著　　者　刘　艳

责任编辑　孟繁龙

装帧设计　柏拉图

出版发行　内蒙古出版集团　远方出版社

社　　址　呼和浩特市乌兰察布东路 666 号

（电话：0471-2236466 邮编：010010）

经　　销　新华书店

印　　刷　北京毅峰迅捷印刷有限公司

开　　本　710mm×1000mm　1/16

字　　数　230 千

印　　张　16. 75

版　　次　2014 年 9 月第 1 版

印　　次　2014 年 9 月第 1 次印刷

印　　数　1—6500 册

标准书号　ISBN 978-7-5555-0167-1

定　　价　29. 80 元

前 言

早在1928年，经济学家凯恩斯就曾预言："有史以来，人类将首次面对一个真正永恒的问题——如何利用工作以外的自由与闲暇，过快乐、智慧的美好生活。"现代人的生活节奏快，很多人按照社会上的主流思想，马不停蹄地为自己增加各种各样的东西——金钱、地位、权力、名誉……急功近利，心浮气躁。从此，肩负的东西越来越多，越来越重，所以，他们感到生活很累。然而，就算已经喘不过气来，也要不断地追求、索取，并且乐此不疲。虽有一些人如愿以偿地爬到高位，积累了巨额财富，但更多的却是感到已经处于崩溃的边缘。

突然有一天，一位哲人大声呼喊：最好的活法就是给自己的人生做减法！从此，人们有了一种如获重生的感觉——原来，放下重负，淡定从容，才是最好的活法。

追求快乐是每个人的天性，但经历苦难也是人生难免的。人是哭着而不是笑着来到这个世界上的。这或许就注定了在人的一生当中，苦难永远多于快乐。脱离苦海就需要奋斗，淡定并不是要放弃奋斗过平庸的生活，而是要在奋斗的过程中，不贪不嗔，从容不迫。或许经历奋斗以后什么都没找到，或许得到过又失去了，最后一无所有，不得不向现实妥协，但起码自己努力过。淡定，是在奋斗中修炼人生，遇事沉稳，又积极果断；胜不骄，败不馁；进退有度，宠辱不惊。

淡定，不是看破红尘，而是经过岁月磨砺后的沉稳含蓄，是一种生活态度；淡定，不是不屑一切，只是少了几分狂热，多了几分冷静，是一种从容的姿态。一个人要想内心强大，前提是要看清身外之物的得与失。一个淡定的人，才会有开阔的心胸，才会有坦然的心境，才会有真正的勇敢，才能享受自在的人生。内心的淡定是世界上最强大的力量。

本书以阐释淡定与奋斗的辩证关系为主题，用通俗、充满哲理的语言剖析在社会环境、生活、事业、情感的影响下，人们的种种心态和人生观，帮助读者探索奋斗的本质，学会更简单地生活，学会惬意地工作，学会珍惜与感恩，学会爱与获得幸福，学会认识自我和人生，弄懂奋斗与淡定的关系，将自己的人生升华到一个新的高度。本书的每一段文字，都是对人心灵的关照，祈望能抚慰受伤的或不安的心灵，能给读者最细腻的心智启迪和激励，引导每一个人过上宁静、幸福的生活。

淡定——活出全新的自己

目录

CONTENTS

第一章　淡定，让心灵更自由

第三章　淡定，让生活更出彩

第四章　淡定，让名利皆寻常

第五章　淡定，让成败同精彩

第六章　淡定，让生命更宽厚

第七章　淡定，让幸福常相随

第一章　淡定，让心灵更自由

淡定是一种心态和待人处世的态度。我们这个时代，世界美丽了，可空气却不清新了，人心也有了更多的沙漠。哪里有你一泓心灵的泉？什么让你充满憧憬？

人生的旅程中，一路走，一路歌，一路跋涉，一路舍弃，一路收藏旖旎风光，一路穿过丛林荆棘。不同的心情，会看到不同的风景，唯有找到心灵的绿洲，心灵才会更加自由。

第一节　知足心常乐

1. 心态决定命运

一位伟人曾说："要么你去驾驭生命，要么是生命驾驭你。你的心态决定谁是坐骑，谁是骑师。"这是至理名言。但如果有人说，看看你年轻时的照片，就能对你的未来看个八九不离十，你相信事实是这样吗？

美国和英国的两个心理学研究所曾对毕业照进行了专门的研究，他们收集了5000张全班同学的毕业合影照，从中选定了50000人。经过长达41年的跟踪调查，研究人员发现：从总体上看，那些面带微笑和自信的学生，他们到中年以后的事业成功率以及生活的幸福程度，都远远高于那些面部表情不好、郁郁寡欢的人。

没错，微笑和自信能预知你的成功。不是吗？看看我们的周围，那些愈是愁眉苦脸、牢骚满腹的人，愈是生活得不尽如人意，与成功愈是无缘。相反，那些总是脸带微笑、笑容可掬的人，好运似乎特别喜欢跟着他们，不管是事业还是生活，他们都比旁人要成功。

为什么？很简单，脸上的表情往往反映了一个人的心态。有什么样的心态，往往就有什么样的现在，也预示着有什么样的未来。

大约40年前，福建某贫穷的乡村里，住了兄弟两人。他们受不了穷困的环境，决定离开家乡到海外去谋求发展。大哥似乎幸运些，到了富庶的旧金山，弟弟则到了比中国更穷困的菲律宾。

40年后，兄弟俩又幸运地聚在一起。今日的他们，已今非昔比了。哥哥当了旧金山的侨领，拥有两间餐馆、两间洗衣店和一间杂货铺，而且子孙满堂。

弟弟呢？居然成了一位享誉世界的银行家，拥有东南亚相当数量的山林、橡胶园和银行。经过几十年的努力，他们都成功了，但为什么兄弟两人在事业上的成就，却有如此大的差别呢？

兄弟聚头，不免谈谈分别以来的遭遇。哥哥说，我们中国人到白人的社会，没有什么特别的才干，唯有用一双手煮饭给白人吃，为他们洗衣服。总之，白人不肯做的工作，我们华人统统顶上了，生活是没有问题的，但事业却不敢奢望了。例如我的子孙，书虽然读得不少，也不敢妄想，唯有安安分分地去做技术工作来谋生，要进入白人上层社会，很难做到。

看见弟弟这般成功，哥哥不免羡慕弟弟的幸运。弟弟却说，幸运是没有的。初来菲律宾的时候，做些低贱的工作，但发现当地人有些是比较懒惰的。于是，他便去做他们不愿做的工作，慢慢地收购了一些企业，生意便逐渐做大了。

以上的故事告诉我们：你把自己定位在什么层次上，你就有什么样的人生。

在现实生活中，我们不能控制自己的境遇，却可以控制自己的心态；我们不能改变别人，却可以改变自己。

20世纪40年代，维克托·弗兰克尔什么罪也没有，只因他是犹太人，就被纳粹投入了集中营，但每天他都在积极思考用什么办法能逃出去。他请教同室的伙伴，伙伴嘲笑他：来到这个地方，从来就没人想过能活着出去。还是老老实实干活吧，也许能多活几天。但维克托不这样想，他想到的是家有老母妻儿，自己一定要活着出去。

积极的思考终于给他带来了机会。一次，他们到野外干活，趁着黄昏收工时刻，他钻进大卡车底下，把衣服脱光，趁人不注意，悄悄地爬到附近不远处的一堆赤裸死尸上。面对刺鼻难闻的气味、蚊虫叮咬，他全然不顾，一动不动地装死。直到深夜，他确信无人，才爬起来光着身子一口气跑了70公里，终于逃脱。

世上没有绝望的处境，只有对处境绝望的人。这位幸存者后来对人们说："在任何特定的环境中，人们还有一种最后的自由，那就是选择自己的态度。"

一个人有什么样的精神状态，就会产生什么样的生活现实，这是毋庸置疑的。生活中，一个好的心态，可以使你乐观豁达；一个好的心态，可以使你战胜面临的苦难；一个好的心态，可以使你淡泊名利，过上真正快乐的生活。人类几千年的文明史告诉我们，积极的心态能帮助我们改变命运，获取健康、幸福和财富。

2. 顺天应时，为所当为

古代圣哲告诫后人：道法自然，顺其自然，为所当为。这是很深刻的人生哲学。

常言道，人生九苦。其实，人生中真正的苦痛并没有我们想象的那么多，弥漫于日常的悲愁是人心在作祟。它污染人的情绪，败坏人的生趣，让人总是陷于追悔、不满、自卑的泥潭，使人对生活充满怨气，对未来充满恐惧。

人们常常忘记了自己是个凡人。凡人对世事判断的眼光是有局限的，他们难以预知未来。凡人对现实的感知更是有很大局限，能够感知当下幸福与现世喜乐的是传说中的神，或者神的化身——那些得道的高僧与先哲。

叔本华说，凡人的生命是一团欲望，欲望不满足便痛苦，满足便无聊。人生就是在痛苦与无聊之间摇摆。追忆有限的生活，人难道不就是在和无聊与痛苦的搏斗中度过的吗？

既然不是仙，我们就必须坦然地承受凡人的命运，我们可以试着从管理内心开始，顺天应时，把每一天用于追悔昨天的时间用来过好今天，谋划明天，尽可能地不去苛责自己的过去。你会发现天空明亮了许多，自己也强大了许多。昨天不可更改，而明天总还充满无数可能。

凡人与圣贤的区别就在于不能顺其自然、为所当为，而是去追寻一些虚妄的东西。

庄子曾经讲过一个寓言，说南方之帝、北方之帝和中央之帝是十分要好的朋友，南、北二帝见人人都有七窍，中央之帝却是一团混沌，一窍也没有，于是决心帮助他。他们两个联手，一个按住中央之帝的手脚，一个用凿子为他凿开七窍。中央之帝痛苦地挣扎，最后死去。

这个故事说明不顺应自然，不仅不能减轻痛苦，反而会造成极大的痛苦。

内心的平静，以及我们由生活所得到的快乐，并不在于我们在哪里，我们有什么，或者我们是什么人，只在于让我们的心境顺应自然，不受外部条件的影响。快乐无处不在，只要用心去体会。这种说法有一定的道理。即便是在监狱里长期服刑的犯人，也不必整天都绷着脸，任何人任何时候都有点点滴滴的快乐。快乐是一种相对的感觉，而这种观点对提醒我们珍惜生活体验、笑对人生，也有积极意义。当我们以自己的心灵感悟生活时，就会发现，那些需要刻意去体会出来的快乐其实并不是真正的快乐。

顺其自然的快乐是一种圆满的状态，是一个人智慧的顶峰，是一个人阅尽人间沧桑后的一种大度从容。它不媚俗、不盲从，对挫折泰然处之，对恭维、掌声、鲜花报以淡淡的微笑；它淡泊宁静，散发着灵魂的香味；它是生命发展到一定程度之后，所达到的一种相对稳定的理想境界。

3. 不以物喜，不以己悲

生命中的许多东西是可遇不可求的，不以物喜，不以己悲，其含义就是指无论得到还是失去，无论面对失败还是成功，都要保持一种淡然的心态，不因一时的成功和失败而大喜大悲。

一位留学美国的中国学生讲过他的一段人生经历，这给了我们不少启发。

由于小学成绩优秀，他考上了县城的中学。很快他就发现自己再不能像在小学时那样稳拿第一了，于是产生了嫉妒：比自己成绩好的同学原来都有六棱好铅笔，自己却没有，天道不公啊！为此，他比别人更加用功。经过苦读，他居然又成为县中学的第一了。这时他又觉得：人与人之间还是不平等的，为什么自己没有好钢笔呢？

中学毕业后，他考上了北京的某所大学。可好景不长，他的学习成绩连中等也保不住了。看到城里的同学是好铅笔成堆、好钢笔成把，早上蛋糕牛奶、晚上香茶水果，想想自己，早上一个窝头还舍不得吃完，还要给晚上留一半。合理又从何谈起呢？

5年后，他留学到美国，亲眼看到了五光十色的西方世界，所有的嫉妒、自卑、怨恨忽然一扫而光。原来，他选取的比较标准发生了变化，看到的不再是自己的同学、同事和邻居，而是整个世界。

有的人在蜗牛角上打架，有的人在太空漫步。坐井观天的争斗只有一个结果，就是固步自封。当你转换一个视角再看问题时，很可能会发现一个全新的世界。

这个世界上只有一件事是最重要的，那就是要自己得瞧得起自己，至于别人怎么说怎么认为反而是一件无足轻重的小事。

生活中如此，工作上也一样，只要好好干，是金子总会发光的。可是，当我们面对生活的挫折和坎坷时，却常常把自身贬低。

王亮原来在某公司营销部当经理。一天，他突然接到人事部门的调令，调他去供应部当经理。在公司，供应部的地位哪里比得上营销部呢？王亮心想，如此一调，不就是明摆着对自己不满意嘛，看来前途不妙。以前王亮从事销售工作，整天往外跑，很合乎他的个性。如今，要他整天待在办公室里搞物资调动，和那些器材报表打交道，实在是有些受不了。

开始的时候，王亮一直闷闷不乐，心灰意冷。后来，他忽然想到一个问题：为什么我以前对自己信心十足，当上了供应部经理后就没有信心了呢？他冥思苦想，突然醒悟过来："这是因为我自己的期待值无形中随着部门的调动而降低了，我失去了自我上进的动力。"想明白了这一点后，他开始把精力投入到新的工作中，慢慢地发现在供应部也有自己的用武之地。而且，供应部对整个公司来说，起着举足轻重的作用，只是大家平时把它忽略了而已。王亮调整心态后，重新找到了工作的意义，一改以往消极拖沓的作风，变得充满自信，工作起来如鱼得水、得心应手。他的积极态度也感染了下属。

由于他出色的工作成绩，供应部获得了总公司颁发的两次特别奖金。不久，王亮收到一张人事调令，他被提升为公司的副总经理。

由上可知，在生活中，我们应该保持一种适应环境、改造环境的积极心态，而不要一味地在自己的消极意志中沉寂下去。一个人，当他选择并拥有了积极快乐的心态，不仅能让自身的知识和能力得到最优化的发挥，充满自信地去面对各种挫折，而且能让人际关系变得越来越融洽，从而在人生道路上形成良性循环，走出一片广阔的天地。

当然，有些时候我们不可能完全如意地挑选那些又重要又体面的工作，很可能要被动地接受一些工作安排。这时候要心中有数：不要让自己降低标准去适应工作，而应按自己的才华提升工作标准，不要干削足适履的傻事。人生不可能一帆风顺，有成功，也有失败；有开心，也有失落。如果我们把生活中的这些起起落落看得太重，生活对于我们来说永远都不会坦然，永远都没有欢笑。人生应该有所追求，但暂时得不到并不会阻碍日常生活的幸福。

“不以物喜，不以己悲。”这句话渗透着中国的传统道家思想，它是一种思想境界，更是古代先贤对修身的要求。用于现实生活，就是保持一颗平常心，是一种不为感情所左右、不为名利所牵引，洞悉事物本质，完全实事求是的心理状态。它不是仰视，不是俯视，而是平视——平淡、平等、平静地看问题。平常心要以知识为底蕴，无知是不能拥有平常心的；平常心要以勇气为后盾，懦弱是不敢拥有平常心的。平常心不是墨守成规，而是不牵强附会、不察言观色、不患得患失、不人云亦云，只有完全抛开了得失、荣辱以至生死的人才能做到。在平常心态下，生命便具有了最高意义，行为便有了广阔的空间。

4. 宁静能生智慧

淡定是内心的宁静。人心如一块土地，当季节将一床雪袄冰被覆盖在大地上的时候，这便是让土地好好休息。累了几个季节，长了几季庄稼，也该歇歇了。土地静听着冰封河面下丝丝的流水声，在厚厚的雪被下慢慢进入梦乡。于是，瘦了的土地在梦中慢慢恢复了地力。一觉醒来，又以蓄足了的精力去催生万物。

人需要休息，需要宁静。宁静是一幅画的底色，单一而纯净，你可在上面演绎彩色的故事。宁静是一块土地，肥沃而平坦，你可以在里面播撒智慧的种子。宁静是森林，是鸟喧嚣的天堂；宁静是海底，是鱼畅游的故乡。非淡泊无以明志，非宁静无以致远。要想让自己狭隘的心胸变得宽阔，你必须在宁静中拓展自己思维的疆域。

宁静源于内心，同样，宁静的敌人也来自内心。因此，要保卫洁净的精神家园不受侵袭，必须打败四大敌人——妒忌、功利心、贪婪和野心。妒忌是毒蛇，使人恶念丛生、心智疲惫；功利心强者则时时计较个人得失，羁绊于一分一厘而无法超脱；贪婪之心源于欲望，终日被搅得心神不宁、躁动不已；野心大者，处处不满，只惦记着如何将不可得之物据为己有。敌人十分强大，装备精良，且往往结成联盟，要战胜它们不仅需要勇气，还需要智慧。

有这么一个故事：从前有一个农夫，拥有一个很大的地窖。有一天，他在地窖里收拾杂物时，不慎把他心爱的手表弄丢了。他很着急，点了灯四处寻找，却怎么也找不到。于是，他想了个办法，请邻近几个正在玩耍的小朋友来帮他找，并承诺谁要是找着了，就送给他5元钱。于是，小朋友们争先恐后地寻找着那块手表，半个小时过去了，还是没有下落，小朋友们纷纷放弃了。就在大家离开后，有一个小孩悄悄地走进地窖，没过多久，就找到了农夫丢失的手表。农夫很惊讶，连忙问他是如何找到的。小孩回答说："我只是静静地坐在那里，不一会儿，我就听见'滴答滴答'的声音，于是我就找到了手表。"

当你放慢节奏，摒弃杂念，专注聆听自己内心深处的声音；当你有意识地全神贯注于身所处、手所做和心所感的时候，你才能得到那一时刻所带来的恩赐、启示或喜悦。

置身于喧嚣的生活、纷杂的世界，为摆脱人生的苦恼和忧烦，不知多少人苦苦寻求一分心灵上的宁静，却往往不可得。正如作家周国平所说："这个世界既充满着机会，也充满着压力。机会诱惑人去尝试，压力逼迫人去奋斗，都使人静不下心来。"

然而，宁静也并非不可得。因为喧闹的是外部世界，而宁静是属于心灵的，一个人只要养成多关注内心世界的习惯，不为外界的力量所左右，善于把外部生活的收获变成心灵的财富，那么，他就能步入精神世界的净地，超脱地看待一切纷纷扰扰，心平气和地享受人生。唯有宁静的心灵，才不眼热权势显赫，不嫉妒金银成堆，不乞求声名鹊起，不羡慕美宅华第。因为所有的眼热、嫉妒、乞求和羡慕，都是一厢情愿，只能加重生命的负荷，加速心力交瘁，而与豁达康乐无缘。

某城市老街上有一铁匠铺，铺里住着一位老铁匠。由于没人再需要打制铁器，现在他改卖铁锅、斧头和拴小狗的链子。

他的经营方式非常古老和传统。人坐在门内，货物摆在门外，不吆喝，不还价，晚上也不收摊。无论你什么时候从这儿经过，都会看到他在竹椅上躺着，手里是一台收音机，身旁是一把紫砂壶。

他的生意也没有好坏之说。每天的收入正够他喝茶和吃饭。他老了，已不再需要多余的东西，因此他非常满足。

一天，一个文物商人从老街上经过，偶然看到老铁匠身旁的那把紫砂壶，发现此壶古朴雅致，紫黑如墨，有清代制壶名家戴振公的风格。他走过去，顺手端起那把壶。壶底有一记印章，果然是戴振公的。商人惊喜不已，因为戴振公在世界上有捏泥成金的美名，据说他的作品现在仅存三件。一件在美国纽约州立博物馆里，一件在台湾“故宫博物院”，还有一件在泰国某位华侨手里，是1993年在伦敦拍卖市场上，华侨以16万美元的拍卖价买下的。

商人端着那把壶，想以10万元的价格买下它。当他说出这个数字时，老铁匠先是一惊，后又拒绝了。因为这把壶是他爷爷留下的，他们祖孙三代打铁时都喝这把壶里的水，他们的汗也都来自这把壶。

壶虽没卖，但商人走后，老铁匠有生以来第一次失眠了。这把壶他用了近60年，并且一直以为是把普普通通的壶，现在竟有人要以10万元的价钱买下它，他转不过神来。

过去他躺在椅子上喝水，都是闭着眼睛把壶放在小桌上，现在他总要坐起来再看一眼，这让他感到非常不舒服。特别让他不能容忍的是，当人们知道他有一把价格不菲的茶壶后，总是不请自来。有的问还有没有其他的宝贝，有的则开始向他借钱，更有甚者，还在晚上敲他的门。他的生活被彻底打乱了，他不知该怎样处置这把壶。

当那位商人带着20万元现金，第二次登门的时候，老铁匠再也坐不住了。他招来左右店铺的人和前后邻居，拿起一把斧头，当众把那把紫砂壶砸了个粉碎。

现在，老铁匠还在卖铁锅、斧头和拴小狗的链子，据说他已经102岁了。

宁静可以沉淀出生活中许多纷杂的浮躁，过滤出浅薄粗率等人性的杂质。古往今来，论述宁静的心灵与人生密切关系的精辟之语俯拾皆是。儒家的“独善其身”是要求人注重品性修养，宁静心灵；道家的“解纷和光”也是提醒人要善于解除世事纷争，含敛光辉，混目尘世，宁静心灵；禅学里的“见性忘情”同样是告诫人要宁静心灵。静能生慧、静能开悟、静能正道、静能养气、静能明志、静能致远……可见，谨守宁静的心灵，从来都是人们正确地认识社会、把握人生的关键。

诺贝尔文学奖获得者莫言说，他小说中的奇妙想象得益于当年放羊的牧场。偌大草场只有他和十几只羊。他躺在辽阔的草地上，是牧场上唯一的主宰。蓝天下，宁静中，风在动，云在动，他的思维也在动。是宁静激活了他奇特的想象，是宁静积蓄了他生命的能量。

星云大师说，愿望太多就增加烦恼，烦恼多了心就无法宁静，就更空虚。面对名和利，不要过分追求拥有，要用宁静的心去感受“有”与“无”，“有”带来的安乐是有限的，“无”带来的安乐是无限的。腾出物欲空间，让宁静驻守心中，你才能修炼得内心强大、百毒不侵。

是啊，心烦意乱，你的思想，像狂风吹过的凌乱苇草，七零八落；热衷于喧闹，你的智慧，如月迷津渡，雾锁楼台。就像王安石笔下的方仲永，文思枯竭，长不出新芽，也守不住真经。大智者莫不是神闲气定，如得道之高僧，在慌乱的小沙弥面前，依然镇静自若。心有宁静，无故加之而不怒，骤然临之而不惊，因为明白来的终究要来，去的终将要去。宁静筑就了心理强大的基石，承载着大德、大智与大勇。所谓急中生智，只不过是将脑中一切无关之事快速调为“静音”状态，顿然生出化解危难的智慧。怀着一颗宁静的心，我们才能真切地意识到平淡是最宝贵的幸福；才能真正体会出原来生活所赋予我们的一切，哪怕是寂寞，都是珍贵的礼物；才会真心地感谢那朵匆匆飘过的白云，那片静谧的蓝天，那株无言的小花……滤去了尘埃、喧嚣，只有花香扑鼻、鸟语盈耳。

第二节　给自己的心灵松绑

1. 做自己的心灵导师

很多时候，人会莫名其妙地烦躁，自己也说不出是因为什么，有的时候还会莫名地变得沉默，这沉默之后不是深沉而是压抑。这并不是一种病态，而是一种最原始的生活色彩，也就是生活的本色。其实，这是心灵向你发出信号，提醒你考验来了，该管理自己情绪、清理心灵的垃圾了。

英国历史上有一位首相叫劳合·乔治。有一天，他和朋友一起散步，每走过一道门，他都小心翼翼地把它关好。朋友问道："你为什么要关这些门呢？没有什么必要嘛！"劳合·乔治回答说："我这一生都在关闭我身后的门。当我关门时，过去的事也被关在后面了，然后重新开始，向前迈进。"

其实，烦恼也是一样，只要我们把它挡在时间的大门之外，它就永远不会进入我们的心灵来骚扰我们了。不管是多么糟糕的事情，一天之后，便会成为过去。

心理学家的一项研究表明，人们的烦恼50%是日常生活中的小事，20%是杞人忧天，20%实际上并不存在，剩下的18%则是既成的事实，再怎么担心烦恼也没用。假如你每天呐喊20遍"我用不着为这点小事而烦恼"，你将会发现心里会有一种不可思议的力量。

歌唱家詹姆士应邀来到法国里昂，去参加一个演唱会。他提前一天赶到里昂，晚上就在歌剧院附近的一个小旅馆里住了下来。

由于旅途的劳累，詹姆士感到非常疲倦。为了不影响第二天的演出，他很早就入睡了。过了不久，他就被隔壁房间传来的婴儿啼哭声吵醒了。原以为孩子哭几声也就停止了，但万万没有想到，那个孩子竟然大哭不止。

詹姆士用被子蒙住头，可那啼哭声仿佛是具有魔力的歌声，颇具穿透力，仍不停地在他耳畔萦绕，这让詹姆士非常苦恼。折腾了半个多小时后，他只好披着被子在地上踱步，心中一次次祈祷着孩子的哭声赶紧停止。

但是，那个孩子好像根本没有要停止的意思，而且每一声都和第一声一样响亮。无奈之下，詹姆士索性把孩子的哭声当成歌声来听。不知不觉中，他竟佩服起那个孩子来：我唱歌到一个小时后嗓子都要沙哑了，但这个孩子的声音为什么依然嘹亮？难道小孩子有什么了不起的方法吗？

如此一想，詹姆士立刻变得兴奋起来，他急忙回到床上，将耳朵贴在墙上，细心地倾听起来。他发现小孩的哭声很有学问：孩子哭到声音快破的临界点时，会把声音拉回来，这样声音就不会破裂，这是由于孩子哭的时候是用丹田发音而不是用喉咙。又听了一会儿，詹姆士也开始学着用丹田发音，试着唱到最高点，永远保持第一声那样洪亮。

詹姆士练了一个晚上。第二天的演唱会上，他以饱满的声音征服了观众，后来成了伟大的歌唱家。

生活中，每个人都有一位心灵的导师，他可以帮我们指点生活的迷津，帮我们看清人生的方向，帮我们解决实际生活中的烦恼。这位心灵导师，可能是你的灵魂，也可能是你的潜意识。心灵导师每个人都有，只是许多人没有开启或者说只能单向交流而已，也就是说只是心灵导师在给你无形的帮助，而你自己却无法将问题传递给心灵导师而获得帮助。

人生是一个渐悟的过程，需要不断地修炼。做自己的心灵导师，就是不断地经历、不断地领悟；做思考的“我”，才能形成“我”的思想，做灵魂的主宰。

2. 别为小事而生气

生活中每天总会发生这样或那样的事情，有时可能会因为一件小事而影响了原本极为美妙的氛围，瞬间让我们心中的快乐荡然无存。然而，人生短暂，浪费时间为小事而烦恼绝不是明智之举。当我们过于关注微不足道的小事时，实际上就是在一点点地浪费我们的生命。

怒气犹如人体中的一枚定时炸弹，随时都可能酿成大祸。要知道，小不忍则乱大谋，请看下面的例子。

一只骆驼在沙漠里跋涉着，正午的太阳像一个火球，晒得它又饥又渴，焦躁万分，一肚子火气不知道往哪儿发才好。

正在这时，一块玻璃碎片把它的脚掌硌了一下。疲惫的骆驼顿时火冒三丈，抬起脚狠狠地将碎片踢了出去，却不小心将脚掌划开了一道深深的口子，鲜血顿时染红了沙粒。

生气的骆驼一瘸一拐地走着，一路的血迹引来了空中的秃鹫，它们兴奋地鸣叫着，在骆驼上方的天空盘旋着。骆驼心里一惊，不顾伤势狂奔起来，在沙漠里留下一条长长的血迹。当它跑到沙漠边缘时，浓重的血腥味引来了附近的狼。疲惫加之流血过多，无力的骆驼像只无头苍蝇般东奔西突，仓皇跑到了食人蚁的巢穴附近。鲜血的腥味惹得食人蚁倾巢而出，黑压压地朝骆驼扑过来，眨眼之间就像一块黑色的毯子一样把骆驼裹了个严严实实。不一会儿，可怜的骆驼就鲜血淋漓地倒在了地上。

临死前，这个庞然大物追悔莫及地叹息："我为什么跟一块小小的玻璃碎片生气呢？"

生活中，或许亲朋误解了你，或许流言蜚语惊动了你；学习上，或许遇到难解的问题，或许遇到薄弱的学科；工作中，或许领导不信任你，或许同事不理解你……一切的一切，不正是骆驼脚下那沙漠中的玻璃碎片吗？

生气是一种选择，也是一种习惯，是对挫折、被侵犯以及不合理对待的反应。

曾有一个妇人，经常为生活中一些琐碎的小事而生气。她也知道自己这样不好，却总是打不开这个心结，于是便去求一位高僧为自己谈禅说道，以求解开心结。高僧听了她的讲述，一言不发地把她领到一间禅房中，锁上门就走了。妇人气得大骂，骂了许久，高僧也不理会。妇人又开始哀求，高僧仍置之不理，妇人终于沉默了。

这时，高僧在门外问她："你还生气吗？"

妇人说："我在对自己生气，我怎么会到这地方来受这份罪！"

"连自己都不原谅的人怎么能心如止水？"高僧拂袖而去。

过了一会儿，高僧又来问她："还生气吗？"

"不生气了！"妇人说。

"为什么？"

"气也没有办法呀。"

"你的气并未消，还压在心里，爆发后将会更加剧烈。"高僧又离开了。

高僧第三次来到门前，妇人告诉他："我不生气了，因为不值得气。"

"既然衡量值不值得，可见心中还是有气。"高僧笑道。

当高僧的身影迎着夕阳立在门外时，妇人问高僧："大师，什么是气？"高僧将手中的茶水倾洒于地，妇人视之良久，顿悟，叩谢而去。

人之所以会生气，主要是受环境的刺激。是人皆有生气的时候，就像用火烧开水一样必然产生热气。人要学会自己消气，不能让气积聚于心里，那样会越聚越多，强行压制是制服不了怒气的，必须学会调节，并养成自己消气的习惯。这就首先需要选择正确的态度，在自省中认清自己面临的问题，并决定自己不生气。

3. 学会控制自己的情绪

心理学认为，快乐、愤怒、恐惧和悲哀是4种最基本的情绪。这些情绪与人的基本需要相联系，是不学而能为，通常还具有高度的紧张性。无论是企业CEO还是普通职员，都难逃情绪的包围，喜、怒、哀、惧这4种人类的基本情绪，构成了丰富的情感元素。可以这么说，人类都是情绪的“奴隶”。

美国生理学家艾尔玛曾做过一个简单实验，研究情绪对健康的影响。他将一支支玻璃管插在盛满零摄氏度的冰和水混合物的容器里，借以收集人们不同情绪时呼出来的“汽水”。结果发现，心平气和时呼出的气，凝成的水澄清透明，无色、无杂质。如果生气，则会出现紫色的沉淀物。研究者将这“带有紫色沉淀物的水”注射到白鼠身上，几分钟后，白鼠居然死了。由此可见负面情绪的危害性有多大。

在历史上著名的楚汉之争中，为了安定后方，项羽决定亲自率军东征彭越。他把留守成皋前线的任务交给大将曹咎，叮嘱说：“一定要守住成皋。如刘邦来挑战，千万谨慎，不要出战，只要阻止他东进就行了。”

成皋是险要地段，那里又设有军需粮库，战略上十分重要。项羽实在放心不下，临行又对曹咎说：“我在半个月内一定击败彭越，回来与你共同出击刘邦，切勿轻率出战。”可是，战事并不如项羽想的那样顺利，直到第二年10月，项羽仍未返回成皋。这时，刘邦乘机率领汉军渡过黄河，向成皋的楚军发动进攻。

起初，曹咎还遵守项羽的军令，尽管汉军一次次地挑战，他都谨慎地坚守城池，不准任何人出城与汉军交战。刘邦达不到正面交战的目的，便改变策略。他知道曹咎性情暴躁，有勇无谋，便针对这个弱点，设法把楚军引出城来，然后予以消灭。

刘邦派一部分士卒到楚军城边叫骂，嘲笑曹咎胆小如鼠，躲在城中做缩头乌龟。连续叫骂了数天，曹咎实在忍不下这口怒气，下令楚军出城作战。

汉军已经养精蓄锐数月，此时见楚军中计出城，稍一接触，就佯装战败，退向成皋附近的汜水对岸。曹咎见汉军不堪一击，骄横之气更增，指挥楚军渡汜水追击。在汜水沿岸以逸待劳的汉军乘楚军渡至河中心时，立即集中兵力向楚军发起了猛烈的攻击。楚军前进不得，后退不及，被杀得大败，几乎全军覆没。曹咎自知违反了军令，就在汜水自杀身亡。刘邦乘胜占领成皋。

这一仗使项羽失去了战略要地和储粮基地，为后来的战争埋下了隐患。

上述故事中，曹咎不能冷静地控制自己的情绪，将项羽“只守不战”的叮嘱抛诸脑后，中了刘邦的圈套，给项羽军队造成了无法弥补的损失。

每个人在工作中都难免有不如意之事，有时是因为众多烦琐事务缠身，有时也可能是他人的不合理举动让人愤怒，有时又是因为与同事或领导之间一时的误解。这种情绪虽然可以理解，但是万万不可陷入其中，误了更为重要的本职工作。

请看这样一则小故事：

一天，陆军部长斯坦顿来到林肯那里，气呼呼地对他说，一位少将用侮辱的话指责他偏袒一些人，林肯建议斯坦顿写一封内容尖刻的信回敬那家伙。“可以狠狠地骂他一顿。”林肯说。

斯坦顿立刻写了一封措辞强烈的信，然后拿给总统看。

“对了，对了。”林肯高声叫好，“要的就是这个！好好训他一顿，真写绝了，斯坦顿。”

但是，当斯坦顿把信叠好装进信封里时，林肯却叫住他，问道：“你干什么？”

“寄出去呀。”斯坦顿有些摸不着头脑了。

“不要胡闹。”林肯大声说，“这封信不能发，快把它扔到炉子里去。凡是生气时写的信，我都是这么处理的。这封信写得好，写的时候你已经解了气，现在感觉好多了吧，那么就请你把它烧掉，再写第二封信吧。”

人要学会控制住自己的情绪，做到凡事处之泰然。美国密歇根大学心理学家南迪·内森的一项研究发现，一般人的一生平均有十分之三的时间处于情绪不佳的状态。因此，人们常常需要与那些消极的情绪作斗争。情绪管理专家帕德斯也指出，平时训练自己控制情绪的能力，养成自制的习惯，有助于在情绪发作时拥有更好的反应能力。

第一，体察自己的情绪。即时刻提醒自己注意：“我现在的情绪怎么样？”例如，当你因为朋友约会迟到而对他冷言冷语时，问问自己：“我为什么这么做？我现在有什么感觉？”如果你察觉你已对朋友三番两次的迟到感到生气，你就可以对自己的生气做更好的处理。许多人认为人不应该有情绪，所以不肯承认自己有负面的情绪。要知道，人一定会有情绪，压抑情绪反而会带来更不好的结果，学会体察自己的情绪，是情绪管理的第一步。

第二，适当表达自己的情绪。再以朋友约会迟到的例子来看，你之所以生气，可能是因为他让你担心。在这种情况下，你可以婉转地告诉他：“你过了约定的时间还没到，我担心你在路上发生意外。”试着把“我担心”的感觉传达给他，让他了解他的迟到会带给你什么感受。什么是不适当的表达呢？例如，你指责他：“每次约会都迟到，你为什么不考虑我的感受？”当你指责对方时，也会引起他负面的情绪，他会变成一只刺猬，忙着防御外来的攻击，没有办法站在你的立场为你着想，他的反应可能是：“路上塞车嘛！有什么办法，你以为我不想准时吗？”如此一来，两人便开始吵架，更别提什么愉快的约会了。“适当表达”情绪是一门艺术，需要我们用心地体会、揣摩。

第三，以合宜的方式纾解情绪。纾解情绪的方法有很多，有些人会痛哭一场，有些人会找三五个好友诉苦一番，有些人会逛街、听音乐、散步或逼自己做别的事情以免老想起不愉快之事。比较糟糕的方式是喝酒、飙车，甚至自杀。纾解情绪的目的在于给自己一个厘清想法的机会，让自己好过一点，也让自己更有能量去面对未来。如果纾解情绪的方式只是暂时逃避痛苦，尔后需承受更多的痛苦，这便不是一个合宜的方式。有了不舒服的感觉，要勇敢面对，仔细想想，为什么这么难过、生气？我可以怎么做，将来才不会再重蹈覆辙？怎么做可以降低我的不愉快？这么做会不会带来更大的伤害？从这几个角度去选择适合自己且能有效纾解情绪的方式，你就能够控制情绪，而不是让情绪来控制你！

4. 学会给心灵松绑

在这个行色匆匆的年代，我们或多或少地承受着物质生活带给我们的压力和恐惧。它压迫着我们的心灵，使我们沉迷于物质的旋涡中，忽略了亲人与朋友，甚至忽略了自己的内心感受。

也许我们认为，只有不间断地折磨自己，使自己疲惫不堪，忙得焦头烂额才能好过。果真如此的话，我们的生活就没有意义可言了。

早在1928年，英国经济学家凯恩斯就曾预言："有史以来，人类将首次面对一个真正永恒的问题——如何利用工作以外的自由与闲暇，过快乐的生活。"现代人的生活节奏异常快速，人们为了各自的追求而忙碌奔波，急功近利，心浮气躁。虽有一些人如愿以偿地爬到高位，积累了巨额金钱，但更多的却是感到劳累和厌倦。一贯以崇尚金钱著称于世的美国人，也对过去的价值观产生了怀疑和厌倦，不少人甚至宁可放弃高收入以及为之疲于奔命的生活方式，而选择低收入、少消费，以换取更多的自由，去过一种比较轻松的生活。

人不快乐最普遍的原因是他们总喜欢照着计划生活，极尽人生之所能来满足自己的欲望，他们不是在享受人生，而是在苦苦等待将来发生的事情。

为什么我们工作、学习了一天，依然没有满足感，依然觉得心累？生活的本来面目就是这样的么？不，不是的。生活是一连串的问题，解决一个另一个会马上出现，让你应接不暇，没有时间来品味生活的滋味。如果要快乐，首先要给心灵松绑。

一是学会与自己快乐相处，倾听自己内心的呼声。知道自己内心渴求的是什么，不要压制它，让自己的心里时时充满欢乐，并常常拂拭心灵上的尘土，给自己疲惫不堪的心灵做做按摩，以使身心得到细致的保养。让自己静下心来，回忆一下走过的路程、曾说过的话，以及那些被久置在角落的事情。我们可以把曾经的付出、曾经的经历、曾经的失败当作成长的学费，调整心态，无论实际年龄如何，都要拥有一颗年轻而活力十足的心，想好我们下一步的跨度，然后再稳健地跨出去。

俞洪敏曾说："有一次往黄河边上走的时候，我灌了一瓶子水，大家知道黄河的水特别浑，后来我就把它放在路边，大概过了一个小时，我非常吃惊地发现，一瓶水的四分之三已经变得非常清澈了，而只有四分之一是沉淀下来的泥沙。假如说我们把这瓶水的清水部分比喻成我们的幸福和快乐，而把浑浊的泥沙比喻成我们的痛苦的话，你就明白了。当你摇晃一下以后，你的生命中充满的是浑浊，也就是充满痛苦和烦恼；而当你把心静下来后，尽管泥沙总的分量一点都没有减少，但是它沉淀在你的心中，因为你的心比较沉静，所以就再也不会被搅和起来，你生命中的四分之三就一定是幸福和快乐。"

二是培养个人的兴趣和爱好。你可以绘画、打球、听音乐、弹吉他、练书法……只要有一种愉悦满足的感觉就行了。葛拉西安在《智慧书》中告诉我们："贤者脱离忧虑和窘困，并且显示出对自我的控制。"

你不一定要把这些娱乐活动做得多好，因为你的目的是为了调节心情，否则就是陷入"泥沼"。你还可以在自己的能力范围内帮助别人，培养无私的奉献精神，这些都是很好的事情。你可以大胆地和异性朋友交往，没有男（女）朋友的也可以大胆勾勒自己美丽、英俊的对象。别人拥有的东西，为什么你不能拥有呢?

每个人都有自己的兴趣爱好，古今中外，不论是奋斗终生的政治家，还是久战沙场的军事家；也不论是治学严谨的科学家，还是造诣高深的艺术家，他们的生活都不是单调乏味的，他们有着各种各样的兴趣爱好，有着充实的精神生活。

列宁喜欢打球、滑冰，陈毅擅长写诗、下围棋，爱因斯坦则钟情于小提琴。我们提倡培养和发展健康文明的兴趣爱好。

阅读，这几乎是对社会进步有所建树的杰出人物的共同爱好。马克思说他最喜欢的事是"啃书本"。高尔基在谈到他对书有浓厚兴趣时说："我扑在书本上，像饥饿的人扑在面包上一样。"广泛阅读有价值的书籍，有助于培养高尚的情操，增长知识。在漫长的人生旅途上，应该有一种永恒的兴趣爱好——阅读。

健康的音乐可以陶冶人的情操，启迪人的智慧。中国杰出的科学家钱学森这样评价他的夫人蒋英："她是女高音歌唱家，而且专门唱最深刻的德国古典艺术歌曲，正是她给我介绍了这些音乐艺术，这些艺术里所包含的诗情画意和对于人生的深刻理解，使我丰富了对世界的认识，学会了艺术的广阔的思维方法。"

跑步、做操、游泳、爬山等，不仅可以锻炼身体增强体质，而且有利于培养勇敢顽强的品质。

爱好是你度过闲暇时间的一种有趣的方式，也是你寻求乐趣的一种活动。它就像一个任你选择的特殊的朋友，它吸引着你，你也喜欢它，并愿意为它花费精力。爱好能让人迷失，这是一种很棒的感觉，所以，当你发现有件事情可以让你全神贯注时，千万别错过了。

如果你真的培养起一种爱好，它或许会伴随你一生，让你时时为之自豪和沉醉，它也会时时给你快乐，充盈你的生命，让你拥有一个富足的人生。

第三节 存善心做善人

1. 忍得屈辱能成大事

漫漫人生路，有太多的不如意，很多事需要等待和忍耐。俗话说，退一步海阔天空。只要不忘记自己的最终使命，你还是你。能承受别人的嘲笑，是一种雅量，同时也是能忍的标志。心血来潮，就会激动不已；头脑发热，就会鲁莽行事。那些平庸的激情，多会点燃愚蠢的火把，照出的是自己的影子，灼伤的是无辜的看客。冲动会使聪明变疯狂，冲动会让结果变苦涩。激情是冲动的借口，是产生罪恶的替罪羊。

守端禅师的师父是茶陵郁山主。有一天，茶陵郁山主骑驴子过桥，驴子的脚陷入桥的裂缝中，山主摔下驴背，忽然感悟，吟了一首诗："我有神珠一颗，久被巨劳羁锁。今朝尘尽光生，照见山河万朵。"

守端很喜欢这首诗，牢牢地背了下来。有一天，他去拜访方会禅师，方会问他："你的师父过桥时跌下驴背突然开悟，我听说他作了一首诗很奇妙，你记得吗？"

守端不假思索，完整地把诗背诵出来。等他背完了，方会大笑一阵，就起身走了。守端愕然，想不出什么原因。第二天一大早，他就赶去见方会，问他为什么大笑。

方会问："你见到昨天那个进行驱邪表演的小丑了吗？"

"我见到了。"

方会说："你连他们的一点点都比不上呀。"

守端听了，吓了一跳说："师父是什么意思？"方会说："他们喜欢人家笑，你却怕人家笑。"守端听了，当场就开窍了。

如果你不能接受一次嘲笑，将会受到别人更多的挑剔和攻击。人生中如果你不能忍一时之痛，将更长久地被痛苦纠缠。

其实，人生的各种境遇，都是我们学习的功课；有人能处逆境，却未必能处顺境。一个人能用什么样的心态面对自己所处的环境，这就要看他"忍辱"的功夫练得够不够。

在佛经里，"忍辱"的意涵是很丰富的。挫折、打击固然要忍，成功与欢乐也要忍；逆来受，顺来也要受。但是，所谓"受"，并不是被动地接受认可，而是以积极主动的态度，把困境转化超越，让自己从中获得学习成长的机会。一般人受到冤屈挫折，心里总是愤愤不平。然而，正因为愤恨难消，痛苦煎熬也如影随形、挥之不去。如果借着面对打击来锻炼自己的心性品格，甚至把打击你的人看成是来感化你的恩人，谢谢他们给你锻炼、提升自己的机会，心里没有怨恨，自然不会感到痛苦。

人越是在关键的时候，越要保持冷静，要忍得住，从而想出解决危机的办法。

从前，有个樵夫和妻子住在小村之外，每天早上，樵夫会出门到森林里砍树，而当傍晚他结束一天的劳动回家时，妻子总会煮好一桌热气腾腾的可口饭菜等待着他。

一天，樵夫提早收工回家，意外地从窗户里看到妻子和村里的当铺老板在家偷情。他开门的时候，也清楚地听到当铺老板慌忙找地方躲起来的声响。

但樵夫一向是个冷静而幽默的人，他不动声色地走向前拥抱妻子，并且告诉她："森林之神赐了我一对千里眼，我只需要注视一块木头正中央的一个小孔，就能够看见常人看不见的东西。"他又跟妻子说，他发现房间的柜子里藏了一件值钱的东西（自然指的是当铺老板）。为了证实他的超能力，他将柜子上锁，将它扛到当铺的柜台上，向店里的伙计出价50个金币，出售柜子和柜子里的东西。

接着，樵夫走到外头悠闲地踱步、抽水烟，让伙计慢慢考虑这笔生意。这时，他听到柜子内闷窒得发慌的当铺老板在柜里高声喊叫，要求伙计快些付赎金，好放他出来。

在这则古老的日本寓言里，樵夫用了个巧妙的计谋，使小气吝啬的当铺老板为自己的行为付出代价。樵夫扭转局势的冷静与机智幽默，不仅使他轻松地赢了50个金币，无愧良心地报了一箭之仇（如果他在盛怒之中杀了当铺老板，恐怕会得不偿失），同时证明了他的忍耐力和智慧都高人一筹，无须担心此事有失面子。这种忍受力让樵夫可以更淡然地面对和处理自己的痛苦。樵夫的高明之处，就在于他在情绪激愤的非常时刻，依然能够选择保持幽默、以智取胜，将自己抽离出愤怒的情绪，以一个既实际又能发泄怒气的方法来处理事情。

一个普通的樵夫尚有如此智慧，那么一个有志向、有理想的人，更不应斤斤计较个人得失，更不应在小事上纠缠不清，而应有开阔的胸襟和远大的抱负。只有如此，才能成就大事，从而实现自己的梦想。

所以，你要知道，退一步海阔天空。不信，请看《歌德让路》的故事：

相传，大文豪歌德有一天到公园散步，迎面走来了曾经对他的作品提出尖锐批评意见的评论家。这位评论家在歌德面前蛮横地喊道："我从来不给傻子让路！"

"而我正好相反！"歌德一边说，一边摘下帽子，绅士般地弯了弯腰，满面笑容地让到一旁。

歌德以其幽默的言行避免了一场无谓的争吵。忍一时，风平浪静；退一步，海阔天空。这其实是告诉我们要心胸豁达。豁达者，额上能跑马；豁达者，肚里能撑船。唯具豁达之心，方能不为小事而忧，不为外物所动；方能忍辱负重，东山再起。

屈辱，可以成为泯灭一个人理想之火的冰水，也可以成为鞭策一个人发奋崛起的动力。要知道受辱是坏事，但也能变成好事。心理学家认为，人有三大精神能量源——创造的驱动力，爱情的驱动力，压迫、歧视的反作用驱动力。屈辱就是一种精神上的压迫，它像一根鞭子，鞭策你鼓足勇气，奋然前行。

一位先哲说过，无论怎样学习，都不如他在受到屈辱时学得迅速、深刻、持久。屈辱使人学会思考，体会到顺境中无法体会到的东西；它使人更深入地去接触实际，去了解社会，促使人的思想得以升华，并由此开辟出一条宽广的成功之路。

2. 对人对事不生妒心

佛经上有一则故事：摩伽陀国有一位国王饲养了一群象。象群中，有一头象长得很特殊，全身白皙，毛柔细光滑。后来，国王将这头象交给一位驯象师照顾。这位驯象师不仅喂养它，还很用心地教它接受人的指令。这头白象十分聪明、善解人意，过了一段时间之后，他们已建立了良好的默契。

有一年，这个国家举行一个大庆典，国王打算骑白象去观礼。于是，驯象师将白象清洗、装扮了一番，在它的背上披上一条白毯子后，才交给国王。

国王在一些官员的陪同下，骑着白象进城看庆典。由于这头白象实在太漂亮了，民众都围拢过来，一边赞叹，一边高喊着："象王！象王！"这时，骑在象背上的国王，觉得所有的光芒都被这头白象抢走了，心里十分生气、嫉妒。他很快地绕了一圈后，就不悦地返回王宫。一入王宫，他问驯象师："这头白象，有没有什么特殊的技艺？"驯象师问国王："不知道国王您指的是哪方面？"国王说："它能不能在悬崖边展现它的技艺呢？”驯象师说：“应该可以。”国王就说：“好，那明天就让它在波罗奈国和摩伽陀国相邻的悬崖上表演。”

隔天，驯象师依约把白象带到那处悬崖。国王说：“这头白象能以三只脚站立在悬崖边吗？”驯象师说：“这简单。”他骑上象背，对白象说：“来，用三只脚站立。”果然，白象立刻就缩起一只脚。

国王又说：“它能两脚悬空，只用两脚站立吗？”“可以。”驯象师按国王的意思叫大象缩起两脚，白象很听话地照做。国王接着又说：“它能不能三脚悬空，只用一脚站立？”

驯象师一听，明白国王存心要置白象于死地，就对白象说：“你这次要小心一点，缩起三只脚，用一只脚站立。”白象也很谨慎地照做。围观的民众看了，热烈地为白象鼓掌、喝彩！

国王愈看心理愈不平衡，又对驯象师说：“它能把后脚也缩起，全身悬空吗？”

这时，驯象师悄悄地对白象说：“国王存心要你的命，我们在这里会很危险。你就腾空飞到对面的悬崖上去吧！”令人不可思议的是，这头白象竟然真的悬空飞了起来，载着驯象师飞越悬崖，进入波罗奈国。

波罗奈国的人民看到白象飞来，全城都欢呼起来。国王很高兴地问驯象师：“你从哪儿来？为何会骑着白象来到我的国家？”驯象师便将经过一一告诉波罗奈国王。国王听完叹道：“人为何要与一头象计较呢？”

人生在世，一定要有一颗平静而豁达的心。看到别人有所成就，不要心存嫉妒，而应平静地看待别人所取得的成功，这是拥有幸福人生的秘诀。

从前有一对夫妻心胸狭窄，总爱为一点小事争吵不休。有一天，妻子做了几样好菜，想着如果再来点酒助兴就更好了。于是，她就拿瓢到酒缸里去取酒。

妻子探头朝缸里一看，瞧见了酒中倒映着的自己的影子。她以为是丈夫对自己不忠，把女人带回家来藏在缸里，就大声喊道：“喂，你这个死鬼，竟敢瞒着我偷偷把女人藏在缸里面。如今看你还有什么话说？”

丈夫听了糊里糊涂的，赶紧跑过来往缸里瞧，结果看见里面有个男人，也不由分说地骂起来：“你这个坏婆娘，明明是你领了别的男人回家，暗地里把他藏在酒缸里面，反而诬陷我！”

“好哇，你还有理了！”妻子又探头往缸里看，见还是先前的那个女人，以为是丈夫故意戏弄她，不由勃然大怒，指着丈夫说，“你以为我是什么人，任凭你哄骗吗？你，你太对不起我了……”妻子越骂越气，举起手中的水瓢就朝丈夫扔过去。丈夫侧身一闪躲开了，见妻子不仅无理取闹还打自己，他也不甘示弱，还了妻子一个耳光。这下可不得了，两人打成一团，又扯又咬，闹得不可开交。

最后闹到了官府，官老爷听完夫妻二人的话，心里顿时明白了大半，就吩咐手下把缸打破。

一锤下去，不一会儿，一缸酒流光了，缸里也没看见半个男人或女人的影子。夫妻二人这才明白他们嫉妒的只不过是自己的影子而已，心中十分羞愧，于是就互相道歉，和好如初。

遇到怀疑的事，我们不宜过早下结论，而要客观、理智地去分析，才能够了解到真实的情况。尤其在生气的时候，不能像故事中的这对夫妻，见到自己的影子，不能冷静地思考分析，反被嫉妒心冲昏了头脑而伤了和气，甚至干出令人后悔的蠢事。

面对嫉妒者的中伤，常人最容易做出的也是最下策的反应就是反唇相讥。这样一来，你就会因为别人的无聊，自己也变得无聊，甚至陷入一场旷日持久，使心智疲惫又毫无意义的纠葛中。拜伦说过：“爱我的我报以叹息，恨我的我置之一笑。”他的这“一笑”，真是洒脱极了，有味极了。对嫉妒者的中伤，最妙的回答是——让心灵安详地微笑。

印度思想大师奥修说：“玫瑰就是玫瑰，莲花就是莲花，只要去看，不要比较。”但是，我们的身边总有一些人，总是拿自己与别人比较：他们比我晚到公司，却提前升职了；他们看起来没我那么努力，生活却越来越富足了；他们看起来长得没有我漂亮，找的男友（女友）却多金又漂亮；他们看起来庸俗又虚荣，却总能得到他人的喜爱和追捧；他们脑袋很不灵光，可好运总围绕着他们转……于是，快乐的心情瞬间急转而下，着急上火，嫉妒之心由此而生。

嫉妒常常让人失去理智、失去风度、失去快乐、失去成熟，附带让我们失去友情、亲情，还有健康。我们因为嫉妒变得越来越不快乐，因为嫉妒越来越吝啬自己的赞美，因为嫉妒脾气越来越不好。嫉妒扭曲了我们的面孔，让我们变得越来越丑陋；嫉妒也戕害着我们的心灵，让我们的修养消失殆尽。

人生在世，我们有自己的奋斗目标，有自己的理想，有自己努力争取的东西，为什么一定要盯着别人得到的、拥有的让自己不快活不舒服呢？与其嫉妒别人取得的成果，不如少点嫉妒，多点争气。

3. 多给别人一点宽容

宽容是一种坦荡的胸襟，可以令人无私无畏、无拘无束、无尘无染。宽容之中蕴含着一分做人的谦虚和真诚，一种对他人的容纳与尊重。宽容就像一盏明灯，能在黑暗中放射出万丈光芒，照亮每一个心灵。

生活中，面对不同的环境、不同的对手，有时候采用何种手段已不太重要，关键在于如何控制好自己的情绪，宽容待人。

莎士比亚名剧《威尼斯商人》中有一段颇富哲理、让人回味不已的道白：“宽容就像天上的细雨滋润着大地，它赐福于宽容人的人，也赐福于被宽容的人，我们应该学会对别人表示宽容。”它向我们揭示了生活的真谛：宽容是对别人的释怀，也是对自己的善待。

自古以来，单看一个人的行事风格，就可知其是否拥有大家之风范。

管仲年轻的时候，有一个经常来往的朋友叫鲍叔牙。鲍叔牙很了解管仲的贤能，当时管仲家里很贫穷，常常占鲍叔牙的便宜，但是鲍叔牙毫不在意，始终对管仲很好。后来，鲍叔牙当了齐国公子小白的家臣，管仲当了公子纠的家臣。小白与公子纠是死对头，等到小白登位成为齐桓公的时候，公子纠被杀，管仲被囚禁。这时，鲍叔牙又向桓公推荐管仲。管仲被任用当了齐国的宰相，齐国大治，称霸于诸国，9次会合诸侯，辅佐周朝天下。这些成绩全靠管仲的谋略。

管仲说："我当初不得志的时候，曾经与鲍叔牙合伙做买卖，分利润时，都是取大部分，鲍叔牙不认为我贪婪，而认为是因为我贫困。我曾经替鲍叔牙谋划事业，但是事业发展不顺利，我也更加穷困，鲍叔牙不认为我愚蠢，而认为我做事的外部条件不具备。我曾经数次当官又数次被国君驱逐，鲍叔牙不认为我无德无才，而认为我是没遇到好的君主。我曾经3次在打仗时不积极参战，鲍叔牙不认为我胆小，而认为我是挂念老母亲。公子纠败了，召忽为公子死了，我却忍受囚禁的屈辱不自杀，鲍叔牙不认为我没有羞耻之心，而认为我不在意小节，在意的是能否平定天下。生我的人是父母，真正了解我的人是鲍叔牙啊！"鲍叔牙推荐了管仲之后，把自己官职置于管仲之下来辅助他。后来，鲍叔牙的子孙世代都在齐国做官，有封地的就达十几代，而且有很多都是著名的政治家。

历史上还有许多给人以启迪的宽容故事。

清代大学士张殿英在京为官时，一天，他收到一封家书。看过之后，他明白了事情的原委。原来，他家的邻居想向外扩三尺院墙，而张殿英的家人却寸土不让，双方为此争执不下。无奈，家人写信给张殿英，希望借他的权势威吓一下邻居，以使邻人停止扩建院墙。张殿英随即回信一封："千里修书只为墙，让他三尺又何妨。万里长城今尚在，不见当年秦始皇。"

家人接信后，立即按照张殿英的意思让出了三尺地给邻居。邻居知道此事后，深感愧疚，也主动让出了自己的三尺地，于是就形成了一个有名的"六尺巷"。这个故事成为宽容的美谈，流传至今。

宽容是一种修养，一种品质，一种美德，也是成熟的标志。成熟的人有时要有清浊并容的雅量，做到知而能容愚、博而能容浅、粹而能容杂。常怀宽容之心，面对纷繁复杂的生活才能进退自如、游刃有余，不会为名所累、为利所羁、为情所困；常守宽容之志，才不会艳羡功名、沽名钓誉，更不会贪婪钱财、利令智昏；常怀宽容之念，才能更好地调节自己的心理，稳定自己的情绪，取舍随心、镇定自若，达到“猝然临之而不惊，无故加之而不怒”的境界。

中山国是战国时代的小国。一次，国君设宴款待国内的名士，正巧羊羹不够，无法让全场的人都喝到。司马子期因没喝到羊羹而怀恨在心，他跑到楚国，劝楚王攻打中山。楚是强国，中山很快被攻破。国君外逃时，发现有两个人拿着武器一路保护他，他问这两个人来干什么，二人答：“我父亲因您赐他一盘食物而免于饿死，他去世前叮嘱，要我们必须竭尽全力报效您。”中山国君听罢，感叹说：“给的东西不在乎多少，在于别人是否需要；施怨不在深浅，在于你是否伤了别人的心，我因一杯羊羹亡了国，却因一盘食物得到了两位勇士。”

由此可见，要结交朋友，就要宽容，以一颗善心待人。心怀坦荡，宽容他人，必须做到互谅、互让、互敬、互爱。

互谅就是彼此谅解，不计较个人恩怨。人都是有感情和尊严的，既需要他人的体谅，也有义务体谅他人。有了相互之间的谅解，就能清心降火，在任何情况下，都能保持平静的心境和宽厚的品格。

互让，就是彼此谦让，不计较个人名利得失。心底无私天地宽，摒弃私心杂念，自觉做到以整体利益为重，把好处让给别人，把困难留给自己。争名于朝、争利于市，斤斤计较个人得失，是难以与他人和睦相处的。

互敬，就是彼此尊重，不计较你高我低。尊重别人是一种美德，“敬人者，人恒敬之”，尊重别人，自然会获得别人的好感和尊重。如果无视他人的存在，不尊重他人，就不会有知心朋友。

互爱，就是彼此关心，不计较个性、品格、气质的差异。爱能包容大千世界，使千差万别、迥异不同的人和谐地融为一个整体；爱能融化隔膜的坚冰，抹去尊卑的界线，使人们变得亲密无间；爱能化解矛盾芥蒂，消除猜疑、嫉妒和憎恨，使生活更加和谐、美好。

4. 己所欲，施于人

艾尼丝·肯特想聘用一位女佣，于是打电话给那位女佣的前任雇主，询问了一些情况，得到的评语是贬多于褒。女佣来的那一天，艾尼丝说：“我打电话请教了你的前任雇主，她说你为人老实可靠，而且煮得一手好菜，唯一的缺点就是理家比较外行，老是把屋子弄得脏兮兮的。我想她的话并非完全可信，我相信你一定会把家里整理得井井有条。”

后来，她们果然相处愉快，女佣真的把家里打扫得干干净净，而且工作非常勤奋。

由此可见，只要欣赏和肯定对方的特殊能力，高度给予评价并提出要求，任何人都会乐于将自己的优点表现得淋漓尽致。同理，要想矫正某人的缺点，不妨反过来先赞美他的其他优点，他才会乐于迎合你的期望，自我矫正。

赞美不但让别人高兴，也可以让你收获友谊和帮助。天底下，不论是穷人、富人，只要他们听到别人赞美自己的某一优点，一定会尽可能去维护这份美誉，生怕辜负了自己和别人。

尤其是小孩子，不信你向小女孩称赞她长得漂亮可爱或是她的洋娃娃很好看，看看她的反应如何。

大人看似心智成熟了，其实需要赞美的心理并未消失。所以，女孩子买了新衣服，总要问问女伴好不好看。说好看，她便乐了。男人呢？对年轻人说他长得英俊潇洒，他一定高兴；对中年人说他性格有味道，他也一定开怀！所以，在社会上行走，一定要善于运用赞美，它可以润滑你的人际关系，让你到处受欢迎。

查尔斯·史考伯是美国商界年薪最先超过100万美元的人之一。他在1921年被安德鲁·卡内基选拔为新组建的美国钢铁公司的第一任总裁，而当时他只有38岁。

为什么钢铁大王卡内基要付给史考伯100万美元年薪呢?

因为史考伯是一名天才吗？不是。是因为他对钢铁的制造知道得比其他人多吗？也不是。史考伯亲口说过，他的手下有许多人，他们对钢铁知道得比他还多。

史考伯说，他得到这么多的薪金，主要是因为他有与人相处的本领。这是他以自己的话语道出的秘诀——这些话语将会改变你我的生活，如果我们能够确实去实行的话——“我认为，我那能够使员工鼓舞起来的能力，是我所拥有的最大资产。而使一个人发挥最大能力的方法，就是赞赏和鼓励。再也没有比上司的批评更能抹杀一个人的雄心的了。我从来不批评任何人，我鼓励别人工作。因此，我善于称赞，而讨厌挑错。如果我喜欢什么的话，那就是我诚于嘉许，宽于称赞。”

这就是史考伯的做法。但一般人怎么做呢？正好相反。如果他不喜欢做什么事，他就一心挑错；如果他喜欢的话，他就什么也不说。正如一句老话所说的：“第一次我做错了，我马上就听到指责的声音；第二次我做对了，但是我没听到有人夸奖。”“我在世界各地见到了许多大人物，”史考伯说，“还没有发现任何人——不论他多么伟大，地位多么崇高——不是在被赞许的情况下，比在被批评的情况下工作成绩更佳、更卖力。”

真诚的称赞也是洛克菲勒成功的秘诀。当他的合伙人艾德华·贝佛处置失当，在南美做错一宗买卖，使公司损失100万美元的时候，洛克菲勒原本大可指责一番，但他知道贝佛已尽了力——何况事情已经发生了。因此，洛克菲勒就找些可称赞的话题，他恭贺贝佛保全了他所投资金额的60%。“棒极啦，”洛克菲勒说，“我们没法每次都这么幸运。”

人类的举止，有一条最重要的法则，如果我们遵循这条法则，几乎永远不会出问题。事实上，如果遵循这条法则，就会给我们带来无数的朋友、无限的快乐。但是，一旦违背了这条法则，我们就会惹上无尽的麻烦。这条法则就是：永远使对方觉得他很重要。

几千年来，哲学家总结出了一条重要的箴言——己所欲，施于人。这条箴言并不仅在一个地方、一个国家流行，几乎全世界的先哲们都发现了这条箴言。琐罗亚斯德早在3000年前就把它教给拜火教徒了；孔夫子也于2500年前在中国宣扬过它；道教始祖老子也把它教给了他的门生；释迦牟尼于耶稣诞生前500年，在圣迦河岸宣传过它；印度教的经文典籍，在这之前1000年，就传播过它了；耶稣在20个世纪之前，在巨狄亚石山上，就这样教导过信众。

你希望与你来往的人都赞赏你，你希望别人赞赏你真正的价值，你要你的朋友和同事“诚于嘉许，宽于称赞”。其实，许多人都希望这样，所以，请你先做到“己所欲，施于人”。

5. 多交友，少树敌

在竞争激烈的社会中，没有一个优秀、团结的集体和一些志同道合的朋友，是不可能获得成功的。常言道：“多个朋友多条路，多个冤家多堵墙。”人在江湖走，少不得朋友，多不得敌人。

我们经常可以看到，许多人有很好的“人缘”，他们周围有许多热情热心的朋友；也有一些人，他们周围不仅很少朋友，相反倒拥有不少敌人，他们十分的孤立。

没有朋友的人是痛苦的，寂寞的，孤独的。在当今社会，朋友是我们的重要依靠；拥有朋友是我们人生的骄傲。有朋友，就仿佛众星拱月，人生是热闹的，光辉的，有滋有味的。没有朋友，则会寸步难行；倘若再有许多的敌人，我们的人生就会荆棘丛生，充满不幸了。

朋友越多，路子越宽，事情就越好办。几千年来，这个道理已经被无数的经验和教训所验证。

国人的劣根性之一就是：你给他好处，他未必感激，甚至认为理所当然；你一旦得罪了他，他必会怀恨在心。生意场上，人心叵测，有经验的人常说“朋友十个不算多，冤家一个就不少”，这句话不无道理。

人的一生中存在着许多变数，做人做事必须从长远打算，为自己留条后路。只有多结人缘、多交朋友，才会使自己的人生之路越来越好走、越走越宽。

我们交朋友，自然希望朋友能够对自己有些帮助。但是，我们交朋友却绝对不能以对方对自己有没有帮助作为条件。如果按照对自己有用的原则交朋友，那么，你将很难交到能够真正患难与共的朋友。一个自私自利的人是不会有多少朋友的；而一个心胸狭窄的人，则是不会有朋友；一个阴险狠毒的人，显然只能有许多的敌人。

那么，如何才能少树敌呢？

其一，不苛责别人。如果你一面提出自己的主张，一面又对所有不同的意见进行抨击，那可太不明智了。这样不仅容易树敌，还孤立了自己，将朋友都赶出了自己的交际圈。所以，即使面对他人明显的错误，也不要轻易指责，因为没有人希望自己被人指责，这种事情能免则免，不能避免也要掌握轻重和分寸。

其二，不必争胜负。个性不要张扬，要谦虚而内敛。有的人事事都爱争个胜负，非要有个结果才甘心。事实上，这样最容易伤人树敌，无论是输是赢，可能你都得罪了对方。与其如此，不如睁一只眼闭一只眼，以和为贵，能和则和。

其三，勇于认错。爱面子是中国人的秉性，如果最后的结论证明你曾经的做法是错误的，那么是认错还是不认呢？认错的话，就丢了面子；不认吧，则可能跟人产生隔阂，隔阂渐深则易成敌。在这种情况下，你应该丢下“面子”，勇于认错，挽回一个朋友，这更有助于你的事业，赢得了未来，岂不是更有面子？面子，是一个长期问题，而不是短暂的。

现实生活中，很多事例都证明，只有善于团结人的人才会有更好的前程。当然，要做到团结他人并不是一件容易的事，和我们志同道合的人团结起来倒好说，但我们遇到的更多的是和我们志不同道不合的人，这时该怎么办呢？如果真的无法团结他们，至少也不要将他们变成自己的敌人，那样也就无甚大碍了。

6. 诚实的人永远不会受骗

埃及的迪拉玛被称为魔鬼城，它处在帝王谷的入口处。从比东法老到兰塞法老的600年间，凡是走进小城的外地人，没有不上当受骗的。

据史书记载，第一个来到这里的外地人是一位阿拉伯商人，他想贩些银器回国，结果被一个带路的小孩骗走了脚上穿着的一双皮靴。还有一个来自大马士革城的旅行者，他想到帝王谷去探宝，进城不到一刻钟，就被一个吉卜赛人连钱带行李骗了个精光。据传，印度一位道行最高的巫师漫游至此也没逃脱被骗的厄运，身上唯一的一件东西——铜蛇管，也被一个哑巴骗走了。

对于魔鬼城之谜，历来众说纷纭。有的说，迪拉玛是狮子、水牛、天狼3个星座在地球上的重心投射点，地理位置特殊，外地人走进这里，头脑都要失灵。也有的说，是埃及法老图旦卡蒙的咒语在起作用，咒语说“凡扰乱法老安宁的人必死”。在这个入口处，法老在用让你破财的方式，仁慈地提醒你不要走进帝王谷。

然而，自从古希腊的一位哲学家来到这里后，这些说法就被动摇了。因为他作为外地人，在城里住了一年，不但头脑和原来一样清晰，而且随身携带的东西一件都没丢。

有位罗马商人得知此事后，很受启发。他想，一个能顺利走出迪拉玛的人，一定是破解了法老咒语的人。因为他知道，迪拉玛这座小城是图旦卡蒙法老有意安排的。罗马的羊皮书上有记载，图旦卡蒙法老的陵墓修好后，为防止盗墓贼入侵，曾把关押在监牢里的3000名骗子秘密流放到这里，因为法老相信，一类人的智慧能制约另一类人的智慧。

罗马商人决定去拜访那位希腊哲学家。他率领自己的商队来到希腊，可惜那位哲学家已经去世5年了。希腊人告诉他，哲学家临终前在摩西神庙的石壁上留下过一句话，那句话是他从埃及漫游归来后写上去的。于是，商人来到神庙，凝视着石壁喃喃自语：说得多好啊！然后，他匍匐在地，表达对哲学家的敬意。

2300年后的一天，一位考古学家在迦勒底山脚下挖出7个巨大的石碑，其中的一块上刻着这么一行字："当你对自己诚实时，天下就没人能够欺骗你。"

心诚是一个人最能够反映出自己文化、知识、品位、性格、气质、涵养的一面镜子。显然，诚心诚意是人际关系交往的一种最直接的表达方式。同时，诚心诚意也是众望所归的一种牢固信赖，更是人们最终必须追逐的一种高风亮节。

诚实是做人之本。生活中，诚实无欺的例子不胜枚举。

许多年前，美国加州数码影像有限公司需要招聘一名技术工程师，有一个名叫史密斯的年轻人去面试，他在一间空旷的会议室里忐忑不安地等待着。不一会儿，一个相貌平平、衣着朴素的老者进来了，史密斯站了起来。那位老者盯着史密斯看了半天，眼睛一眨也不眨。正在史密斯不知所措的时候，这位老人一把抓住史密斯的手说："我可找到你了，太感谢你了！上次要不是你，我可能再也看不到我的女儿了。""对不起，我不明白你的意思。"史密斯一脸迷惑地说。

"上次，在中央公园，就是你把我失足落水的女儿从湖里救上来的！"老人肯定地说。史密斯明白了事情的原委，原来老人把自己当成他女儿的救命恩人了。“先生，你肯定认错了！不是我救了你的女儿！”史密斯诚恳地说。“是你，就是你，不会错的！”老人又一次肯定地说。史密斯面对这个对他感激不已的老人，只能做解释：“先生，真的不是我！你说的那个公园我至今还没有去过呢！”听了这句话，老人松开了手，失望地望着史密斯说：“难道我认错人了？”史密斯安慰老人说：“先生，别着急，慢慢找，一定可以找到救你女儿的恩人的！”

不久，史密斯接到了录取通知书。有一天，他又遇到了那个老人。史密斯关切地与他打招呼，并询问道：“你女儿的救命恩人找到了吗？”“没有，我一直没有找到他！”老人默默地走开了。

史密斯心里十分沉重，对旁边的一位司机师傅说起了这件事。不料那司机哈哈大笑：“他可怜吗？他是我们公司的总裁，他女儿落水的故事讲了好多遍了，事实上他根本就没有女儿！”

“噢？”史密斯大惑不解。那位司机接着说：“我们总裁就是通过这件事来选拔人才的。他说过，有德之人才是可塑之才！”

此后，史密斯兢兢业业地工作，不久就脱颖而出，成为公司市场开发部总经理，一年为公司赢得了3500万美元的利润。当总裁退休的时候，史密斯继承了总裁的位置，成为美国的财富巨人。后来，他谈到自己的成功经验时说：“一个一辈子做有德之人的人，绝对会赢得别人永久的信任！”

世间技巧无穷，唯有诚实不欺最具奇效。

7. 得饶人处且饶人

在生活中，每个人都会有难堪的时候、做错事的时候、有求于人的时候。如果这时你处在有理的一方、得势的一方、管束人和裁决者的一方，你会怎样做呢？

人的一生很短暂，也就几十年的工夫，有很多有意义的东西等待我们去追求，与其在不断的“讨个说法”中浪费时间，倒不如心存一份宽宏，“得理之时且饶人”，与人一份宽容也是与己的一种仁厚。

古时，蔡州褒信县有一个道士，棋艺精湛，每逢下棋，他总是让人先下，即使这样，也从来没有输过。道士自鸣得意，作诗云：“烂柯真诀妙通神，一局曾经几度春。自出洞来无敌手，得饶人处且饶人。”当时，饶人本指让人一步棋。发展到如今，“得饶人处且饶人”已成为表示尽量对人宽容忍让的一句箴言。

饶人，就是将心比心，原谅别人的过错，给人台阶下。

卡耐基年轻的时候很好胜。在一次宴会上，大家有说有笑，有人提议每个人讲一个笑话活跃气氛。于是，大家挨个讲了起来，气氛很活跃，全场人都很愉快。最后，轮到卡耐基旁边的一位先生讲了。他讲了一个幽默故事，结尾还引用了一名典，大概意思相当于中国成语“此地无银三百两”。为了证明这句话，那位先生还特意提到这是《圣经》上说的。

卡耐基知道这句话不是《圣经》里说的，而是莎士比亚的书中提到的，于是，他纠正那位先生道：“这句话是出自莎士比亚的书。”

那位先生听后觉得自己面子上挂不住，就立刻争辩道：“什么？出自莎士比亚的书？不可能，绝不可能！先生你一定弄错了，我前几天才特意翻了那一段，我敢打赌，我说的是正确的，一定是出自《圣经》。”

卡耐基正想反驳，忽然想起自己的老友维克多·里诺是研究莎士比亚的专家，而他正好也在场，就转向他说：“维克多，你说说，是不是莎士比亚说的这句话？”

维克多却盯着他说：“是你搞错了，莎士比亚的著作上没有这句话，这位先生是正确的，《圣经》上确实有这句话。”随即在桌子底下踢了卡耐基一脚。

回家的路上，卡耐基向老友抱怨：“你明知那句话本来就是出自莎士比亚的作品，却还帮着他说话，真不够意思，还让我向他道歉，真是黑白不分了。”

维克多却笑了："莎士比亚的书上是有这句话，可是，那个人也许是一位有名的学者，为什么我们要去证明他错了，让他下不了台呢？记住，永远不要当面证明别人错了，那样做没有胜利者。"

得理不饶人也许是你的权利，但不妨得理且饶人。给自己留条退路，也让对方有个台阶下，给对方留点面子和立足之地。这样一来，等到对方得理时，同样也给你留点面子和立足之地。

饶人是忍让，是一种以德报怨的气度。所谓以德报怨，用大白话说，就是别人有对不起你、算计你的地方，你不生气，不与他计较，反而好好待他，甚至顺其心意，满足其愿望。作为一条合乎道德的行为原则，以德报怨的本意是让人超越个人之间的恩恩怨怨，与人为善，容人之过，宽宏大量地协调好人际关系。

因为人一般都有点自知之明，所以在对不起他人的地方，难免有愧疚之意。一旦得到了不曾想到的原谅，甚至对方主动让自己得遂所愿，这种由巨大反差所引发的感激之情，不是语言所能表达的，这种恩典也不是语言所能报答的。

这类故事不胜枚举。

孟尝君原谅了一个与自己小妾私通的门客，并举荐和资助他到卫国担任要职。后来，此人冒着生命危险谏止了卫君攻打齐国的计划。汉光武帝诛杀了一个谋反者，收缴到群臣中与此人相勾搭的书信千封，不予追查而付之一炬，以使群臣放心。曹操战胜袁绍后，也有过同样的举动。

楚庄王、孟尝君、汉光武帝等人的做法，很可能出于超出常人的心胸和气度，像汉光武帝就没有诛杀一起中兴汉室的功臣，这在开国皇帝中是不多见的。但以德报怨所带来的极好效果，绝不可能逃过注重实利的中国人的眼睛。在中国人看来，道义上的成就感如果再加上点实利方面的盈余，绝不是一件坏事。从这一点再往下推，那么仅仅只有实利的盈余，作为交易也值得一做。

北宋时，守边大将钟世衡能征善战，足智多谋。当时，胡人中有一个部落最强大，其首领叫苏慕恩。一天，钟世衡请苏慕恩来饮酒，还让一个长得很美的侍妾在一旁劝酒。席间，钟世衡有事进了里屋，苏慕恩酒入情怀，乘机调戏侍妾。钟世衡出其不意，突然转身出来，当场捉住了苏慕恩。苏慕恩十分惭愧，请他原谅。钟世衡却笑着说："你要她？那就送给你了。"从此，凡胡人部落中有怀二心的，钟世衡都让苏慕恩去讨伐，每次都大胜而归。

钟世衡这种做法是不是合乎道德，这里暂且不谈。他能撇开个人的面子，牺牲爱妾成就一件大事的精神，却是颇得饶人的神韵的。

饶人，是对仇怨释怀，给仇敌以宽恕。

一个真正高尚的人，不会睚眦必报，也不会以牙还牙做出伤天害理的事情。否则，人与人的冤仇何时能了？这个世界将成为什么样的世界？因此，饶人就是任何时候都不要把一个伤害你的人当做仇人。

从前有一个富翁，他有三个儿子。当自己年事已高的时候，富翁决定把自己的全部财产留给三个儿子中的一个。可是，到底要把财产留给哪一个儿子呢？富翁想出了一个办法：他要三个儿子都花一年时间去游历世界，回来之后看谁做了最高尚的事情，谁就是财产的继承者。

一年时间很快就过去了，三个儿子陆续回到家中，富翁要三个人都讲一讲自己的经历。

大儿子得意地说："我在游历世界的时候，遇到了一个陌生人，他十分信任我，把一袋金币交给我保管。可是，那个人却意外去世了，我就把那袋金币原封不动地交给了他的家人。"

二儿子自信地说："当我旅行到一个贫穷落后的村落时，看到一个可怜的小乞丐不幸掉到湖里了。我立即跳下马，从湖里把他救了起来，并留给他一笔钱。"

三儿子犹豫地说："我没有遇到两个哥哥碰到的那种事，我在旅行的时候遇到了一个人，他很想得到我的钱袋，一路上千方百计地害我，我差点死在他手上。有一天，我经过悬崖边，看到那个人正在悬崖边的一棵树下睡觉。当时，我只要抬一抬脚就可以轻松地把他踢到悬崖下。但我想了想，觉得不能这么做，正打算走，又担心他一翻身掉下悬崖，就叫醒了他，然后继续赶路。这实在算不了什么有意义的经历。”

富翁听完三个儿子的话，点了点头说：“诚实、见义勇为都是一个人应有的品质，但还称不上是高尚。有机会报仇却放弃，反而帮助自己的仇人脱离危险的宽容之心，才是最高尚的。我的全部财产都是老三的。”

人要有宽大的胸怀，能容得下别人的嘲笑、朋友的背叛、敌人的陷害和攻击。更难能可贵的是，原谅那些曾经伤害过你的人，让他成为你的朋友。

生活总是会改变我们的态度，或好，或坏。但是，善良的人即使受到伤害，下一次还是会善良。饶恕那些曾伤害过我们的人吧，至少他们让我们成长，让我们学会宽容，体会到宽恕所带来的和谐与快乐。

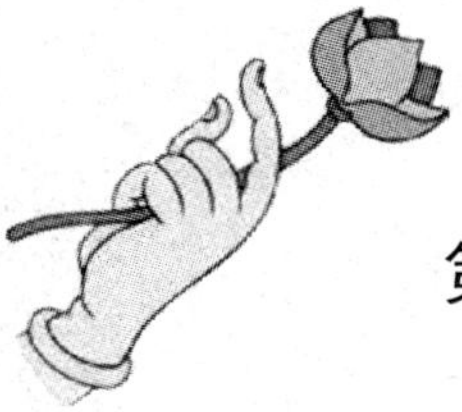

第二章　淡定，让工作更出色

无论你从事何种工作、处在什么位置，都难免会遇到大大小小的琐事，出现焦虑、急躁等消极情绪，极大地影响个人能力的发挥，使工作效率大打折扣。这时，如果能够顺其自然，保持一种随性、随缘、随喜的心境，以从容淡定、不折腾的心态来面对工作，稳而避其乱，洞悉而练达，如庖丁演刀，如鲁班弄斧，成功也许就会在不经意间降临。

第一节　远离职场压力

1. “心苦”是工作常态

压力太大，是职场人士抱怨最多的一句话。现代职场就像一个巨大的高压锅，工作量大，担心公司倒闭、裁员、减薪，人事复杂，工时过长，工作方向常常转变，职位角色含糊等，这些状况都使我们受压。所谓人在江湖，身不由己，工作辛苦，这是人生常态。

其实，职场中人都明白，最主要的辛苦不是因为工作紧张与体力消耗，而是“心苦”。

人之所以“心苦”，主要源于三个方面。

其一，工作压力。每天超过8小时的工作时间、上司咄咄逼人的目光、同事间明里暗里的竞争，无论是体力还是心理，都长期承载着超负荷的压力。

其二，情感压力。工作的繁忙间接导致了职场人士感情生活的缺乏和种种感情方面的问题。比如，白领之中的未婚者恐惧与异性接触、恐惧结婚或者因婚姻问题迟迟无法解决而面临家人的指责；已婚者则存在夫妻性格及心理不和谐和婚外情等问题。年轻的白领夫妻正处在各自事业的发展阶段，在工作和家庭生活不能兼顾的情况下，最容易产生婚姻问题。

其三，生活压力。如何与家人、朋友保持良好的关系？如何计划自己的将来？如何教育自己的孩子？来自生活各方面的困惑和难题，也给职场人士带来了不少心理上的困扰。

在一家事业单位当部门主任的小王，自从岗位竞聘述职启事贴出来后，就再也没睡过好觉。由于整天担心竞聘失败，不知如何面对同事等诸多问题，小王吃不香睡不着，郁闷、烦恼、头痛也找上门来。

在某单位工作的小芬也承受着随时被淘汰的压力。小芬的单位实行末位淘汰制，她为了出色完成工作，每天除了睡觉外，其他时间几乎都忙于工作。有时工作太忙碌，吃饭也随便对付，晚上做梦都在跟客户交流。小芬总觉得有一根看不见的鞭子在后面催赶，导致自己每天都在和时间竞赛。

工作压力已成为全球的热点问题。职场人士长期处在白热化竞争的气氛中，心理极度紧张、苦闷和失望，致使他们情绪跌宕。当不堪忍受这种超负荷的精神压力时，自己往往不能把握自己而失去自控力。当员工和老板觉得孤立无援的时候，他们会具有攻击性，产生愤怒的导火索可以包括对“规则”破坏的意识（比如故意让不符合条件的人得到升迁）、对权力的滥用（即使是错的，也只能是我说怎么办就怎么办）或个人的攻击（比如恶意的批评），有些人会在公开场所发泄自己的怒气，甚至产生身体对抗，而更加常见的是暗中报复，比如拒绝帮助别人、拖延工作，或给人冷暴力（极度沉默）。

那么，如何面对工作压力，如何对待“心苦”呢？

（1）认识到“心苦”是工作常态

净清禅师每天与信徒开示，都离不开这样的话：“快乐啊！快乐啊！人生好快乐啊！”可是有一次，他生病了，在病中不时地叫喊：“痛苦啊！痛苦啊！好痛苦啊！”住持大和尚听到了，就来责备他：“喂！一个出家人有病，老是喊苦呀、苦呀，多不好啊！”净清说：“健康快乐，生病痛苦，这是很自然的事，为什么不能叫苦呢？”住持说：“记得当初，有一次你掉进水里，快要淹死时，你还面不改色。那种无畏的样子，视死如归，可如今你的豪情跑到哪里去了？你平时都讲快乐、快乐，为什么到生病的时候，要讲痛苦、痛苦呢？”净清禅师对住持和尚说：“你来，到我床前来！”住持到了他床边，净清禅师轻轻地问：“住持大和尚，你刚才说我以前讲快乐啊、快乐啊，现在都是说痛苦啊、痛苦啊，那么请你告诉我，究竟是讲快乐对呢，还是讲痛苦对呢？”

净清禅师告诉我们这样一个道理：快乐的时候就说快乐，痛苦的时候就说痛苦，没有必要去掩饰。快乐或痛苦都是生活常态，必须以平常心来对待。工作是人类的创造性活动，需要我们付出心血，“心苦”是肯定的，你唯一能做的就是以积极的态度面对它。

（2）放弃无意义的固执

有些人总想能得到一切，而怕失去一丁点，不愿做出任何放弃，这种心理常会使人患得患失，背着沉重的包袱熬过每一天。此时也往往会放大这些困难形成压力，关键是放弃无意义的固执追求，抓住主业大事不放。

（3）勇于做个“挑战者”

有时，压力的产生在很大程度上是来自你对某些事情的逃避。但当你挑战了自己的极限，哪怕只是走出小小的一步而获得成功，你都会信心倍增。因此，不妨每天尝试新的工作方法，甚至尝试一些极限运动，都能帮助你减轻压力。

（4）通过沟通释放压力

敞开心扉，多与亲朋好友聊天，必要时还可以与上司谈心。当你将工作中的压力倾诉出来的时候，必然会得到对方的关爱、回应和鼓励，甚至给你提出很好的建议，压力自然也就化解了。

（5）忙中偷闲舒缓压力

如果生活中只有工作这个主题词，压力就会缠绕着你。所以，有必要分散注意力，寻找工作以外的乐趣。休闲一刻，是舒缓压力的最佳手段。很多职场人士常常抱怨压力大没时间，其实忙中偷闲并不难，中午打个盹，晚饭后步行半小时，入睡前花十来分钟读读报纸杂志，从事一些有氧的运动，都可以调节、缓解紧张的情绪。心情愉快了，身体抗疲劳的能力就能增强。

（6）均衡饮食

一日三餐不可或缺。这一条看似不重要，但如果饮食不规律，身体状态不好，抗压能力就会减弱，也会影响情绪，压力和焦虑随之而来。营养均衡的饮食，不仅能保持身体的健康，对舒缓情绪也很有帮助。很多营养素对大脑和神经的运作都很有益处，因此，保持固定的一日三餐非常重要。此外，很多人碰到压力会借酒消愁，虽然貌似能一时忘记烦恼，但之后心中的焦虑不安只会增加，还会对肝脏造成负担，这种“减”方法是不可取的。

（7）尝试打破现状

当你觉得日子一成不变时，应设法改善工作方法并尝试新的工作。你也可以主动要求多承担一些责任，或者主动去充电。如果可能的话，你也可以考虑调换部门，或者换个环境等。总之，要对自己的状态进行调整，但关键还是要善于发现工作中的乐趣，永远拥有孩童般的好奇心和热情。

2. 敢于承认有人比你更强

好胜和坚强或许是生活最美好的赠予，但过于好胜和假装坚强就变成了上帝最残酷的惩罚。当你想笑的时候就敞开胸怀去笑，而当你想哭的时候，不妨肆无忌惮地痛哭——坚强不是遮掩，而应该是内在的真实修炼。

生活让我们学会坚强，但从未就此剥夺我们哭泣的权利。每个人都有脆弱的时候，可我们总是习惯于隐藏起自己的软弱，把自己当成一头斗牛，不断地发起挑战，直至最终自毁。

历史上从不缺少因争强好胜而产生的悲剧。春秋时期的庞涓和孙膑、三国时期的周瑜和诸葛亮等，都是悲剧中的主角。

分析争强好胜者的心理特点，可知其必定自毁的原因。人可以自信、自尊、自强，也应该有傲骨，但不能有傲气。争强好胜不仅是和别人过不去，更是和自己过不去。我们提倡低调做人、高调工作，就是要适当收敛自我表现的欲望，谦虚谨慎才是我们应有的态度，不能因为一些不起眼、无关紧要的事情争得你死我活。

毕业于名校、能力出众的李海刚到单位工作时，为了突出自己的能力，不仅勤勤恳恳地把自己的工作做好，还处处帮助同事。一开始，同事们都很喜欢他，可后来他发现同事们个个都疏远他，部门主管也时常刁难他，这让他一头雾水。

后来，他听到同事在背后的议论才发现，别人给他的评价是“锋芒毕露、争强好胜，看似帮助同事，实则在为自己的功劳簿上添功”。同事小陈说：“他这个人虽然没有害人之心，但太过于表现自己了，总把别人看成是自己的竞争对手，而想方设法压倒别人。特别是有领导在场的时候，他更是这样。那次，我的电脑遇到了一个小问题，我叫钱姐帮忙。当钱姐正在帮我的时候，李海却跑过来抢了钱姐手里的工具修起了电脑，还说‘这么简单的事都不会做，你真笨’。虽然电脑修好了，但我心里一点也不舒服，人家又没叫你来帮忙。”

李海听了此话，心里一凉：我在他们眼里怎么就成了这种人呢？

由上可知，我们在工作中要保持谦虚的态度，尤其好胜心强的人，更要保持淡定，敢于不如人。所谓寸有所长，尺有所短，我们每个人都可能在某些方面不如人。比如，我们没有家庭主妇的勤劳能干，我们没有某些同事那么会处理和领导的关系，我们没有年轻人的灵活，我们没有长辈那样的吃苦精神，我们还没有老者的睿智和坦然……这些都是我们应该正视，而不该回避和掩饰的。

敢于不如人，其实就是敢于承认自己的不足，这是一种期待成长的勇气。能够做到这点，你才能最后胜于人。

有个寓言故事说，一天，寺庙里铺在地面上的一块大石头抬起头来对正上方的佛像说："我们原本来自山上的同一块石头，可现在我躺在这里，灰头垢面，受万人践踏，而你却坐在那里，高高在上，受万人膜拜，世道为什么如此不公平呢？"佛像说："是的，我们来自深山的同一块石头，但我经过了几个石匠数年的打磨，才坐在了这里，而你只接受了简单的加工，所以就只能铺在地上给人垫脚啊。"

所以，打磨修炼很重要。同样是石头，一个受人践踏，一个被人膜拜，表面看来真的很不公平，可是静下心来想想，为什么人家要选它而不是选你做佛像，肯定是因为它更有资质（石头的质地纹理）。而且它成为佛像，也是要忍受一锤一锤的敲击、一刀一刀的切割，如同凤凰浴火，涅槃重生。如果你自信也拥有这种资质，也许有一天你也会被石匠发现，即使成不了佛，成为一个石磨，成为一个石杵，又有何不可呢？一个心胸开阔的人，能够正确地看待自己与他人的差别，既不会自轻自贱，把任何人都看得比自己优越，也不会盲目自信，无谓地贬低他人。

命运女神注定要把我们分成坐车的、赶车的、造车的和修车的。在同一个院子里一起长大的小伙伴，以后注定会走上不同的道路，有的会成为一个在小圈子里呼风唤雨的人，有的会成为某方面的专家、精英，而有的人则可能一辈子做一个普通打工者。

一个人不可能处处胜于人，有长必有短。我们在工作时不应该自卑，也不能自恋，但应该自谦。真正的高手都是不显山露水的，他们对待这个喧哗的世界泰然处之，对待那些自命不凡的人淡然笑之。就像《天龙八部》里的扫地僧，谁能料到有如此高手卧藏于少林寺内，却几十年如一日地甘愿"不如人"，没有一种自信而淡定的心态，又有谁能做到如此。

人生归纳起来无非有两种态度，一种是输不起，另一种是潇洒输。我们也只有承认和别人的差距，敢于认识到自己的不如人之处，才有以后胜于别人的可能。也就是说，认识自己的短处，合理地扬长避短才是出路，人生才会有所成就。如果拿自己最不擅长的柔弱之处去硬碰别人最拿手的看家本领，结果可想而知。人会有各种潜能与优越之处，但你不可能在所有地方都有机会发挥出来，你只能在一个地方用足你的力气。在你没有用力气的地方，在你无暇顾及的地方，你必然不如那些在这些地方用足力气的人。

因此，安排好工作、调整好心情是关键。同时，要调整好工作态度，学会凡事往好处想，但要做最坏的打算。不过分苛求完美，承认这个世界上有人比你更强，才能容人所长。

3. 没有最好，只有更好

一心扑在事业上的人，一般对自己要求高，凡事喜欢争第一。你要有个尚属首次，我想创造历史空前，把诸如此类引以为荣。争第一的口号当然能在一定程度上振奋精神，然而，一旦出现这种攀比竞争心理，往往会不计成本、不惜代价，给自己带来巨大的压力和痛苦。

在现实生活中，争夺第一的价值观往往会影响我们的幸福观。天外有天，人外有人，我们怎么可能永远都比别人强大？争第一真的是太不容易了，它要付出比别人多好多的代价，一直这样竞争下去，我们能够忍受吗？

第一与最大，意味着每个种类、每个行业只有一家，只有一人。如果这是企业经营所追逐的目标，那么，赢家一人，输家却无数，绝大多数人会变成失败者，这将是无趣且阴暗的世界。在许多时候，因为对生活还有过多的期望，我们在没有遇到来自事业或者情感的挫折的时候也难解内心的失意情绪。第一永远只有一个，总是与别人比高低，总有一天会有被比下去的挫折感。

美国曾经有一家租车公司，长期以来一直居于行业第二的位置，距离市场占有率第一名的租车公司有很大一段距离，而后面的竞争者更是强者如林。当发现公司业绩不断下滑时，公司聘请了奚得先生做总裁，他在当时有着“经营之神”的美称。到任之后，他对公司内部进行了大刀阔斧的改革。

要提高业绩，最主要的还是要加大公司的宣传力度。广告大师彭巴克先生建议：广告要坦白直率地告诉大家——我在租车业中排名第二；因为是第二，所以我们要更努力。

奚得先生经过考虑，最后接受了彭巴克的建议，而且所有的车上都贴满了奚得先生的电话。如果租车者发现车辆不够清洁、有烟蒂等情况，可以直接打电话给他，因为我们第二，所以要更努力。

不久，这家租车公司的业绩快速上升，市场占有率愈来愈接近第一名。尽管如此，他们还是以第二自称，因为第二代表的不仅仅只是名次，而是他们一直在努力的形象。

一个不断努力改进自己的企业，又怎么会不受客户的欢迎呢？我们不要把成长看成是40米、400米、4000米的赛跑，而应看成是马拉松式赛跑。不要太看重某个时期的领先或落后，不要总去争第一，排名第二自然有排名第二的好处，我们会因为排名第二而更清楚自己的不足和缺点，更清醒、更周全地看待人生中所发生的事情。

人在职场，工作不可能做到十全十美，但不能每天都在原地踏步，对上一次遇到的问题，站在不同的角度进行思考，久而久之，你会养成一种良好的工作习惯。

曾经获得世界冠军的美国拳击手杰克，在每次比赛之前都必须安静地祷告一会儿。

一个朋友曾经问他：“你在祈祷自己打赢这一场比赛吗？”

他摇摇头，说：“如果我祈祷自己打赢，而我的对手也祈祷打赢，那么这样会让上帝非常难办的。”

朋友很奇怪：“那你到底在祈祷什么呢？”

杰克说：“我只是在祈求上帝能够让我打得漂漂亮亮的，最好让我们谁都不要受伤。”

白岩松曾说：人生不是竞技，不必把撞线当成最大的荣光。当了第一的人也许是脆弱的，众人之上的滋味尝尽，如再有下落，感受到的可能就是寒凉，这样一来，就将永远向前。在生命的每个阶段，第一的诱惑总在眼前，于是，生命变成苦役。站在第一位置的人不一定是胜者，每一次第一总是一时的风光，却换不来一世的顺畅。时代的风向总在转变，那些被风吹走的名字，总是站在队伍的前列。争第一的人们，眼睛总是盯着对手，为了得到第一，也许很多不善良的手段都会派上用场。也许每一场战役，你都赢了，但夜深人静，一个又一个的伤口，会让自己触目惊心。

有进取心显然是好的，这是一种积极向上的表现。但是，始终抱着争第一的心态，会让我们在不断的失落当中走向怨恨。年轻的时候我们血气方刚，斗志昂扬，总认为梦想的东西离自己很近。然而，无论我们如何努力，总是有一些东西是我们争取不到的。给自己树立一个目标，就是不让自己满足现有的成绩，将以后的事情做到更好。

生命其实是一个丰富多彩的过程，我们要善于接受生活中存在的不完美。工作中有角逐和竞争，但工作的目的却不是为了角逐和竞争，而是追求属于自己的独一无二的人生价值。

4. 别让浮躁毁了你

俗世浮华，繁花似锦，美妙里总是潜藏着让我们伤痛的理由，而伤痛的标签上永远只写着两个字：浮躁。

在商业社会，越来越多的欲望让我们变得越来越浮躁、急功近利。浮躁就像是病毒，在社会的各个角落肆意传播。不少人拥有聪明的头脑，却无法始终做到做事专一，自身也缺乏坚定的意志和恒心，到最后只能一事无成。为什么会这样呢？因为在心灵深处，总是有一种力量让他们茫然不安，让他们的内心无法宁静，这种力量其实就是浮躁。而浮躁正是影响他们事业获得成功、工作赢得快乐的最大敌人。在我们身边，这样的例子其实有很多。

几年前，万燕通过向亲朋好友借钱，筹集10万元创办了一家服装公司。由于她能够准确判断，抓住了市场机会，公司得到了迅速的发展。

在公司成立的第一年，万燕就通过自己的努力取得了不错的成绩，规模也迅速扩大。在随后的一段时间，公司的发展一直稳中求胜，在业界也有了一定的知名度。作为公司的创业者，万燕始终对公司的未来充满信心。

可是，就在一次大客户的招标会上，万燕原以为凭着公司的实力肯定可以大获全胜，没想到半路上杀出个程咬金，一家竞争对手将这笔大订单横刀夺去，大大打击了万燕的自信心。也正是因为这件事，万燕产生了一种强烈的危机感，做事一向有条不紊、镇静自如的她也开始被一种挥之不去的浮躁感所困扰。

在这种浮躁情绪的影响下，万燕开始对公司员工施加压力，要求员工不断加班加点，恨不得所有人都是干活的机器不需要休息。除此之外，万燕还无休止地开会讨论公司的各种发展机会，不断对公司的发展策略进行改动，甚至企图在短时间内看到一定的成效。就这样，万燕千方百计地试图打造出百分之百的公司竞争力，让公司在竞争中取胜。

但是，让万燕感到失望的是，一切努力最后都没有达到预期的效果。在万燕吹毛求疵的要求下，公司的创新精神受到了重大的打击，不要说业绩有什么大的提升了，甚至还没有招标以前优秀，而且公司的员工整天诚惶诚恐，生怕做错事被罚，都抱着不求有功但求无过的心态。

万燕的浮躁情绪让整个公司在氛围上出现了人为的紧张，公司的高层主管在向万燕汇报工作的时候，也会尽量美化，而不会直言工作中真实存在的缺陷与危机。更为糟糕的是，公司的几名核心骨干由于无法承受万燕的“高压”政策，居然辞职了，公司的发展受到了严重的影响。

在这个故事中，万燕迫切渴望成功的欲望引发了她的浮躁，而她的浮躁最后又成为公司业绩直线下降的导火索。对待员工，万燕缺乏良好的心态，甚至有的时候会表现得非常苛刻，最后导致公司濒临倒闭。

生活、工作在一个浮躁的社会，我们想要得到的东西太多，但最后要么是一无所得，要么是得到了又失去。托尔斯泰说：“幸福的家庭总是相似的，但不幸的家庭却各有各的不幸。”换句话说，幸福的人生总是相似的，而不幸的人生常常有不同的原由，浮躁便是其一。

当我们贫困时，渴望能够富有，而当我们富有时，却总是怀念往日的苦难；当我们失去时，渴望重新得到，而当我们得到时，又发现其实一无所有；当我们失意时，渴望在成就中得到满足，可当我们成功时，却总是发现自己已经无所适从。我们的生活太容易变异，我们也太容易冲动，所以总是追求那并不快乐的快乐，人生的路走走停停，不知不觉间就迷失了前进的方向。

大学毕业时，小周对于干哪行并没有什么特别的想法。由于求学时期经济窘迫，他唯一的工作方向就是一切向“钱”看。小周毕业后的五六年，几乎是每年换一份工作。他先是在办公室当文秘，一年后保健品很红火，他就应聘到一家保健品公司去当推销员。没干多久，保健品就不行了。这时，有个朋友拉他去一家营销策划公司，月薪还不错。于是，他第二天就去上班了。

一次大学同学搞聚会，他碰到了以前的一个老同学，这个同学开了一家贸易公司，从南方倒腾一批热门小商品到所在的城市卖。短短几年，居然发展得很不错，“钱”景看好，正需要帮手。小周毫不犹豫地加盟了同学的贸易公司。半年以后，公司生意转淡，他又去了一家广告公司。没过多久，他发现广告行业竞争实在是太激烈了，于是他又去了报社当记者……

这样折腾来折腾去，虽说赚到了一些小钱，物质生活也得到了一些改善，但每每静下心来，尤其是夜深人静的时候，他常常怅然若失，觉得自己这么多年来一事无成，总找不到做事业的感觉。

在灯红酒绿下，在行色匆匆中，在激烈的竞争下，在残酷淘汰中，在物价上涨工资不变的窘境下，在欺骗隐瞒人心不古中，很多人都确确实实感到这个社会越来越浮躁了。

生活随心所欲地将我们抛进滚滚红尘，任由我们自己浮浮沉沉。我们喜欢喝浓而苦的咖啡，喜欢驾着马力十足的小汽车飞驰于高速公路，喜欢在霓虹灯下夜夜笙歌。但生活也许更需要一杯清茶，更需要乡间小路的漫步，更需要静夜下的一轮明月。因为每一个浮躁的人，都有一颗更加容易受伤的心。

我们追求单纯而刺激的生活，追求随性自由的人生，然而生活可以简单，但绝不是随便地粗制滥造；生活可以随遇而安，但绝不是草率地随波逐流；生活也可以自由，但绝对不是肆无忌惮地为所欲为。世界熙熙攘攘，人生浮浮沉沉，我们习惯了匆匆而来匆匆而去，所以往往活得很累，注定一直受伤。

浮躁是人生游戏规则的制定者。我们选择了轻松，工作却飘飘荡荡，一场虚空；我们选择了负重，人生又难以呼吸，有不可承受之痛。其实，人生不在于做出什么样的选择，而在于用什么样的心态去做出选择。心境淡定的人，生活得总是如轻风一般惬意，只轻轻划过脸庞，无伤也无痕；而浮躁的人哪怕是俗世的一粒浮尘也能穿心而过，留下一个最卑微的伤口。我们之所以忧郁、彷徨、悲伤，之所以会不知足、放不下、不自知，就是因为太过浮躁。我们渴望构建一个最美好的生活框架，但是最美好的生活并不来源于外物，而是来自我们心中的体验。

人世不过是一指浮华，抓不住的虚无，消不去的暗伤，所以任他繁华喧嚣，唯我心依然淡定。

5. 板凳甘坐十年冷

“板凳宁坐十年冷，文章不写半句空。”古往今来，凡能有大成就者，无一不是能够沉得住气、耐得住寂寞的人。司马迁于落寞中奋笔直书，成就了史家之绝唱《史记》；曹雪芹披阅十载，增删五次，成就了传世巨著《红楼梦》；陈景润身处陋室埋头钻研，完成了哥德巴赫猜想……可以说，寂寞是人成长的必经之路，尤其是在当今这样一个激情澎湃的时代，能否忍受寂寞,也是考验一个人能否成才成功的试金石。能够耐得住寂寞，才能够远离心浮气躁与急功近利，才能够脚踏实地埋头苦干，集中时间、精力和智慧，专注于某一项事业，平心静气地踏实前行，如此才会有收获、有进步。成才成功之路，其实就是一个不断熟悉寂寞、品味寂寞并超越寂寞的过程。

一位年轻人写信给潘石屹，信中述说他刚大学毕业，找到了一份不错的工作。但是，公司里同事之间竞争激烈，主管经常刁难，他很想换一份工作，但又舍不得这份不菲的待遇。他问潘石屹他该怎么办。

回信中，潘石屹给他讲了一个故事。

明朝有位书生屡试不第，生活穷困潦倒，整天唉声叹气。他虔诚礼佛，常想，要是能得道成佛摆脱困苦，该有多好啊！

一天夜里，他梦见自己遇上了文殊菩萨。于是，他求文殊菩萨：“让我做你的童子吧。”

文殊菩萨微笑着问他：“为什么？”

他说：“红尘悲苦，我早已厌倦了。”

“其实，红尘中不全是悲苦，也有许多美好的事物。”文殊菩萨面色宁静如水，“要是成了我的童子，你就要永远远离这个烟火红尘，你确定吗？”

“确定！”书生肯定地回答。

文殊菩萨笑了，一脸深意："你来看看这个。"菩萨拿出一面铜镜，手轻轻一拂，铜镜中出现了一幕场景：一位仙童正摇着文殊菩萨的胳膊说："师父，您就让我下凡去做一个凡人吧，求求你了。"

"为什么要做凡人呢？要知道，做一个仙人是多少凡人朝思暮想的啊！"

仙童的语调忽然忧伤起来："寂寞啊，师父！师父您出外论道的时候，偌大的仙山只有我一个人，只有孤独和无边的寂寞。"仙童边说边举起如婴童般稚嫩的手臂，"师父您看，我都500多岁了，还长得这么一副童子模样。500年了，十几万个日日夜夜，您知道我是怎么度过的吗？"仙童说得十分动情，眼中隐隐有泪花闪现。

或许是最后一句打动了菩萨，文殊菩萨一声轻叹。

书生还想再看，文殊菩萨已经撤了铜镜。

"这是我的一位仙童，他跟你恰恰相反，他最想做个凡人。"文殊菩萨说。

书生一听，雀跃而起："那不正好，我正好跟他换换……"

"可是，你知道吗，"文殊菩萨打断了书生的话，"这位仙童就是你的前世。"

"我的前世？"书生满脸惊愕。

"是的，他正是你的前世。"文殊菩萨语调深沉，"你受不了仙界的清淡寂寞，才自愿舍了500年的修行。你说，只要能到凡间历一番轮回，享受一下凡人的爱恨悲欢，无论如何，你都甘愿！我这次来，就是想看看你在凡间过得怎么样。"

后面菩萨说了什么，书生根本没有听清，他正陷入一种极大的惊愕、矛盾与深深的思索之中。

"好好想想吧，等你做好了决定，我会再来的。"文殊菩萨化作一阵清风，飘然而去。

书生醒了。桌上，半根红烛正艳；窗外，一轮圆月幽明；堂上供奉的文殊菩萨塑像，正含笑不语。

从此，这位书生就像换了个人似的，再也不怨天尤人。他娶了一位朴实的村姑，生了几个伶俐的儿女。忙时，耕田种菜；闲时，吟诗赏月；他整天笑容满面，过得逍遥自在，在俗世享年87岁。

故事说完了，潘石屹最后这样总结道：红尘悲苦，蓬莱寂寞！这个世界上，又哪来完美的人生呢？你想换份工作，其实是在逃避工作中出现的矛盾。在你的心态修炼好之前，换个工作环境是徒劳的。面对不好的境遇，我们最需要修炼的是自己的心态，一种低处积累淡看宠辱的胸襟，一份坚忍不拔缓慢崛起的斗志。

台湾著名作家刘墉曾经说过，年轻人要过一段“潜水艇”似的生活，先短暂隐形，找寻目标，耐住寂寞，积蓄能量，日后方能毫无所惧，成功地“浮出水面”。胸无大志的人，是耐不住寂寞的，他们常常会被外面的花花世界所干扰，最后在朝三暮四的动摇与徘徊之中浪费自己的大好时光。如果你有开创事业的远大志向，能够在浮躁的环境中真正静下心来，踏踏实实走好每一步，坚守住寂寞，你一定能获得惊人的成就，也会对生活中的寂寞和快乐有更多的感悟。

很多年前，有一个养蚌人，他想培育一颗世界上最大最美的珍珠。于是，他一大早来到沙滩上准备挑选沙粒。他耐心地询问一颗颗沙粒，问它们愿不愿变成一颗美丽的珍珠，但那些沙粒都摇头说不。直到黄昏他快要绝望的时候，终于有一颗沙粒答应了他。

旁边的沙粒都嘲笑那颗沙粒，说它不是傻瓜就是弱智，去蚌壳里住，深藏海底很多年，远离亲人朋友不说，还见不到阳光雨露，享受不到明月清风，甚至还缺少空气，只能与黑暗、潮湿、寒冷、孤寂为伍，实在是太不值得了。

可是，那颗傻傻的沙粒还是无怨无悔地随养蚌人去了。

几年过去了，那颗沙粒成长为一颗晶莹剔透、价值连城的珍珠，它周游列国，在让人们欣赏自己的美丽的同时，也赢得了人们的尊重和赞美。而曾经嘲笑它的那些伙伴，却依然是一颗颗沙粒。

坚韧执著地生活，当走过黑暗与苦难的长长隧道之后，你或许会惊讶地发现，平凡如沙粒的你，不知不觉中已成长为一颗璀璨耀眼的珍珠。

人生正是一个自我修行与修炼的过程，当你发现了自己生命与工作的意义，找到了自己的方向，就应该耐得住寂寞、经得起诱惑、扛得起挫折，执著追求、永不放弃希望与努力，终将把你历经的一切书写成华丽的乐章。

第二节　让工作快乐起来

1. 学会从工作中找到乐趣

只要留意一下你的四周，你会发现在生活和工作中抱怨的人比比皆是。仔细分析，工作中的确有许多让人抱怨的理由：业务繁杂，工资却很低；拼命地工作，老板却不赏识你；客户难缠，同事不配合……

著名的成功学大师奥里森·马尔登告诉我们："不要老是抱怨，过多的抱怨只是一个人衰老的象征，真正的强者是从不抱怨的。命运把他扔向天空，他就做鹰；把他置身山林，他就做虎；把他放到草原，他就做狼；把他投到大海，他就做鲨。"

索尼公司创始人盛田昭夫曾经说过这么一个故事。

有个叫大贺典雄的东京帝国大学高材生，当年是一位很有才华的青年。他加入索尼公司之后，曾多次与盛田昭夫争论。盛田昭夫很喜欢这个直言无忌的年轻人，非常器重他。

出人意料的是，后来盛田昭夫居然把大贺典雄下放到生产一线，给一位普通工人当学徒。这让很多员工感到迷惑不解，甚至怀疑他得罪了盛田昭夫。有人为大贺典雄感到不平，但大贺典雄只是淡淡一笑。

一年后，更让人大跌眼镜的事情发生了，还是学徒工的大贺典雄居然被直接提拔为专业产品总经理，员工们百思不得其解。

在一次员工大会上，盛田昭夫为大家揭开了谜团："要担任产品总经理，必须对产品有绝对清楚的了解，这就是我要把大贺典雄下放到基层的原因。让我高兴的是，大贺典雄在他的岗位上干得不错。然而，让我坚定提拔念头的是，整整一年他在又脏又累又卑微的工作环境下居然没有任何牢骚和抱怨，而且甘之若饴。”

人们终于明白了其中的原因，不禁报以热烈的掌声。5年后，也就是在34岁那年，大贺典雄成为了公司董事会的一员。

世界上没有一项工作是完美的，与其抱怨，不如改变心态，命运不会因为抱怨而改变，要想在职场改变自己的命运，首先要爱上自己的工作，充满激情地工作。

有这样一个有趣的小故事。

一个白领心理咨询室先后来了两个顾客，他们来自同一家公司，一个是高管，一个是老总。高管情绪激动地嚷嚷：“我说我不想来这个破公司，这家老板非把我拉来。虽然工资高了点，职位高了点，但这家公司问题这么多，战略不清晰、管理混乱、保险不健全、老板经常变化思路等等，老板又不听意见，根本就是个一意孤行的暴君！我准备跳槽！”

而后来到咨询室的老板也是满腹牢骚：“我这哪里是雇人？我是花钱请了个挑毛病的大爷！对企业这也看不惯，那也看不惯。想请他走路吧，一笔猎头费血本无归；有心留下吧，又担心他整天抱怨，成为公司的不安定因素。”

心理顾问给这位高管开的药方是：闭紧嘴巴，少说多做，少点抱怨，埋头实干！谁都喜欢有能力的人，最初的摩擦根源也不是什么私仇，而是公怨。老板怀疑这个员工只会抱怨，员工怀疑老板不能虚怀纳谏。员工现在最重要的就是先打一些小胜仗，干出样子来，再选择合适的时机提出建设性的意见。给这位老板的建议同样是：忍耐一下，看看往后的情况如何，能人皆有傲气。

老板忍耐了几个月，抱着业绩表就乐开怀了：这位员工给公司节约了近百万成本。而这位公司的高管也看到了企业的潜力，看到了自己的施展空间。这对欢喜冤家终于对上眼了。

奥地利小说家茨威格说过："机会看见抱怨者就会远远避开。"喜欢抱怨的人在这个遵循强者法则的世界上，是没有立足之地的。这是因为，抱怨会限制一个人的思维，让其视力变得"近视"，把自己局限在抱怨本身上，而不是努力去适应变化解决问题，最后让自己痛苦不堪。

也就是说，如果你的思绪总是围绕着痛苦、孤单、倒霉这些情绪来展开，那么，强大的负面能量就会把你的命运引向不好的结果。试想一下，一个股民整天抱着悲观的心态来到股市，无论做什么决定都认为自己会赔钱，畏畏缩缩，最后的结果必定会"如他所愿"。

所以，在面对不利的环境或者困境的时候，我们为什么不能把困顿当作是对自己的一种鞭策呢？与其牢骚抱怨，不如采取行动，积极寻求应对困境的正确方法。

那么，改变又从哪里入手呢？

有一个年轻人，刚刚工作两年就换了四五个单位。一次，他闷闷不乐地去找他的大学同学喝酒，诉说自己得不到老板的重视，什么培训的机会都轮不到他，做了很多事却没有什么实际的回报，他对那份工作一点兴趣也没有了，想辞职另找一份工作。他的同学没有直接说什么，而是给他讲了一个故事。

一只乌鸦打算飞往南方，途中遇到一只鸽子，一起停在树上休息。鸽子问乌鸦："你这么辛苦，要飞到什么地方去？为什么要离开这里？"乌鸦叹了口气，愤愤不平地说："其实我不想离开，可是这里的居民都不喜欢我的叫声，他们看到我就撵，有些人还用石子打我。所以，我想飞到别的地方去。"鸽子好心地说："别白费力气了。如果你不改变你的声音，飞到哪里都不会受欢迎的。"

听完这个故事后，那个年轻人涨红了脸，好像明白了大学同学的意思。

在工作中得不到快乐，在别的地方也不可能得到，因为你一天中清醒的大部分时间都花在工作上了。

很多去过美国西雅图的人都知道，在西雅图有个很特殊的鱼市场，在那里买鱼是一种享受。有一个卖鱼的同行听说后觉得好奇，特意去看个究竟。

那天天气不是很好，但市场并非鱼腥味刺鼻，迎面而来的是鱼贩们欢快的笑声。他们面带笑容，像合作无间的棒球队员。冰冻的鱼像棒球一样，在空中飞来飞去。大家互相唱和："啊，5条鳕鱼飞明尼苏达去了。""8只螃蟹飞到堪萨斯。"这是多么和谐的生活，充满乐趣和欢笑。

卖鱼的同行跟人打听，这些人为什么这么快乐？别人告诉他，事实上，几年前这个鱼市场本来也是一个没有生气的地方，大家整天都在抱怨。后来，大家认为与其每天抱怨沉重的工作，不如改变工作的品质。于是，他们不再抱怨生活本身，而是把卖鱼当成一种艺术。再后来，一个创意接着一个创意，一串笑声接着另一串笑声，他们成为鱼市场中的奇迹。大伙练久了，个个身手不凡，几乎可以和马戏团的演员相媲美。这种工作的气氛还影响了附近的上班族，他们常到这儿来和鱼贩一起用餐，以此感染上他们乐于工作的好心情。

后来，不少没有办法提升工作士气的主管还专程跑到这里来访问，也提出同样的问题："为什么一整天在这个充满鱼腥味的地方做苦工，你们竟然还这么快乐？"

他们的答案很简单："改变心态，从工作中找到乐趣。"

2. 好品行带来好机会

从小到大，我们对有关做人的道理耳熟能详。然而，品性优劣却人各有异，做事的结果也大相径庭。任何失败都不是偶然的，同样，任何成功都有其必然性，其中最重要的一个因素就在于怎样做人做事。

思坦因曼思是德国的一位工程技术人员，因为失业和国内经济不景气，他不远千里来到美国，幸运地得到一家小工厂老板的看重，聘用他担任生产机器马达的技术人员。

1923年，美国福特公司有一台马达坏了，公司所有的工程技术人员都无法修好。正在焦急万分的时候，有人推荐了思坦因曼思，福特公司就派人请他来。他来之后，什么也没做，只是要了一张席子铺在电机旁，聚精会神地听了3天，然后又要了梯子，爬上爬下忙了多时。最后，他在电机上的一个部位用粉笔画了一道线，写上“这儿的线圈多绕了16圈”几个字。福特公司的技术人员按照思坦因曼思的建议，拆开电机，减去多绕的线圈，电机果然正常运转了。

福特公司总裁福特先生得知后，对这位德国技术人员十分欣赏，先给了他一万美元的酬金，然后又亲自邀请思坦因曼思加盟福特公司。但思坦因曼思却向福特先生说，他不能离开那家小工厂，因为那家小工厂的老板在他最困难的时候帮助了他。

福特先生先是觉得遗憾万分，继而又感慨不已。福特公司在美国是实力雄厚的大公司，人们都以进福特公司为荣，而他却为了报恩而舍弃大好机会。

不久，福特先生做出一个决定，收购思坦因曼思所在的那家小工厂。董事会的成员都觉得不可思议：“这样一家小工厂怎么会进入福特先生的视野？”

福特先生说：“人品难得，因为那里有思坦因曼思。”

《左传》记载：“太上有立德，其次有立功，其次有立言，传之久远，此之谓不朽。”意思是说，最上等的是确立高尚的品德，次一等的是建功立业，较次一等的是著书立说。如果这些都能够长久地流传下去，就是不朽了。此处所说的立德，便是指会做人做事，拥有好人品。

在做事方面，责任感最能体现一个人的品格。

1940年，德国法西斯对英国展开空中闪电战，伦敦是受破坏最严重的城市之一。当时，有人提议为了安全，让王室成员撤离伦敦。王后说：“在任何情况下，国王都不会离开伦敦，这是他的责任。”

美国总统肯尼迪在就职演说中说：“不要问美国给了你们什么，要问你们为美国做了什么。”这句关于责任的经典话语激励了无数美国青年。

职场里，每一个行业都有杰出的人才，每一个行业都蕴藏着优秀的人。优秀的人会把简单的工作做到最好，他们能在卑微的工作中脱颖而出，令人瞩目。只要细致观察，你会发现，生活中这样的例子比比皆是。上帝是仁慈的，不会根据你的工作起点而决定你事业的终点。起决定因素的只能是你自己的责任心。有责任心的人可以将卑微变成伟大，而缺乏责任心的人则会将崇高的工作变得卑微。

詹姆斯是一名毫不起眼的理发师，这已经算不错了。3年前，他不过是另一家理发店的学徒，整天干些洗头发、吹头发、递毛巾之类的零碎活。现在，他谢绝了老板的加薪挽留，自己另立门户。

如今，摆在眼前的是一条新的道路。一切让人向往，又让人忧虑。他的妻子问道：“詹姆斯，你有把握吗？你能胜任吗？”生性老实、个性纯朴的詹姆斯吞吞吐吐地回答：“不知道啊，就这样干下去吧，我尽力吧。顾客们对我都很信任。我相信大家会支持我的。”

詹姆斯的理发店开张以后，很多老顾客跟随他转移理发地点。他们开始光顾街道拐角处那家不起眼的理发店。很难想象，这样的理发店会成为他们光顾的地方。要是在以前，这种地方他们连看都不会看一眼，现在却趋之若鹜。理由很简单，这里面有一位很好的理发师，他总能把顾客的头发剪出最好的效果。如果能够有一个好发型和一份好心情，在路上多花一点时间又有什么关系呢。不仅如此，他们还向自己的家人和朋友推荐这家理发店，或许是他们好看的发型引来了朋友的询问——你在哪里理的发，看起来真不错。久而久之，詹姆斯的理发店名声大震，成为这个城市中首屈一指的理发店。

在这个过程中，詹姆斯招收了一批小学徒。在每次教授技艺的时候，詹姆斯总是不忘说这样一句话：记住，每一刀剪下去都要负责任。这句话也是詹姆斯正式做学徒的那一天师傅对他说的第一句话。

因为这句话，詹姆斯对工作的态度近乎偏执。有一次，一位有钱人来店里理发。詹姆斯告诉对方，剪发大概要用40分钟的时间。对方没有异议，可是，剪到30分钟的时候，这位顾客突然接到一个电话，得马上走。詹姆斯坚持说：必须把头发剪完才能走，不然的话，会影响到整体的效果。顾客很生气，但詹姆斯仍然不肯放他走，并且再三强调要为自己的工作负责。顾客没有办法，只能留在店里把头发剪完。

半年后，那位顾客又来了，他笑眯眯地对詹姆斯说："上次因为在你这里剪头发而耽误了生意，我曾发誓再也不来这里理发了。但后来发现其他理发店剪出来的发型效果都没有这里好。现在，我和我的朋友们只认你这一家理发店。"

口碑效应真的很大。詹姆斯的工作责任心获得了一致好评，他已经成为理发行业里的一个榜样。如果仅从感觉来判断，你一定很难想到这样一个老实内向、举止谦卑的小人物居然是理发界的名师。因为他能做到尽职尽责，决不敷衍。

人品就是实力。好人品是人生的桂冠和荣耀。它是一个人最宝贵的财产，它构成了人的地位和身份，是一个人信誉方面的全部财产。好人品，使社会中的每个职业都很荣耀，使社会中的每一个岗位都受鼓舞，它比财富、能力更具威力。

3. 条条大路通罗马

西方有一句闻名世界的谚语："条条大路通罗马。"这不仅是说罗马的交通发达，是世界的中心，还把到达罗马比喻为成功。条条大路通罗马是指成功的道路有千万条，不要一条道奔到黑，不撞南墙不回头，而要选择适合自己走的路。

现代社会有许多活法，何必拘泥于一种形式？换一条最适合自己的路走，肯定会快乐又幸福。

小时候，卡耐基曾梦想要成为一个足球健将。一位足球教练告诉他，这个目标他不会达到，而且不可能达到。卡耐基毫不犹疑，开始分析自己的问题。他记下了自己的目标，并研究如何达到这些目标。使他大感惊诧的是，他发现他真正想要的不是做一个足球明星，而主要是希望获得足球明星所享有的如雷掌声与名气。不久，他发现，如果发展自己的天赋，成为一名演说家，可以赢得更长久更热烈的掌声。于是，他开始进行演说方面的训练。他的演说极为成功，后来竟写了一本关于演讲的专著，并借着著名的演讲学校，帮助了成千上万的人，成为了不起的演讲家。

在现实中，任何不能带来真正快乐的成功，不能称之为成功；可能那会是别人眼里的成功，但绝不是你自己认定的成功。很多成功者自己并不快乐，事实上，很多达到成功的人悔不当初。他们直到后来才终于了解，自己奋力追求的成功根本没有尽头。他们在心理、精神上把自己囚禁在辛苦塑造的角色里，郁郁寡欢，苦不堪言。

在英国某小镇，有一个青年人以沿街卖唱为生。这儿有一个华人妇女，她远离家人，在工厂打工。他们总是在同一个小餐馆用餐，屡屡相遇，时间长了，彼此已十分熟悉。有一天，我们的女同胞关切地对那个小伙子说："不要沿街卖唱了，去做一个正当的职业吧。我介绍你到中国去教书，在那儿，你完全可以拿到比你现在高得多的薪水。"

小伙子听后先是一愣，然后反问道："难道我现在从事的不是正当的职业吗？我喜欢这个职业，它给我，也给其他人带来欢乐，有什么不好？我何必要远渡重洋、抛弃亲人、抛弃家园，去做我并不喜欢的工作？"

邻桌的英国人，无论老人还是孩子，也都为之愕然。他们不明白，仅仅为了多挣几张钞票，抛弃家人，远离幸福，有什么可以值得羡慕的。在他们眼中，家人团聚，平平安安，才是最大的幸福。

回到你生活的真实中来吧，做你喜欢的事，喜欢你做的事，你就会享受到生活的快乐。

詹姆士是纽约曼哈顿区的一位神父。有一天，教区医院里一位病人生命垂危，詹姆士被请过去主持临终前的忏悔。他到医院后，听到了这样一段话："仁慈的上帝！我非常喜欢唱歌，音乐是我的生命，我的愿望是唱遍美国。作为一名黑人，我实现了这个愿望。现在，我没有什么要忏悔的。我只想说，感谢您，您让我愉快地度过了一生，并让我用歌声养活了我的6个孩子。现在，我的生命就要结束了，但死而无憾。仁慈的神父，现在我只想请您转告我的孩子，让他们做自己喜欢做的事吧，他们的父亲是会为他们而骄傲的。"

一个流浪歌手，临终时竟然能说出这样的话，让詹姆士神父感到十分吃惊，因为这名黑人歌手的所有家当，就是一把吉他。他的工作是每到一处，把头上的帽子放在地上便开始唱歌。40年来，他如痴如醉，用他苍凉的西部嗓音，感染他的听众，从而换取那份他应得的报酬。

黑人歌手的话让神父想起5年前曾主持过的一次临终忏悔。那是一位富翁，住在里士本区，他的忏悔竟然和这位黑人流浪歌手差不多。他对詹姆士神父说："我非常喜欢赛车，我从小研究它们、改进它们、经营它们，一辈子都没离开过它们。这种爱好与工作难分、闲暇与兴趣结合的生活，让我十分满意，并且从中赚了大笔的钱，我没有什么要忏悔的。"

白天的经历和对那位富翁的回忆，让詹姆士神父陷入思索。晚上，他给报社写了一封信，信里写道："人应该怎样度过自己的一生才不会留下悔恨呢？我想，也许做到两条就够了。第一条，做自己喜欢做的事；第二条，想办法从中赚到钱。"

如今，詹姆士神父的这两条准则，已经被许多美国人奉为生活的信条。做自己喜欢做的事，生活才能愉快；想办法从中赚到钱，才能获得经济保障，维持生活。如果能够实现这两条，在物质生活和精神生活上就都是成功的了。

人各有所长，也各有所短。发挥你的长处，你的生命会更有意义，你的人生价值也会得到充分体现。

贝利斯的父亲开了一家洗衣店，他把儿子叫到店中工作，希望他将来能接管这家洗衣店。但贝利斯非常痛恨洗衣店的工作，总是懒懒散散的，提不起精神，每天只是强迫自己做些不得不做的工作，其他工作则一概不管。有时候，贝利斯干脆缺席。他的父亲非常伤心，认为养了一个不求上进的儿子，使得自己在员工面前丢脸。

有一天，贝利斯干脆告诉父亲，他希望到一家机械厂做技工。“什么？一切又从头开始？”贝利斯的举动令父亲非常生气，但是，贝利斯一直坚持自己的意见。

贝利斯穿上油腻的粗布工作服，从事比洗衣店更为辛苦的工作，工作时间更长，但他竟然快乐地在工作中吹起口哨来。他选修工程学，研究引擎，装配机械。当他的父亲在1949年去世时，贝利斯已是波音飞机公司的总裁了。他的公司制造的空中堡垒轰炸机，在“二战”中屡创战绩。

如今，社会分工越来越细，需要的人才越来越专业化。这就需要我们根据自身的优势选择最适合的事去做。一个人要成功，必须找对自己的最佳位置，放弃那些不符合个人兴趣爱好、不能发挥个人特长、专业不对口的工作；还要学会放弃消极的心理状态，才能把事业做大。选择自己喜欢的，更多的时候是要自我发现，因为鞋子合不合脚只有自己知道。

富兰克林曾说过：“世界上有两种人，他们的健康、财富以及生活上的各种享受大致相同。结果，一种人是幸福的，另一种人则是烦恼的。”努力追求成功并不表示你达到了目的，努力之后能换得快乐和满足才是最重要的。

4. 每天多做一点点

工作中，我们不应该抱有我必须为老板做什么的想法，而应该多想想我能为老板做些什么。一个员工之所以优秀，不仅在于他全心全意、尽职尽责做好本职工作，还在于他能比别人多承担一点责任和义务。

你没有义务做自己职责范围以外的事，但你也可以选择自愿去做，以鞭策自己每天进步一点点。无论你是管理者，还是普通职员，每天多做一点点的工作态度能使你在竞争中脱颖而出。你的老板、委托人和顾客会关注你、信赖你，从而给你更多的机会。每天多做一点工作也许会占用你的时间，但是，你的行为会使你赢得良好的声誉，并增加他人对你的需要。

卡洛·道尼斯先生最初为杜兰特工作时，职务很低。但5年后，他已成为杜兰特先生的左膀右臂，担任其下属一家公司的总裁。他之所以能如此快速地升迁，秘密就在于每天多干一点。

他平静而简短地道出了其中缘由："在为杜兰特先生工作之初，我就注意到，每天下班后，所有的人都回家了，杜兰特先生仍然会留在办公室里继续工作到很晚。因此，我决定下班后也留在办公室里。是的，的确没有人要求我这样做，但我认为自己应该留下来，在需要时为杜兰特先生提供一些帮助。工作时，杜兰特先生经常找文件、打印材料，最初这些工作都是他自己亲自来做。很快，他就发现我随时在等待他的召唤，并且逐渐养成了招呼我的习惯……"

杜兰特先生为什么会养成召唤道尼斯先生的习惯呢？因为道尼斯主动留在办公室，使杜兰特先生随时可以看到他，并且诚心诚意为其提供服务。这样做获得了报酬吗？没有。但是，他获得了更多的机会，最终获得了提升。

社会在发展，公司在成长，每个员工个人的职责范围也随之扩大。不要总是以"这不是我分内的工作"为由来逃避责任。当额外的工作分配到你头上时，不妨视之为一种机遇。

每天多做一点，哪怕你的初衷只是为了获得报酬，但最后的结果往往是获得更多。

对艾伦一生影响深远的一次职务提升是由一件小事情引起的。一个星期六的下午，一位律师走进来问艾伦，哪儿能找到一位速记员来帮忙。

艾伦告诉他，公司所有速记员都去观看球赛了，如果他晚来5分钟，自己也会走。但艾伦接着表示自己愿意留下来帮助他，因为球赛随时都可以看，但是工作必须在当天完成。

做完工作后，律师问艾伦应该付他多少钱。艾伦开玩笑地回答："哦，既然是你的工作，大约1000美元吧。如果是别人的工作，我是不会收取任何费用的。"律师笑了笑，向艾伦表示谢意。

艾伦的回答显然是一个玩笑，并没有真正想得到1000美元。但出乎他的意料，那位律师竟然真的这样做了。6个月之后，律师给了艾伦1000美元，并且邀请艾伦到他的公司工作，薪水比现在高出1000多美元。

艾伦放弃了自己喜欢的球赛，多做了一点事情，最初的动机不过是出于助人的愿望，并不是金钱上的考虑。艾伦并没有义务放弃自己的休息去帮助他人，但他的这种放弃不仅为自己增加了1000多美元的现金收入，而且为自己带来一个比以前更重要、收入更高的职务。

因此，我们不应该抱有我必须为老板做什么的想法，而应该多想想我能为老板做些什么。成功者除了做好本职工作以外，还需要做一些不同寻常的事情来培养自己的能力，每日改进，终有成就。成功快乐的人生便是如此，得有时时不断改进自己人生的品质，不断成长、不断拓展的信念。

1986年，美国职业篮球联赛开始之初，洛杉矶湖人队面临重大的挑战。在前一年，湖人队有很好的机会赢得王座。当时，所有的球员都处于巅峰状态，可是，决赛时却输给了波士顿的凯尔特人队。这使得教练派特·雷利和所有球员都极为沮丧。

派特为了让球员相信自己有能力登上王座，便告诉大家只要每人能在篮球技术上进步1%，那个赛季便会有出人意料的好成绩。1%的成绩似乎是微不足道的，可是，如果12个球员每个人都进步1%，整个球队便能比以前进步12%。只要能进步1%以上，湖人队便足以赢得冠军宝座。结果，大部分的球员进步了不止5%，有的甚至超过了50%。这一年成为湖人队夺冠最容易的一年。

日本许多企业之所以能有今日的风光，很大的原因是得益于美国品质管理大师戴明的指导，但他们追求品质的决心也功不可没。他们经常把一个词挂在嘴上，那就是“改善”，这个词在日文里有“没有休止”的意思。事实上，改善有个原则，就是逐步改进。哪怕这种改进是多么的微不足道，只要每天能有小小的进步，长久累积下来便有惊人的成就。

每次进步一盎司，贵在每次，也难在每次。相传，古代蒙古人在训练大力士时也采用这个办法。具体实施是这样的：他们会让小孩子每天抱着刚出生不久的小牛犊上山吃草，小牛犊这时往往10多斤重，孩子们完全能轻松胜任。这样，随着牛犊的一天天长大，孩子们的力气也越来越大。最后，当牛犊长成几百斤的大牛时，孩子们也练出了力能举鼎的神力！

5. 把工作当成自己的事情来做

多数职场人士都抱有打工者的心态，他们觉得，反正公司不是我的，干好干坏都只拿那么一点工资，干吗那么拼命？我只是打工的，管不了那么多，谁的事谁做！公司给我多少钱，我就干多少活！对付着干吧，差不多就行……这种打工者心态使他们每天按时上班、按时下班、按时领薪水，拿不出一点热情放在工作上。他们被动地应付着手里的工作，机械地完成任务，从不去想工作是自己的前途和人生。因此，他们得到的也就仅剩下手里那点可怜的工资。

为别人工作的心态不会使我们受益，为金钱工作的心态也不会使我们长远发展。只有为自己工作的心态，才能带给我们原始的动力，帮助我们注重经验、能力等潜在财富的积累，为以后的发展做准备。为谁工作都不如为自己工作的心态更能让自己充满动力，更能获得个人的发展。我们要舍弃那些为别人、为金钱而工作的心态，真正地抱着为自己工作的心态，投入到日常工作中去。

在日本，有一位中国留学生应聘了一份工作。老板要求他一个人在厨房里，把每个盘子刷8遍。老板给的薪水不低，这些薪水付完学费和房租后，还可以有些剩余寄回老家孝敬父母。留学生很高兴，刚开始总是认真地把每一个盘子刷8遍，老板对他的工作也挺满意的。

有一天，他似乎明白了一件事情："我给他打工，这个饭馆不是我的，他又看不见我干活，我怎么那么傻，干吗非要把盘子刷8遍？我觉得盘子刷4遍也挺干净的，干脆减一半的工序，还拿原来的薪水，这不等于拿了两倍的薪水吗？相当于白领的收入了。"

于是，他自作聪明地减少一半的工序，把每一个盘子刷4遍。老板没有发现，继续发给他原来的薪水，留学生更得意了。

有一天，他又想："我干吗要刷4遍盘子？刷两遍不也行吗？我们家的盘子刷两遍也挺干净的，再减一半的工序，还拿原来的薪水，这不等于4倍的收入了吗？"于是，他又将刷盘子的次数减为两遍。

这一次，盘子有些不干净，老板发现了，一检查，原来是他偷偷地减了许多工序。

于是，老板把这个留学生开除了，同时通知他所有的朋友："这个留学生是不能雇用的，因为他不诚实，工作不认真。"

总以为自己是为别人工作、为金钱工作的人，对工作不会上心，因为不上心，所以不尽力；因为不尽力，就不能做到最好。而这些为金钱工作的人，除了钱就难以得到其他的东西。

你每天为什么去上班？为公司老板，为薪水、社会地位，还是为了自身的发展？其实，每个人的职场之路都是自己走出来的，带着什么样的目的去走，将会影响你一生的职业发展。

如果我们一心只为老板工作、为金钱工作，我们终其一生也无法体会到工作的乐趣和成功的喜悦。因为我们一心只为钱工作，便不会注重学习和积累，不会注重成长机会。这样一来，我们很容易被眼前的利益蒙蔽做出错误的选择，最终阻碍或破坏自己的职业发展。洛克菲勒说："我们努力工作的最高报酬，不在于我们获得的，而在于我们会因此成为什么。"这句话的意思是说，我们表面上是为公司、为金钱工作，但实际上工作的最终受益者是我们自己。

薪水是公司对我们的工作给予的一种报酬方式，我们更应该珍惜工作本身给我们带来的报酬；艰难的任务能够锻炼我们的意志；较为陌生的工作能够拓展我们的知识面；与同事一起完成一项任务，可以健全我们的人格；与客户、供应商谈判，可以增进我们的智慧。工作带给我们的是成长和成熟，这才是我们最大的财富。

因此，做人要用心、做事要尽力，一定要用脑思考、用心做事。千万不要被金钱所驱使，让自己成为金钱的奴隶。时时刻刻都要以一颗平常心来踏实做事，把公司的事情当作自己的事情，脚踏实地去做，这样才能把事情做到最好。

杰瑞米年轻的时候曾经是一名邮务生，刚开始工作的时候，他和其他的邮务生一样，没有什么区别，一直在用陈旧的方法分发信件。这其实是一种效率非常低的发信方法，经常会有很多信件因为这样陈旧的方式耽误几天，甚至几周之久。

而杰瑞米对这种现状自然表现出了不满意，他无时无刻不在想办法来提高自己的工作效率。

白天的时候，杰瑞米总是会用心观察自己的工作情况；晚上在床上的时候，他还会用心思考如何解决工作效率低的问题。就这样，没过多长时间，杰瑞米竟然想到了一种把信件集合寄递的办法，而这种方法也让信件的投递速度有了极大的提高。

这种方法很快就被推广开来，杰瑞米也因此升了职，不再是一名邮务生了。到了新的岗位上，杰瑞米依然尽力做好每一份工作，用心思考工作。5年之后，他又被提升为邮务局帮办。没过几年，他又被提升为总办。最后，杰瑞米凭借自己这种尽心尽力做事的精神，升任为美国电话电报公司的总经理。

尽心尽力，就是要把工作当成事业来做。按部就班地去做，只能把事情做对、做完。只有尽心尽力去做，才可能让工作做得更完美，优秀的人才也才会变得更加优秀。

尽心尽力，才能够踏踏实实工作，把平凡的事情做得不平凡；也只有踏踏实实做事，才可以把每一件事做到最好，这本身就是一种成功。意大利著名的指挥家、大提琴演奏家阿尔图罗·托斯卡尼尼一生去过很多地方，指挥过无数乐团，见过数不清的达官显贵。在托斯卡尼尼80岁的时候，他的儿子曾经非常好奇地问他："您觉得一生中做过的什么事是最重要的？"

托斯卡尼尼说："我一生之中最重要的事情，就是我现在在做的事。对我来说，不管是去指挥一个交响乐团，还是在沙发上剥一个橘子，这些都是重要的事。"

其实，这对任何人来说都是一样的，不管是大事小事，只要做好了就是一种成功。做好每一件平凡的事，本身就是一种不平凡。

所以，不管做什么事都尽心尽力，才能把任何一件事都做到尽善尽美。只有用心思考、用心办事，踏踏实实做事、认认真真做人，我们每个人才会有成功的希望。只有踏实做事、认真做人，我们也才能一步步靠近成功，体会到真实的成功感。

6. 让工作成为快乐的源泉

工作如果是快乐的，那么人生就是乐园；工作如果是强制的，那么人生就是地狱。一件令你感到痛苦的事情你能做多久？答案是不言而喻的。安东尼·罗宾说："人生中所做的每一件事，不是为了逃避痛苦就是为了追求快乐，是你所认定的快乐和痛苦决定了人生。"而我们对痛苦和快乐的认知差异就造成了态度、行为的差异，从而导致了不同的结果、不同的人生际遇。

成功者之所以成功，是因为他们在大家都以为苦不堪言、都不愿意去做的事情当中，找到了乐趣或是给它赋予了新的意义和价值，足以让他们愿意坚持甚至乐此不疲，从而做到常人做不到的事情，得到常人得不到的东西。而这种付出，只要是发自内心的，过后就不会感到失望、不会感到嫉妒，也不会计较是否获得回报。

在日本，有一项叫"终生成就奖"的国家级奖项。在素来把荣誉看得比自己的生命更为重要的日本人心目中，这是一项高不可攀、梦寐以求的最高荣誉。在日本，有无数的博学才俊、社会精英一辈子努力奋斗的目标，就是获得这项大奖。而最近一届的终生成就奖，却在举国上下的瞩目和企盼中，出人意料地颁发给了一位名叫清水龟之助的邮递员。

清水龟之助是日本东京一位极为普通的邮递员，他每天的工作就是把各式各样的邮件准确而迅速地投递到每一个相关的家庭。和那些长期从事能够推动人类历史快速发展的尖端科技研究的专家学者们相比，清水龟之助所从事的这项工作，简直就是微乎其微，甚至根本不值一提。但是，就是这位长期从事着如此平淡无奇的邮递员工作的清水龟之助，却无可争议地获得了这项殊荣。这是因为，他在从事邮递员工作的整整25年中，工作态度始终与任职第一天的那种认真与投入没有什么两样。在不算短暂的25年中，他从来没有请假、迟到、早退、脱岗等情况，而且他所经手投递的数以亿计的邮件，从来没有出现过任何差错。不管是地冻天寒，还是狂风暴雨，甚至在大地震的灾难当中，他都能准确而及时地把邮件投送到收件人的手中。

那么，是什么力量支持着清水龟之助持之以恒、几十年如一日地把一份极为普通的工作，铸造成了一项引人注目的成就呢？清水龟之助对此不无感慨地说："是快乐，我从我所从事的工作中，感受到了无穷的快乐。"

如果我们可以将成功路上必须忍受的痛苦转化成快乐的感觉，我们不仅可以在成功的终点享受到成功的快乐，更可以在追求成功的过程中快乐地成长、快乐地改变、快乐地进步。

对于许多人来说，找到一个自己擅长的行业还比较容易，甚至找到一个待遇不错的工作也都不是问题，但要找到他们真正喜欢的工作比登天还难。很多人早上睁开眼，一想到又要去上班，就觉得痛苦万分，于是算着时间磨磨蹭蹭地挪到公司，情绪低落地开始一天的工作。在工作的过程中，他们不时地看表，不断地盘算着下班的时间，时间一到就马上恢复了神采。和朋友聚会聊天的时候，总不忘描述工作带给自己的痛苦……

其实，导致你生活不精彩的并不是你的工作，而是你自己，是你剥夺了自己快乐的权利。

快乐完全取决于你自己的意念。工作占据了我们生活的三分之一，有的甚至还要更多。如果你不去试着喜欢自己的工作，便永远也无法从中找到快乐。实验证明，整天内心苦闷的人会比那些辛苦的体力劳动者更容易疲劳。如果你试着发现工作中的乐趣，就不会觉得枯燥乏味——即使你工作的时间很长，也丝毫不会觉得是在工作，反倒像是在做一个有趣的游戏。

有一位女孩做的是速记员的工作。在很多人看来，这种整天填写表格、整理统计资料的工作实在是枯燥至极。这位女孩开始也这么认为，但她后来找到了兴趣点——和自己比赛。她每天会先计算自己早上填写了多少表格，下午努力超过这一数目，第二天再想办法做得更好。最后，她比别的速记员做得都快，得到了老板的嘉奖。但这并不是她最快乐的，最快乐的是她不再觉得工作是煎熬了，她发现了工作中的乐趣，再也不会因厌烦工作而产生疲劳感。

任何一项工作都不像娱乐一样能带给人许多感官上的愉悦，也不可能轻松有趣，除非你发现其中有吸引你的东西。工作本身并不痛苦，只是很多人没有挖掘其中的兴趣点。哪怕再单调的工作，只要你愿意，都可以从中发现乐趣。

赫胥兰·霍华德曾于高中时在一家福利社打工，每天的工作就是洗盘子、擦柜台、卖冰淇淋。他的工作单调而无聊，但他一点办法都没有。于是，他试着在工作中寻找能让自己感兴趣的东西。他把目光锁定在冰淇淋上，开始研究冰淇淋是怎样做的，里面有哪些化学成分。没想到，他成了班上的化学奇才。

由此，他对食物化学产生了浓厚的兴趣，在考入马萨诸塞州立大学后，他专门研究食物与营养，还在一次论文比赛中得了头奖。后来，霍华德有了自己的私人实验室，专门对食物的营养进行研究。

由上可知，对工作产生兴趣不仅能让你忘却烦恼、减轻疲劳，还能让你工作起来更有效率。从长远来看，还可能使你得到升迁和加薪的机会，甚至像霍华德一样，有了自己一生的事业。

美国曾做过一次调查，结果发现竟然有98%的人工作不快乐。难怪在这个世界上只有2%的人能成为成功者，那是因为成功的人通常都非常热爱他们的工作，而且工作时他们都很快乐。英国有句谚语说出了快乐成功最简单的方法：如果希望活得快乐，就去找一件自己非常喜欢、做起来又蛮自在的事。工作的乐趣在于你自己，工作时，表现出你独一无二的特质——你是一个最有价值的人，拥有爱心、信心和决心，你内心的喜悦表现出你充沛过人的精力，与你接触的人都会深受感染。然后，因为你做得太好了，接下来就会有人付钱来请你替他们做。

古语云：“知之不如好之，好之不如乐之。”意思是说，一个喜欢做某一件事的人会比仅仅知道如何做的人把事情做得好；而一个能从做某一件事当中享受到乐趣的人会比喜欢做某一件事的人把事情做得更好。所以，工作快乐才是成功的根源。

第三节 坚守淡泊之心

1. 低调是一种处世态度

身处纷繁复杂的商业社会，我们每天都会与诱惑擦肩而过，对比得与失，心中难免失落。失落一经放纵和宣泄，就会失态，就会出格。面对诱惑的陷阱、欲望的泥潭，小说家陈染说："为了逃避黑暗，我们闭上眼睛。"但实际上，即使我们闭上眼睛，也并不能够逃避黑暗。对此，只有坚守淡泊之心，尽力做到处世低调。

有一个从小丧父的苦难儿，自幼便寄人篱下。凭着一份执著和毅力，他竟然自己供自己上了大学，成了村子里的第一个大学生，也是第一个走出去的佼佼者。在去南方的漂泊之旅中，受到的委屈和苦痛只有他自己知道，白手起家的难度可想而知。

终究他还是成功了，发达了，有了自己的车房，娶了美妻，在五星级酒店当着令人羡慕的总经理。然而，朋友的陷害，手下的欺瞒，却也防不胜防。在他39岁生日的那天，他被正式解聘了，只因几次小小的失利，还有别人的诋毁。

圈子里待不下去了，他选择了转行。然而，世界就是这么奇妙：当你成功时，似乎全世界的大门都在为你敞开；而某一天你失败了，属于你的门也被关闭。他最终只能在洗车行落脚，曾经开着宝马风光的总经理，几年后居然成了靠洗车生活的人。他当时那种心境，相信很多人是无法体会的。人世苍凉的悲哀，在他身上演绎得淋漓尽致。

而他却毅然扔下包袱，守候住了心中的那份淡然。他在最困难的时候没有叹息，依然为儿子挣着学费；在最潦倒的时候，没有忘记妻子的生日；在已经受尽欺辱的时候，仍不忘看一眼前方的星辰。后来，他自己开了一家洗车行，因经营状况良好，又一连开了几家。在默默无闻的工作中，他不仅赚到比以前多数倍的金钱，更得到了他并不刻意追求的荣誉。他把大部分钱捐给了“希望工程”。

他在接受记者专访时，说过一句话，支持他的不仅仅是妻子和儿子，更重要的是他坚守的心境。

坚守淡泊，是用坚忍的意志迎击人生路上的种种诱惑和阻碍，是用微笑面对人生，排除干扰和杂念，昂首阔步走向成功。只有坚守淡泊，才能在失败面前不灰心丧志，在成功面前不骄傲自满；才能超然对待眼前的一切，不以物喜，不以己悲，不做世间功利的奴隶，使自己的人生不断升华；才能在令人眼花缭乱的世相百态面前神凝气静，坚守自己的精神家园，执著追求自己的人生目标；才能抛开一切名缰利锁的束缚，让人性回归本真，从而获得心灵的充实、丰富、自由、纯净……所以，能够真正坚守住淡泊，是脱离了世俗诱惑力之后的一种生存状态，轻松自如，却又不失厚重。

但生活总是轻易让我们误解：无一处是宁静，无一处可休憩；无一处是祥和，无一处可欢欣。生活的得失、人情的伪善、世事的浮沉……世界一直熙熙攘攘，我们四处奔波，浑浑噩噩，忘记了灵魂最初与最终的所在。在灯红酒绿的虚无中，我们是否感觉到自己已迷失得太远；在是是非非的萦绕中，我们是否一直都抱怨得太多；在喧嚣浮躁中，我们是否已感觉困顿得太久。世界的膨胀总是让我们的情绪发酵，因为生活而忧愁，因为工作而不满，又因为爱情而伤怀，在人生的诸多况味中，我们一直苦苦挣扎。

生命的真谛也许在于一个单纯的微笑，在于一个甜美的声音；也许在于春夜的飞花，在于秋日的枯黄；也许在于静候日出，在于品味日落。我们当有这样一种觉悟：自己真正需要什么，我们自己又是什么，人生究竟会是什么，怎样才能更有意义。这种觉悟很难在喧嚣的氛围中体会到。当我们漫无目的地挣扎时，如果不能给生命一个完整的定位，就会轻易地迷失在人生的道路上。

坚守平淡，守望心灵，也就守住了自己最初的信仰，守住了自己纯净的心，在灯红酒绿、芸芸众生中守住了自己。

无论在官场、商场还是政治军事斗争中，坚守平淡低调做人都是一种进可攻、退可守，看似平淡、实则高深的处世谋略。而懂得谦卑的人，用平和的心态去待人处世，必将得到人们的尊重，受到世人的敬仰。

2. 会舍才有得，吃小亏赢大利

俗话说，吃亏是福。这是一个很有实际意义的生活哲理。

有个私营老板，没有文化，但生意却极好，而且历经多年，长盛不衰。说起来，他的秘诀很简单，就是与每个合作者分利的时候，他都只拿小头，把大头让给对方。

如此一来，凡是与他合作过一次的人，都愿意与他继续合作，而且还会介绍一些朋友，再扩大到朋友的朋友，也都成了他的客户。人人都说他好，因为他只拿小头，但所有人的小头集中起来，就成了最大的大头，他才是真正的赢家。

吃亏是福。因为人都有趋利的本性，你吃点亏，让别人得利，就能最大限度地调动别人的积极性，使你的事业兴旺发达。郑板桥说："为人处，即是为己处。"意思是说，替别人打算，就是为自己打算。能吃亏的人，在做人做事等各个方面，都会得到更大的回报。

有经济专家总结炒股经验后认为："会吃一分钱的亏，必是炒股的大赢家。”人生何尝不是如此，做人太精明，处处算计别人，谁还会乐意与你合作？没有人会自认为是傻瓜，会甘心情愿受人算计。

做人是不能怕吃亏的，更不能损人不利己。做人的可贵之处，倒是乐于亏己，事实就是如此，你主动吃点亏，往往能把棘手的事情处理好。

西汉时期，有一年过年前，皇帝一高兴，说下令赏赐给每个大臣一头羊。羊有大有小，有肥有瘦。分羊时，负责分羊的大臣犯了难，不知怎么分才能让大家满意。正当他束手无策时，一个大臣从人群中走了出来，说：“这批羊很好分。”说完，他就牵了一只瘦羊高高兴兴地回家了。众大臣见了，也纷纷仿效，不加挑剔地牵了一头羊就走，摆在大臣们面前的一道难题一下子就迎刃而解了。这个大臣既得到了众大臣的尊敬，也得到了皇帝的器重。对于这个大臣来说，亏己不正是福吗？

亏己者，能让人们觉得他有肚量而加以敬重。这样一来，亏己者的人际关系自然就比别人好。当他遇到困难时，别人也乐于向他伸出援助之手；当他干事业时，别人也肯给予支持和帮助，自然就容易获得成功。留意一下历史和身边的人，我们不难发现，凡是取得了巨大成就的人，尤其是有杰出成就的人，无一不是胸怀宽广又能亏己的人。

而在现实生活中，能够主动吃亏的人实在太少。这并不仅仅是因为人性的弱点——很难拒绝摆在面前本来就该自己拿的那一份，也不仅仅是因为大多数人缺乏高瞻远瞩的战略眼光，不能舍弃眼前小利而争取长远大利。

吃亏也许是指物质上的损失，但是一个人幸福与否，却往往取决于其心境如何。如果我们用外在的东西，换来了心灵上的平和，无疑是获得了人生的幸福，这便是值得的。

不少好朋友，抑或事业上的合作伙伴，由于种种原因，后来反目成仇，双方都搞得很不开心，甚至大打出手。有个人却与众不同，他与朋友合伙做生意，几年后，一笔生意让他们将所赚的钱又赔了进去，剩下的是一些值不了多少钱的设备。他对朋友说，全归你吧，你想怎么处理就怎么处理。留下这句话后，他就与朋友分手了。显得多有风度啊，没有相互埋怨，这叫好合好散，生意没了，人情还在。

有人问李泽楷："你父亲教了你一些成功赚钱的秘诀吗？"李泽楷说，赚钱的方法父亲什么也没有教，只教了一些为人的道理。李嘉诚曾经这样跟李泽楷说，和别人合作，假如拿7分合理，8分也可以，那么拿6分就可以了。

李嘉诚的意思是，吃亏可以争取更多人愿意与自己合作。想想看，你虽然只拿了6分，但现在多了十个、百个合作人，现在能拿多少个6分？假如拿8分的话，100个人会变成5个人，结果是亏是赚可想而知。李嘉诚一生与很多人进行过或长期或短期的合作，分手的时候，他总是愿意自己少分一点钱。如果生意做得不理想，他就什么也不要，宁愿吃亏。这是一种风度，一种气量。也正是这种风度和气量，才使人乐于与他合作，从而他的事业也就越做越大。所以，李嘉诚的成功在很大程度上得益于他恰到好处的处世交友经验。

可能有人会问，吃亏就是吃亏，占便宜就是占便宜，怎么能说吃亏反而是福呢？我们不妨换个角度来考虑这个问题：吃点亏，一是内心平静，不七上八下；二是得到旁观者的同情，落个好人缘；三是这次虽吃点亏，但因获得道义上的支持，下次可能会得到更多，何亏之有？反之，占了他人的便宜，发点不义之财的人心理上能安稳吗？而且还会失去人缘，落个坏名声。因为占一次便宜而堵塞了自己以后的路，得不偿失。不管你是做老板，还是做合作伙伴，旁边的人跟着你有好日子过、有奔头，才会一心一意与你合作，跟着你干。所以，吃亏表面上是祸，其实是福；占便宜表面上是福，其实是祸。

不怕吃亏的人一般平安无事，而且终究不会吃大亏。相反，总爱贪便宜的人最终贪不到真正的便宜，甚至因贪小便宜而引火烧身。要做到不计较吃亏，甚至主动吃亏，需要忍让，需要装糊涂。既然认识到吃亏是福，就不要斤斤计较，在得失上装装糊涂，就能更好地体会出吃亏是福的深刻含义了。

3. 决不轻信

世间的花言巧语太多，唯有淡定方能不被欺骗、不被伤害。

有个寓言故事说，一个渔场附近所有的池塘都为一只精壮的鱼鹰所涉足，鱼塘和水池是它食宿的好地方，所以鱼鹰的伙食一直很好。但随着年事增高，精力衰退，原有的伙食水平难以为继，每况愈下。这只鱼鹰老眼昏花，看不清水底，又无罗网捕鱼，只好经常忍受饥饿的煎熬。怎么办呢？饥饿所迫，万般无奈之下，它想出了一个好计谋。

鱼鹰在池塘边上看见一只虾，便对它说："我的好伙计，我有一个重要消息告诉大家，大祸将要降临到你们头上，一个星期后这池塘的主人就要下网捕鱼虾了。"

虾闻言，急急忙忙地向大家通报情况，一时间，满城风雨，一片惊慌。水族动物全跑了出来，聚在一起选派代表谒见这只鱼鹰。

"鱼鹰大人，您这消息是打哪儿来的？您说的靠得住吗？您有解救的办法吗？我们应该怎么办才好呢？"

"换个地方。"鱼鹰不容置疑地答道。

"可我们怎么换呢？"

"你们不用操心，我可以把你们逐个带到我住处的附近，只有上帝才知道这条路，世界上没有比这更隐蔽的地方了。这是一个自然生成的鱼塘，一个歹毒的人类所不知道的去处。这个鱼塘能使你们全体获得新生。"

大家全都相信鱼鹰的话，于是水族被一一带到一块人迹罕至的岩石底下。在这里，鱼鹰这个伪君子把它们全都安置在一条狭长的水坑里。这里水浅见底，鱼鹰要逮住它们可谓唾手可得，随心所欲。

鱼虾用生命换来的教训告诉我们，永远不能轻信别人的话。

犹太人的处世原则是不轻信任何人，甚至连自己的父母和妻子也不轻信。这是他们在社会实践中用血泪总结出来的教训。俗话说："画虎画皮难画骨，知人知面不知心。"社会上什么人都有，有人为达到自己的目的，不择手段地欺骗别人。犹太人正因为从不轻信别人，不被许多事物的表象所迷惑，所以才能在生意场上纵横捭阖。

在社会上还存在着许多不法之徒的情况下，防人之心是少不得的。特别是涉世不深的年轻人更应保持警觉，要积极完善自己的心理防卫机制。

有一次，待业女青年梅伦乘车去往南方某地探亲，在途中与一位看似很富态的中年男子坐在了一起。中年男子十分热情，自称是某外资企业的人事部经理，到内地招工，并拿出名片给她看。梅伦正为工作而犯愁，当即表示愿前往报考。中年男子允诺举荐她当秘书，听罢此言，梅伦感激不尽，遂跟他下车，住进一家旅店。就在这天夜里，梅伦遭到了侮辱，还被抢走了身上仅有的一点钱。原来，这位自称人事部经理的人是个流氓诈骗犯。

可见，在与陌生人交往时，过于天真、轻信经常导致上当受骗。因为行骗者十分注意研究人们的心理，并善于利用人们爱慕虚荣、急功近利、贪图享乐等心理弱点，采取投其所好的伎俩把自己伪装成事业上的强者、职位上的优者、经济上的阔者，以诱人上钩并巧妙解除人们的心理防备体系，最终达到行骗的目的。因此，麻痹轻信是骗子们成功行骗的心理助手和帮凶。

那么，怎样才能做到不轻信呢？

（1）不要被虚假的表象所蒙蔽

与陌生人初次打交道时，人们习惯于以貌取人，对风度翩翩、仪表堂堂的人容易产生好感。骗子也就善于利用人们这种爱慕虚荣、追求美貌的心理，精心包装自己的外表，借以蒙蔽他人，诱使人们上当。因此，在和陌生人打交道时，千万要提高警惕，绝不要被表象所蒙蔽。

（2）不要被甜言蜜语所打动

甜言蜜语易于麻醉人，骗子们自然懂得这一点。他们善于献殷勤、套近乎，以骗取你的好感，从而把他们当成自己人，最终落入圈套。尤其是当你处于困境或苦闷孤独中，最希望得到同情、关怀和帮助时，骗子们最容易得手。因此，在甜言蜜语面前不妨多长一个心眼，对献殷勤者保持一定的距离和警惕。

（3）不要被不实的承诺所迷惑

人们容易对他人的承诺表示感激而产生信赖感，此时也正是人的防备心理开始失效的当口，待业女青年梅伦便是如此。因此，对于陌生人的承诺，切记应有所警惕。毕竟，萍水相逢之人张口就承诺往往是靠不住的。如果轻易相信，就会成为骗子们的猎物。

（4）凡事不做非分之想

一般上当受骗的人，都有一个共同的心理特点：对别人有企图心。比如中大奖之类的欺骗，正是因为受害者有图大奖之心。人的贪欲越多，就越容易上当。如果保持冷静的头脑和淡泊之心，就不容易着歹人的道。

当然，加强积极防卫心理并不是要你把自己封闭起来，拒绝与人交往，也不是风声鹤唳，草木皆兵，闹到谈虎色变、谨小慎微的地步。只要你在与陌生人打交道时，做到热情而不失控、真诚而不轻信，淡定冷静，那么形形色色的骗局在你面前都将无法得逞。

4. 君子坦荡荡

一个人的生存与生活，离不开社会化的交往和支持。要想让自己生活得更加平静安康一点，关键是宽容待人、理智待物。只有坦坦荡荡做人、平平静静做事，才能够无论何时何地，都心安理得地享受生活。

俗话说，君子坦荡荡，就是指做人只有做到坦荡真诚，才能够得到别人的尊重和帮助。

有一次，孔子的弟子司马牛请教如何做一个君子。孔子回答说："君子不忧愁，不恐惧。"司马牛不大明白，接着又问："不忧愁、不恐惧，这样就可以称作君子了吗？"孔子的回答是："内省不疚，夫何忧何惧？"也就是说，如果自己问心无愧，那有什么可以忧愁和恐惧的呢？

现实生活中，人人都在努力给自己一片安安静静的天地，使自己的生活更为潇洒安逸。为了达到这一目的，人们采取的行为是最纷扰的一个字——争。这个世界的喧嚣、摩擦、嫌怨、钩心斗角、尔虞我诈，都是相互争斗的结果。其实，明里争、暗地争、大利益争、小便宜争，争到最后，原本阔大渺远的尘世，最终也只剩下一颗极为自私的心了。

在我们的生活中，完全可以有无数个不争的理由。心胸开阔一些，争不起来；得失看轻一些，争不起来；目标降低一些，争不起来；功利心稍淡一些，争不起来；为别人考虑略多一些，争不起来。但那"人不为己天诛地灭"的欲望，却让每一个人的内心世界，都像潜伏在草丛深处的狮子见到猎物一样，实在按捺不住。

其实，做人只要坦荡真诚，做事脚踏实地，就能够把事情做好，也可以成功地做人，成为正人君子。

保尔和杰克都在一家快递公司上班，在工作中，他们是非常好的搭档，工作认真，成绩出色，老板也对他们感到非常满意。可是，老板在满意的同时，也经常发愁，因为当时公司要选一个人作为客户部经理，而面对两名同样出色的员工，老板不免有些难以选择决断。

就在老板犹豫不决的时候，发生了一件小事，也正是这件事，让老板下定了决心，决定提升谁为客户部经理。

原来有一天，保尔和杰克一起负责把一件非常贵重的古董运送到码头。就在他们出发之前，老板已经多次叮嘱，一定要小心保护古董。可是，送货车在路上还是出现了意外，他们只能下车，准备修车。当时公司有规定，如果不能够按时把货物送到，他们就会被扣掉一部分奖金。

于是保尔决定，两人背着货物跑到码头。很快他们就在规定时间之前赶到了码头，这个时候，杰克对保尔说："我来看一会儿吧，你去找货主。"原来，杰克心里打着一个小算盘，如果客户看到自己背着货物，一定会把这件事告诉老板，这样的话老板没准会为自己加薪。可是，由于杰克只顾盘算自己的利益，当保尔递给他货物的时候，他一下子没有接住，货物掉在了地上，"哗啦"一声，这个贵重的古董打碎了。

"你是怎么回事？我还没有接住你就放手。"杰克冲着保尔大声喊道。

"可是我看见你明明伸手了，我递给你的时候是你没有接住。"保尔辩解道。

保尔和杰克心里都知道打碎古董对于他们来说意味着什么，丢掉这份工作倒是小事，关键是他们还需要面对非常昂贵的货物赔偿。

两人忐忑不安地回到公司，老板知道之后，狠狠地训斥了他们一顿。

老板训斥完他们之后，就让他们先出去等待处罚。就在这个时候，杰克趁着保尔不注意，又偷偷跑回了老板的办公室。

杰克对老板说："老板，摔碎古董不是我的错，都是因为保尔不小心才摔碎的……"老板听完杰克的描述，平静地对杰克说："好了，我知道了。谢谢你，你先回去吧。"

紧接着，老板把保尔叫到自己的办公室。看着保尔进了老板的办公室，杰克的心里偷偷地笑了，长长地舒了一口气。

保尔进了老板的办公室，把事情的经过对老板讲了一下，最后说："对不起，老板，这件事是我的失职，我愿意承担全部责任。杰克的家庭条件不是太好，他的责任我愿意承担，让我来赔偿客户的损失。"老板没有说话，只是让保尔先回去等处理通知。

等待是漫长的，保尔和杰克都痛苦地等待着处理结果。第二天，老板把他们叫进自己的办公室。老板说："你们来公司的时间也不短了，我一直都非常欣赏你们两个，而且这段时间我一直在考虑从你们两个人当中选择一个人担任客户部经理。对此，我一直左右为难，非常犹豫，没想到你们出了这样一件事。”

“不过，古董并没有你们所想象的那么贵重，发生这样的事情也不一定是坏事，因为通过这件事，我更清楚地认识了你们，在我的心中也有了最合适的人选。现在我决定，请保尔担任客户部经理，因为他是一个勇于承担责任的人，这样的人是值得信任的。杰克，我已经通知财务给你结算工资了，一会儿你去领你的工资，今天就不用上班了。”

“可是，老板，为什么呢？”杰克问道。

“实话跟你说吧，其实，古董的主人看到了你们在递接古董时的动作，他也对我说了他看到的事实。还有，最为关键的是，我看到了出现问题之后你们两个人的不同态度。”老板说。

就这样，保尔成了客户部的经理，而杰克则失去了一份不错的工作和大好的前程。原因很清楚，就是因为杰克做人不够坦诚。在老板看来，只有行事坦荡的君子，才是最值得信赖的。尽管杰克做事看起来不错，可是，如果真的让他独当一面，难免会因为做人不够坦诚而做一些出格的事情，而这也是任何一个老板所不允许的。

心胸坦荡者是君子，戚戚者是小人。古人云：“诚以待人，无物不格。”换句话说，我们没有必要总是戴着厚厚的面具，穿着沉重的铠甲，天天说着违心的话，做着违心的事，经常忧心忡忡。君子始终保持心胸豁达，容事容人，不颠倒黑白混淆是非。既以诚待人，达到将军额上可走马，宰相肚里能撑船的境界，以此赢得他人的尊重；又具有贫贱不能移，威武不能屈，富贵不能淫的人生修养，从而令人打心眼里敬佩。

5. 做人不宜张狂

个性是人之本质特性，人有个性始有魅力。个性表现得越充分，个人魅力越大。个性的形成，既有先天的因素（比如生就的眉毛长就的相），也有后天的因素（学习、教育、训练）。但是，不恰当地张扬个性，傲慢骄横，不可一世，咄咄逼人，盛气凌人，这样的人没有一个会有好下场。

总唱高调容易招致怨恨，张狂示人容易招来攻击。你把你的个性暴露在众目睽睽之下，赤裸裸地毫无遮掩，岂不是把肉放在砧板上，让人家想怎么剁就怎么剁吗？可以说，这是一种十分愚蠢的行为。把自己暴露在毫不知晓的各式人等面前，毫无遮掩，等于将自己置身于他人的十面埋伏之中。如果你知道他们是些要弄权谋的人，心怀叵测的人，小人，蠢人，街上耍赖的人，心很黑的人，你的感觉又将如何呢？难道不会汗毛倒竖、内心发虚吗？很多人不知道这种凶险和厉害，有些年轻人尤甚。他们爱我行我素，率性而为，极力标榜自己的个性，欲与他人不同，似乎生怕别人不知道他们那些很个人化的东西。这样一来，他们便把自己张扬成了诸如嬉皮士、卡通一代这样的人物，个人很过瘾，有时还能成为文化和艺术，不亦美哉！不过，并非全都如此得意，因个性十足而吃亏上当、遭人宰割的更比比皆是，三国时的才子祢衡就是一例。

祢衡年少才高，目空一切，20多岁时便跻身于名士权贵之中。但祢衡很瞧不起那些人，把他们视为酒囊饭袋、行尸走肉。祢衡眼下，举世无才。汉献帝初年间，孔融上书荐举祢衡，大将军曹操欲召见他。祢衡不知天高地厚，出言不逊。曹操心中不快，最后给他封了个击鼓小吏，以羞辱他。祢衡也因此更嫉恨曹操。一次，曹操大会宾客，让祢衡穿鼓吏衣帽击鼓助乐，祢衡竟当众裸身击鼓，以羞辱曹操，扫他们的兴。曹操对之深以为恨，但他很聪明，不愿杀祢衡而脏了自己的手，坏了自己的名声。于是，他把祢衡送给荆州牧刘表。不久，祢衡又因倨傲无礼而得罪了刘表。

刘表也聪明，不杀祢衡，把他打发到江夏太守黄祖那里去。

祢衡在黄祖那里仍是率性如前。一次，祢衡竟当众辱骂黄祖："死老头，你少啰嗦！"黄祖气极，一怒之下把他杀了。祢衡死时只有26岁。

祢衡的杀身之灾，全因他的才气和性情所为。人有才情，本是天赐良物，正好周济人生。祢衡却相反，恃才傲物，因情害事，不知天下大于人才、权柄重于才情，最终唐突权贵，以身涉险，终为人所杀。

从祢衡只知个人使性子，不知世道险恶来看，他所谓的才智是十分有限的。才智，除自身的审美和创造外，也包括对他人和环境的审视、度量和防范，以至利用，而不是糊里糊涂地任性为之，以一己之小暴突世界之大，最终横遭不测。

我们由此得出教训，做人不要张狂。有点钱就烧得慌，有点权就不知姓什么的人，是最浅薄的人。相反，内敛低调、谦卑处世倒是更利于一个人的生存发展。

从根本上说，社会是消弭个性的。社会的门槛有高有低，只有以谦卑的姿态行走其间，才能顺利通过所有的门庭。

羊祜出身于官宦世家，是东汉蔡邕的外孙，晋景帝司马师的献皇后的同母弟。但他为人清廉谦恭，毫无官宦人家奢侈骄横的恶习。他年轻时曾被荐举为上计吏，州官4次征辟他为从事、秀才，五府也请他做官，他都谢绝了。有人把他比作孔子最喜欢的学生——谦恭好学的颜回。曹爽专权时，曾重用他和王沈。王沈兴高采烈地劝他一起应命就职，羊祜却淡淡地回答："委身侍奉别人，谈何容易！"后来曹爽被诛，王沈因为是他的属官而遭免职。王沈对羊祜说："我应该常常记住你以前说的话。"羊祜听了，并不夸耀自己有先见之明，说："这不是预先能想到的。"

晋武帝司马炎称帝后，因为羊祜有辅助之功，被任命为中军将军，加官散骑常侍，封为郡公，食邑3000户。但他坚决辞让，于是由原爵晋升为侯。其间，朝廷设置郎中令，备设九官之职。他对王佑、贾充、裴秀等前朝有名望的大臣，总是十分谦让，不敢属其上。

后来，因为他都督荆州诸军事等功劳，加官到车骑将军，地位与三公相同。但他又上表坚决推辞，说：“我入仕才十几年就占据显要的位置，因此日日夜夜为自己的高位战战兢兢，把荣华当作忧患。我身为外戚，事事都碰到好运，理应避免受到过分的宠爱。但陛下屡屡降下诏书，给我太多的荣耀，我怎么能承受？怎么能心安？现在有不少才德之士，如光禄大夫李熹高风亮节，鲁艺洁身寡欲，李胤清廉朴素，都没有获得高位。而我无能无德，地位却超过他们，这怎么能平息天下人的怨愤呢？因此，乞望皇上收回成命！”但是，这次皇帝没有同意。

晋武帝咸宁三年，皇帝又封羊祜为南城侯，羊祜还是不受。他每次晋升，都一再辞让，态度恳切，因此名声远播，朝野人士都对他推崇备至，以至认为羊祜应居宰相的高位。晋武帝当时正想兼并东吴，要倚仗羊祜承担平定江南的大任，所以此事被搁置下来。羊祜历职二朝，掌握机要大权，但他本人对于权势却从不钻营。他筹划的良计妙策和议论的稿子，过后都焚毁，所以世人不知道其中的内容。凡是他所推荐而使人晋升，他从不张扬，被推荐者也不知道是羊祜荐举的。有人认为羊祜过于缜密了，他说：“这是什么话啊！古人训诫，入朝与君王促膝谈心，出朝则佯称不知。这我还恐怕做不到呢！不能举贤任能，有愧于知人之难啊！况且在朝廷签署任命，官员到私门拜谢，这是我所不取的。”

羊祜平时清廉俭朴，衣被都用素布，得到的俸禄全拿来周济族人或者赏赐给军士，家无余财。他临终留下遗言，不让把南城侯印放进棺柩。他的外甥齐王司马攸上表陈述羊祜妻不愿按侯爵级别殓葬羊祜的想法时，晋武帝便下诏说：“羊祜一向谦让，志不可夺。身虽死，谦让的美德却仍然存在，遗操更加感人。这就是古代的伯夷、叔齐之所以被称为贤人，季子之所以保全名节的原因啊！现在，我允许恢复原来的封爵，用以表彰他的高尚美德。”

羊祜是成功的，上至一国之主，下至黎民百姓，都对他表示敬佩。羊祜的参佐们赞扬他德高而谦恭，位尊而卑谦。

所以，低调、谦卑是一种智慧，是为人处世的黄金法则。若一个人妄想日生、骄心日盛，有了骄狂的态势，难免会侵害别人的利益，于是便起纷争，在四面楚歌之中，又焉有不败之理？而懂得谦卑、不争的人，必将得到人们的尊重，受到世人的敬仰。

第三章　淡定，让生活更出彩

淡定形容一种生活状态和态度。淡定之人对现实看得十分透彻，以积极心态面对生活；遇事沉稳，即使历经苦难和挫折，也内心平静，不怨不嗔；总是把目光停留在生活的美好之处，享受当下生活的乐趣。

第一节　生活原本如此

1. 只有经历了才知道真相

很多时候，我们的心情可以用一个词甚至一个字来形容，但没有同样经历的人，是无法体会得到的，至少这个程度是绝对不可能达到的。当今社会的信息量太大，我们得到的大部分信息都是经由他人传递过来的，很多信息并不能保证自身的真实性。各种因素的存在使得信息链中的某些环节发生了变化，有些信息唯有通过一些渠道加以收集验证，而有些事情则一定要亲身去感受，才会形成自己真正的看法，而不是受他人所左右。人往高处走，当你走到了某个高度，视野会变得更开阔，标准也会相对提高，对事物也会有更加深入的了解。要想了解更多的真实事物，就只有不断地充实自己的知识库，并亲身去进行生活体验，才能认清生活的本质。

一对新婚夫妇生活贫困，一天，丈夫对妻子说："亲爱的，我要去很远的地方工作，直到我有条件让你过上舒适体面的生活才会回来。我只求你一件事，我不在的时候你要对我忠诚，我也会对你忠诚的。"

不久，他被一个庄园录用了。他要老板答应他一个请求："请允许我在这里想干多久就干多久，当我觉得应该离开时，您要放我走。我离开那天，您再把我赚的钱给我。"双方达成了协议。

年轻人在那里整整工作了20年，中间没有休假。一天，他对老板说：

“我要回家了。”

老板说：“我会照协议办事的。不过我有个建议，要么我给你钱，要么我给你 3 条忠告，你好好想想再给我答复。”

他想了两天，然后找到老板，说：“我想要那 3 条忠告。”

老板提醒他说：“如果给了你忠告，我就不会给你钱了。”

他还是说：“我想要忠告。”

老板对他说：“第一，永远不要走快捷途径，快捷而陌生的道路可能会要了你的命。第二，永远不要对可能是坏事的事情好奇，否则也可能要了你的命。第三，永远不要在仇恨和痛苦的时候做决定，否则你以后一定会后悔。”

老板接着说：“这里有 3 个面包，2个给你路上吃，1个等你回家后和妻子一起吃吧。”

在远离自己深爱的妻子和家乡20年之后，男人踏上了回家的路。

一天后，他遇到了一个人，那人说：“这条路太远了，我知道一条近路，几天就能到。”他高兴极了，正准备走近路的时候，突然想起了老板的第一条忠告，于是又回到了原来的路上。后来，他得知那人让他走的所谓近路其实是一个圈套。

几天后，他走累了，发现路边有家旅馆，他打算住一夜。付过房钱后，他躺下睡了。睡梦中，他被一声惨叫惊醒，他跳了起来，走到门口，想看看发生了什么事。刚刚打开门，他想起了第二条忠告，于是回到床上继续睡觉。起床后，喝完咖啡，店主问他是否听到了叫声，他说听到了。店主说：“您不好奇吗？”他回答说不好奇。店主说：“您是第一个活着从这里出去的客人。我的独子有疯病，他昨晚大叫着引客人出来，然后将他们都杀死埋了。”

年轻人接着赶路，终于在一天的黄昏时分，远远地望见了自己的小屋，屋子的烟囱正冒着炊烟，还依稀可见妻子的身影。虽然天色昏暗，但他仍然看清了妻子不是一个人，还有一个男子伏在她的膝头，她抚摸着他的头发。看到这一幕，他的内心充满了仇恨和痛苦，很想跑过去杀了他们。他深吸一口气，快步走了过去。这时，他想起了第三条忠告，于是停了下来。

天亮后，已恢复冷静的他对自己说："我不能杀死我的妻子，我要回到老板那里，请求他收留我。在这之前，我想告诉我的妻子我始终忠于她。"

他走到家门口敲了敲门，妻子打开门，认出了他，扑到他怀里紧紧地抱住他。他想把妻子推开，但没有做到。他眼含泪水，对妻子说："我对你是忠诚的，可你背叛了我……"

妻子吃惊地说："什么？我从未背叛过你，我等了你20年。"

他说："那么，昨天下午那个男人是谁？"

妻子说："那是我们的儿子。你走时我刚怀孕，今年他刚好20岁。"

丈夫走进家门，拥抱了自己的儿子。在妻子忙着做晚饭的时候，他给儿子讲述了自己的经历。接着，一家人坐下来一起吃面包，他把老板送的面包掰开，发现里面有一张储蓄单——那是他20年辛苦劳动赚来的工钱。

生活就是这样，只有经历了才能知道真相，而且这种经历不具有重复性。不要用自己的习惯思维来评判还没有发生的事情，唯一可行的是抱着一颗平常心，认认真真地对待自己的生活。

2. 平淡是生活的基调

很多人都认为生活是一幅充满热情和刺激的图画，追逐、憧憬、热烈构成了这幅画的主基调。但是，现实生活中并非人人都如此奔放，不同的际遇造就了不同的人生。而那些平淡生活所组成的画面，才是人生中最绚丽的色彩。

欲望是人生最大的障碍，一个人最大的敌人就是自己的贪欲之心。当欲望之火被点燃后，烦恼就来敲你的心门了。当你开始计较得失，贪求更多时，痛苦便来缠身了。

从前，有个百万富翁，每天让他劳神费心的事情跟他拥有的财富一样多。所以，他每天都愁眉紧锁，难得有个笑脸。

百万富翁的隔壁，住着磨豆腐的小两口。曾有谚语说，人生三大苦，打铁、撑船、磨豆腐。但磨豆腐的小两口却乐在其中，一天到晚歌声、笑声、逗乐声不断地传到百万富翁的耳朵里。

百万富翁的夫人问丈夫："我们有这么多钱，怎么还不如隔壁家磨豆腐的小两口快乐呢？"

百万富翁说："这有什么，我让他们明天就笑不出来。"

到了晚上，百万富翁隔着墙扔了一锭金元宝过去。第二天，磨豆腐的小两口果然鸦雀无声。原来，这小两口正在合计呢！他们捡到了"天上掉下来的"金元宝后，觉得自己发财了，磨豆腐这种又苦又累的活以后是不能再干了。可是，做生意吧，赔了怎么办；不做生意吧，总有坐吃山空的那一天。丈夫心里还想，生意要是做大了，是该讨房小的呢还是该休了现在这个黄脸婆；妻子则在琢磨，早知道能发财，当初就不该嫁给这臭磨豆腐的。寻思呀，琢磨呀，之前快乐得很的小两口现在谁也没有心思说笑了，烦恼已经开始占据他们的心。更令小两口痛苦的是，为什么天上不能多掉几个金元宝呢？这样就能想买什么就买什么了。贪欲之心产生后，种种烦恼随之而来。

生活本身是乏味的，日出而作，日落而息。然而，有的人为了名利、金钱、地位，忙得身心疲惫。许多人一生都在感叹："我这一辈子，没有一刻让自己安宁过。”直到死时，才悟出一点道理：原来是自己的欲望贪心“杀”死了自己。

现实中，日子不外乎有两种过法：一是穷过，一是富过。穷过日子的人自有过穷日子的理由。不能说他没本事，也许他安于这样的现状，觉得这就是生活。就像住惯了平房的人住楼房，总有些不习惯。平房可以养花种草、喂鸡养狗，而住楼房最多只能养几盆花。住平房的人觉得还是住平房好，可以干很多事，可以让自己在自由的忙碌中得到心灵的安宁。而富过日子的人也是住不惯平房的，他嫌打扫卫生麻烦，不时髦，也没有面子，住楼房可以有更多的时间看电视或者忙其他的事。

过日子就是这样，除了买菜、做饭、打扫卫生、上班、应酬交际、送孩子上学、陪老人逛街或者读书之外，每一天都是这么开始的，每一天都是这么过去的。然而，穷和富只是自己心里的感受，别人看不出来。如果要为自己过，不奢求，顺其自然，坦坦荡荡地应对生活，从从容容地感受生活，这就是一种好心态。这种心态不需要标榜和炫耀，不需要别人的承认和赞美。人生不怕平淡的日子，只怕生活的感觉不真实。生活不怕困难的日子，只怕没有真情存在。拥有简单思想的人过着简单的生活，就是一种幸福。然而，思想一旦变得复杂起来，就不会满足于现实的生活，总想追求更高更好的生活层次，在情感上也想拥有更多，这时生活的烦恼也会随之而来。

为什么辩证法很伟大，因为它让人从多种角度看问题，不轻易下结论。生活中我们不妨多用辩证法，这不是阿Q精神自慰法。如果你羡慕别人，解决方案是这样的，你去了解他的生活后，你会发现，他还不如你呢。有一则故事足以说明其中的道理。两个小孩各自住在山坡上，有一天，乙对甲说：“我看到了一座金房子。”甲顺着他的方向看到了自己的房子，果然金灿灿的，乙有些自卑起来。没过几天，甲对乙说：“我也看到了一座金房子，你看，就在山那边。”乙也看到了一座金房子。原来，那座房子是乙的家。其实，这两座房子都是用黄色的木料盖的，都住着一些穷人。但在傍晚，夕阳晚照的时候，房子真的在闪光。

后来，两个孩子都知道了金房子里住着的贫穷的主人。再后来，在他们的人生中，他们再没有去羡慕过别人。

现实生活中，人可以去追求、选择自己喜欢的生活方式，却无法摒弃生活的本质。生活就是一杯水，贫与富、贵与贱，都是人们根据自己的心态和能力为生活添加的调味品。有人喜欢丰富刺激的生活，就把它拌成多味酱；有人喜欢苦中作乐的生活，就把它搅成浓咖啡；有人喜欢在生活中多加点蜜，就把它和成蜜糖水；有人喜欢把生活泡成茶，细品其中的甘香；还有人什么也不加，只喜欢原汁原味的白开水；更有人不知不觉地把生活熬成药，甚至是毒药，亲手把自己的生活埋葬。不管怎样，酸、甜、苦、辣都是生活的滋味，平淡则是生活的基调。

生活的真谛在于理解，生活的诀窍在于理智。刻意追求卓越的生活，就会陷入庸人自扰的苦海。整天都是鲜花和掌声，这样的日子迟早会让人腻烦。没有鲜花和掌声，日子虽然清淡，却也悠闲自得。

3. 笑纳生活，直面现实

天堂无论多么幸福，你也不会直接去天堂；地狱无论多么悲惨，你也不会直接陷入地狱。现实永远介于天堂与地狱之间，人们总是挣扎在苦乐的海洋。对于尘世的冷漠，只会增加自身的痛苦。睁眼好好看一看，没有烦心事的人绝不存在，逃避不是解决问题的办法。因此，我们唯一能做到的就是勇敢地面对现实，笑纳生活。

生活是多姿多彩的，关键是你以什么样的眼光看待它。降临到你身上的苦难，常常是上天要把你的心志磨砺得更加坚强，成长得更加挺拔。所以，笑纳生活，才能对生活、对人生充满希望。

据说很多年前，寒冬腊月，一个名为滴水的和尚去天龙寺拜见仪山禅师。外面下着很大的雪，可仪山禅师却不让他进门。那个和尚就在门外一直跪着，这一跪就是3天。仪山的弟子看他可怜，纷纷为他求情。可是仪山说："我这里不是收容所，不收留那些没有住处的人！"弟子们没有办法，只好纷纷走开。

到了第四天的时候，那个和尚身上皲裂的地方开始流血，他一次次地倒下又重新起来，但他依然跪在那里，雷打不动。仪山对弟子们下令："谁也不准开门，否则就将他逐出门外！"

7天后，那个和尚支撑不住，倒了下去。仪山出来试了一下他的鼻子，尚有一丝呼吸，于是便下令将他扶了进去。滴水终于进了仪山门下参学。

有一天，滴水和尚向仪山禅师问道："无字，与般若有什么分别？"

话刚说完，仪山就一拳打了过来，并大吼道："这个问题岂是你能问的？滚出去！"

滴水被仪山的拳头打得头晕目眩，耳朵里只有仪山的吼声。忽然间，滴水想通了："有与无都是自己的肤浅意识，你看我有，我看我无。"

还有一次，滴水感冒了，正在用纸擦鼻涕的时候，被仪山看到了。仪山大声喝道："你的鼻子比别人的血汗珍贵？你这不是在糟蹋白纸吗？"滴水便不敢再擦了。

很多人都难以忍受仪山的冷峻，可滴水却说："人间有3种出家人，下等僧人利用师门的影响力，发扬光大自己；中等僧人欣赏师父的慈悲，步步追随；上等僧人在师父的锤炼下日益强壮，终于找到自己的天空。"

滴水和尚后来果然成为一代得道高僧。

向你挥来的鞭子，常常是要你把头抬得更高，背脊挺得更直。

苦难对于一个乐意和想要迫切成长的人来说，是非常有营养的补品。

可能很多人曾经听过这样一则故事：

在一个山村，有一对残疾夫妇，女人双腿瘫痪，男人双目失明。春天，男人背着女人到山坡播下一粒粒种子；夏天，男人背着女人在庄稼丛中锄草施肥；秋天，男人背着女人收获丰收的果实……一年四季，女人用眼睛观察生活，男人用双腿丈量日子。时光如水，始终未冲刷掉洋溢在他们脸上的幸福。

当有人问他们为什么幸福时，他们异口同声地反问："我们为什么不幸福呢？"男人说："我虽然双目失明，但她的眼睛能看见啊！"女人说："我虽然双腿瘫痪，但他的双腿能走啊！"

这是一种豁达乐观的胸怀，一种自得其乐的人生佳境。

拥有了这种胸怀，心灵如同有了源头活水，时时滋润灵动的眼睛，去发现美、欣赏美——姹紫嫣红、草长莺飞是美，大漠孤烟、长河落日也是美，荷败菊谢大煞风景吗？为什么不用心去体味"留得残荷听雨声"，"菊残犹有傲霜枝"的优美意境呢？城市有霓裳倩影、车水马龙、高楼大厦的繁华热闹，而乡村也自有小桥流水、麦浪滚滚、蛙声一片的纯朴宁静。

拥有了这种胸怀，心灵则空明澄澈，超然于名利纷争之外，感到宁静和满足。身居高位，钟鸣鼎食掌印官府，可谓荣华富贵；人在陋室，可以"调素琴，阅金经"，逗虫鱼养花鸟，自怡心性淡泊明志；驰骋政坛跃马商场，可以体会到奋斗的满足与成就；躬耕于田垅之间，日出而作日落而息，尽享天伦，也能感受到生活的平和、安逸。"芙蓉如面柳如眉"是天生的骄傲，"腹有诗书气自华"的浸润，更能使你出类拔萃、卓尔不群。即使遇到挫折，"行到水穷处"，也能坦然地迎难而上，潇洒地"坐看云起时"。

勇气、乐观和信心是人生的三大法宝，把握住它们，用微笑面对一切，生活就会变得如此美丽，如此广阔，如此温馨，如此甜美。抱着一份虔诚美好的信念，守着一颗淡定宁静之心，我们就能找到心灵栖息的田园。

4. 顺其自然，适者生存

一个小男孩在父亲的葡萄酒厂看守橡皮桶。每天，他将一个个空木桶擦拭干净，摆放得很整齐。但往往一夜之间，风就把他排列整齐的木桶吹得东倒西歪。

父亲摸着孩子的头说："孩子，别伤心，我知道你会想办法征服风的。"小男孩擦干眼泪，终于想出了一个办法：把每一只空桶装满清水。从此，那些木桶再也没有被风吹倒过。他高兴地对父亲说："我懂了，木桶想要不被风吹倒，就要加重木桶自己的重量。"父亲赞许地笑了。

和这个故事所阐释的道理一样，人类社会处处存在竞争，若想不被淘汰，就要增强自身能量，不断提高自己的适应能力。

印第安人向来以剽悍强壮闻名于世。

印第安人之所以能够剽悍强壮，与他们挑选下一代的方式有极大的关系。这便是流传于印第安人部落中的"土法优生学"。

据说，在印第安人部落中，若有婴儿出生，这个婴儿的父亲会立即将孩子携至高山上，选择一条水流湍急，而且水温冰冷的河流，将婴儿放在特制的摇篮当中，让摇篮随着河水漂去。

而这个新生儿的族人们，则在河流的下游处等候，待放着婴儿的特制摇篮漂到下游时，他们会检视篮中的婴儿是否仍然活蹦乱跳。

如果婴儿还活着，证明他的生命力顽强，具备成为他们族人的条件，便将之带回部落妥善养育成人。若是篮中的婴儿禁不起这般折腾，发生不幸，他们则将婴儿和摇篮放回河流中，任其漂流而去，形同河葬。

经过如此严苛的挑选，能够幸存的印第安孩子，当然个个身强体壮、剽悍过人。

这只是印第安一般族人的筛选方式，至于印第安人部落中勇士的挑选，则更为严厉。

印第安人有所谓的成年礼，当一个印第安男孩成长到合适的年龄时，族人会为他举行成年礼，在狂欢舞蹈庆贺之后，这个男孩会被族人亲手绑在森林中的一棵大树上，独自一人度过成年礼的夜晚。

森林中多的是毒蛇猛兽，即将成为印第安勇士的男孩在成年礼的这个夜晚，必须面对各种各样的危险，借由这种残酷的成年礼的锻炼，成为族中公认的勇士。

适者生存，适应环境对世间万物来说都很重要。印第安人的“土法优生学”虽然残忍，但也是强化民族素质的一个有效手段。

传说2000多年前，孔子到吕梁山游览，那里的瀑布几十丈高，流水水花远溅出数里，甲鱼、扬子鳄和鱼类都不能在流水中遨游，而孔子却看见一个男人在那里游水。孔子认为他是有痛苦想投水而死，便让学生沿着水流去救他。不料那人却在游了几百步之后出来了，披散着头发，唱着歌，在河堤上漫步。

孔子赶上去问他：“刚才我看到你在那里游水，以为你是要寻死，便让我的学生沿着水流来救你。你却浮出水面，我还以为你是鬼怪呢。请问你到那种深水里去有什么特别的方法么？”他说：“我没有方法。我起步于本质，成长于习性，成功于命运。水回旋，我跟着回旋进入水中；水涌出，我跟着涌出水面。顺从水的活动，不自作主张。这就是我能游水的缘故。”

孔子又问：“什么叫作起步于本质，成长于习性，成功于命运？”

他回答说："我出生于陆地，安于陆地，这便是本质；从小到大都与水为伴，便安于水，这就是习性；不知道为什么却自然能够这样，这是命运。"

适者生存，这是人类一切问题的答案。试图让整个世界适应自己，这便是麻烦所在。试图让一切适应自己，是很幼稚的举动，而且是一种不明智的愚行。

那位智者让自己适应水流，而不是让水流来适应他，所以他成功了。这不是一种方法，也不是一个技巧，而是一种生存智慧。

达尔文的生物进化论认为，在生存斗争中，具有有利变异的个体，容易在生存斗争中获胜而生存下去。反之，具有不利变异的个体，则容易在生存斗争中失败而死亡。也就是说，凡是生存下来的生物都是适应环境的，而被淘汰的生物都是对环境不适应的，这就是适者生存。达尔文把在生存斗争中，适者生存、不适者被淘汰的过程叫作自然选择法则。

由于生物所在的环境是多种多样的，因此，生物适应环境的方式也是多种多样的。在人性丛林里，如果知道自己何者为强、何者为弱，别人何者为强、何者为弱，并巧妙地避免以己之弱去面对他人之强，积极地以己之强去面对别人之弱；如果还能灵活地运用第三者与他人的强弱关系来弥补自己的"弱"，或避免自己遭到别人"强"的侵犯，那么你就是一个"强者"，而不是"弱者"了！

要知道，人生的许多悲剧都是由于不了解自己及别人的强弱在哪里，以及不知道如何趋避所造成的。如果你无法适应周遭的环境，失败与毁灭就将常伴你左右；反之，你才能获得人生的成功与完善。

5. 凡事多往好处想

生活中，忙碌有忙碌的好处，可以无暇于烦恼和琐事；清闲有清闲的好处，可以留点时间做自己的事。位居高位有其好处，可以多为人民服务；平凡岗位也有其好处，可以免去“焦点人物”的苦恼。

这就是说，凡事皆有两面性，要多往好处想，才不至于自寻烦恼。

1928年，伦敦大学的亚历山大·弗莱明教授正在研究病原菌的繁殖生长过程。有一天，他发现培养病原菌的碟子被青霉覆盖，而且碟中的病原菌都死了。青霉杀死了病原菌，破坏了他的研究计划，但他并不觉得这是坏事，反过来培养这种青霉，并研究它们对人体白细胞的作用，终于从中提取了世界上最早的抗生素——青霉素。得知此事的另一位学者懊悔万分，原来他在做实验时也看到了这种青霉，可他却因为青霉妨碍了他的研究而生气，竟将其抛弃。能提高人类寿命20年的广谱抗生素就这样与他失之交臂。

前苏联科学家列奥诺夫有一天在吃饭时，不小心把葡萄酒洒在桌布上。事后，无论他怎样用力搓洗，都洗不掉葡萄酒的污渍。正当他为此烦恼时，脑中忽然灵光一闪：葡萄汁很难洗掉，不是做染料的绝佳选择吗？于是，他发明了用盐酸溶液做添加剂、着色更加稳定的“葡萄染料”。

京剧大师马连良早年因病嗓子变得沙哑，这对京剧演员来讲，不亚于一场灾难！可他却充分运用这种嗓子，独创出迂回婉转、回味悠长的马派风格，在京剧界独树一帜。

当然，这一切改变源于他们对生活的态度和处理不幸事件的方法。如果你只是抱怨，生活中的一切都会成为你抱怨的对象；如果你不抱怨，生活中的一切都会因你的心态而改变。

生活有自己的进程，是无数个事变的组合，事情的变化有时很难笼统地说是好是坏，自寻烦恼显然毫无价值。如果一个人不会用欣赏的眼光去发现生活中的美，那他将与幸福快乐无缘。

《中国摄影艺术年鉴（2010卷）》中有一幅名叫《风雨中》的摄影作品令人震撼：在上坡的路上，男人用力蹬着一辆载满货物的三轮车，身子倾斜得几乎与坡面平行，被雨淋湿的头发一缕缕地搭在脑门上。他的脸微微侧转着，望向在后面为他推车的女人。那女人一只手使劲推着车，另一只手扶着腋下的拐杖，拐杖旁的右腿下半截是空的。可能是因为风雨中实在睁不开眼吧，两人的眼睛都眯成了一条缝，但是仍能看出他们彼此关切的神情，男人是微笑着的，女人笑得更为明显，虽然很累却是那样开心。

风雨中，男人要踩着人力车艰难地运货，女人要拖着残缺的身子为男人分担劳苦，这是多么令人无奈的事情，让人不由生出“贫贱夫妻百事哀”的感慨。可是，透过雨帘，我们却看到了他们的笑意。若没有一颗热爱生活的心，如何能够做到于此种境况之下不抱怨、不愁苦，反将笑容挂在嘴角！

大文豪泰戈尔说过：“我们看错了世界，反说世界欺骗了我们。”生活中的确有不少值得我们赞美的东西。我们可以衣着光鲜地行走在摩天大厦林立的高层建筑中，可以与亲朋好友谈笑风生，可以与家人一起游山玩水，尽享天伦之乐……生活其实给予我们很多，为什么我们看到的是一张张沮丧的脸，听到的是满腹的牢骚？是生活剥夺了我们的欢乐，还是我们向生活苛求得太多？

每件事都有正反两面，一切都是相对而言的，缺点可能成为优点，害处可以成为益处，缺陷可能正好成为特色。比如，年过半百的你坐公交车的时候没有人给你让座，你可以这样想：“我还没有老，我还年轻。假如我老态龙钟的话，别人早就给我让座了。”于是，你心里美滋滋的，仿佛又年轻了许多。所以说，好日子都是自己过出来的。

生活也许是灰色的，它曾让你备感失望，那是生活对你的另一种赐予，不要因为消极而让自己伤痕累累。即使把它看成是一种不幸，也不要忘记那曾被困于大石下的小草另寻他径破土而出的感动。

生活就是生活，平淡无奇也好，轰轰烈烈也罢，完全取决于你的生活态度。你持什么样的态度去生活，生活便给予你什么。与其满眼泪痕，倒不如简单而快乐地生活着。凡事多往好处想，你会发现事情远没有想象的那么糟糕，只要换个角度，生命中的每一天你都会是快乐的。决定快乐的不是环境，而是心境。

要知道，生命是有限的，然而希望却是无限的。只要我们每天不断地肯定自己，不忘给自己一个希望，给自己一个目标，给自己一点信心，我们就一定能拥有一个丰富多彩、阳光灿烂的人生。

6. 人要有定力，不可随境而迁

外界环境虽然会给我们的前行带来很多障碍，但那绝不是主要的，最主要的因素始终在我们心里。持身涉世，要有定力，决不可随境而迁。

所谓定力，就是不盲从、不浮躁，沉得住气，对必然之事轻快地加以承受。用在人生上，有定力的人善于思考、观察，看准了再行动。有定力的人，不会因为生活中那些难以避免的琐事而受到干扰，也不会因为现代生活中日益让人眼花缭乱的诱惑而心神不定、三心二意。

在纽约市中心的一幢办公大楼里，有一个开货梯的人，他的左手齐腕被砍断了。一天，有人问他少了那只手会不会觉得难过，他说："不会，我根本就不会想到它。只有在要穿针引线的时候，才会想起这件事来。"

阿姆斯特丹有一座15世纪的老教堂，在它的废墟上留有一行字：事情既然如此，就不会另有他样。阐述的道理是一样的：人要有定力，坦然面对生活中已经发生的一切。

在漫长的一生中，你一定会碰到一些令人不愉快的情况，它们既然是这样，就不可能是那样。因此，要乐于接受必然发生的事情，这是克服随之而来的任何不幸的第一步。唯有学会坦然面对失败和痛苦，才能拥有真正的幸福，让生命中无可避免的困境、失败、障碍、疾病与痛苦都转化为创造成功奇迹与完美的力量。

很显然，环境本身并不能使我们快乐或不快乐，我们对周遭环境的反应才能决定我们的感受。必要的时候，我们都能忍受灾难和悲剧，甚至战胜它们。当然，这并不是说，在碰到任何挫折的时候，都应该极力忍耐接受，那样就成为宿命论者了。不论哪一种情况，只要还有一线挽救的希望，我们都要争取最好的结果。但是，当事情不可避免，也不可能再有任何转机时，为了保持我们的理智，就请不要再“左顾右盼，无事自扰”了。

没有人能有足够的情感和精力，既抗拒不可避免的事实，又能利用这些情感和精力去创造新的生活。你只能在两者之间选择其一。面对生活中不可避免的暴风雨，你可以弯下自己的身子，也可以不自量力地去抵抗而被摧折。能够在一切环境中保持宁静心态的人，都具有高贵的品格修养。我们要努力培养自己的抗干扰能力，冷静地应对世间的千变万化。任凭风浪起，稳坐钓鱼船。这“船”就是宁静的心灵。

贤明的唐尧担任部落首领几十年，人老后想找个接班人。于是，聪明贤能的虞舜成为被考核的对象。虞舜有个后母所生的弟弟象，几次挑唆父亲和后母加害虞舜。虞舜一点也不记仇，仍然孝顺父亲，爱护弟弟。虞舜和气谦让，人们乐意与他和睦相处，他居住的地方也由偏僻的乡村变成了热闹的城镇。唐尧赏给虞舜一把名贵的琴和许多衣料，又为虞舜修建了粮仓。象看见虞舜富裕了，十分妒忌，多次想加害他，而虞舜仍然和原来一样对弟弟十分友好。唐尧经过考察，认为虞舜品德高尚，又有才能，便把部落首领的位置让给了虞舜。这就是历史上有名的禅让。

虞舜能够坦然面对即将发生的一切，不管别人对自己的态度如何，仍然保持自己的真诚与善良。也正因为如此，他获得了人们的爱戴和至上的权力。

现今社会，当官与发财是许多人梦寐以求的，但并非所有人都适合从政，也并非所有人都与财富有缘。没有定力的人就会做出错误的选择，最终导致错误的结局。

北欧一座教堂里，有一尊耶稣被钉在十字架上的塑像，大小和真人差不多。由于有求必应，专程前来这里祈祷、膜拜的人特别多，几乎可以用门庭若市来形容。

教堂里有位看门人，看见十字架上的耶稣每天要应付这么多人的请求，觉得于心不忍，希望能分担耶稣的辛苦。有一天，他祈祷时，向耶稣表明这份心意。意外地，他听到一个声音，说："好啊！我下来为你看门，你上来钉在十字架上。但是，不论你看到什么、听到什么，都不可以说一句话。"这位先生觉得这个要求很简单。于是耶稣下来，看门的先生上去，像耶稣被钉在十字架般伸张双臂，依照先前的约定，他静默不语，聆听信友的心声。

来往的人络绎不绝，他们的祈求，有合理的，有不合理的，千奇百怪不一而足。但他强忍着没有说话，因为他必须信守先前的承诺。

有一天来了一位富商，富商祈祷完后，竟然忘记手边的袋子便离去了。他看在眼里，真想叫这位富商回来，但又憋着不能说。接着来了一位穷人，他祈祷耶稣能帮助他渡过生活的难关。当要离去时，穷人发现了先前那位富商留下的袋子，打开后发现里面全是钱。穷人高兴得不得了，耶稣真好，有求必应，他万分感谢地离去。

十字架上伪装的耶稣看在眼里，想告诉他，这不是你的。但是，约定在先，他仍然憋着不能说。接着来了一位要出海远行的年轻人，他是来祈求耶稣降福保佑他一路平安的。正当他要离去时，富商冲进来，抓住年轻人的衣襟，要他还钱，年轻人不明所以，两人吵了起来。

这个时候，十字架上的假耶稣终于忍不住开口说话了。既然事情清楚了，富商便去找捡了他钱的穷人，而年轻人则匆匆离去，生怕搭不上船。这时，真的耶稣出现了，指着十字架上的人说："你下来吧！这个位置你没有资格坐了。"

看门人说："我把真相说出来，主持公道，难道不对吗？"

耶稣说："你懂什么？那位富商并不缺钱，他那袋钱不过是用来嫖妓的，可是对那穷人，却足以解决一家老小的生计。最可怜的是那位年轻人，如果富商一直纠缠下去，延误了他出海的时间，他还能保住一条命，而现在，他所搭乘的船正沉入海中。"

这是一个听起来像笑话的故事，却阐释了一个生活哲理：有定力才能不生妄念。生活中，我们常认为自己的想法才是最好的，结果却往往事与愿违。我们必须相信：目前我们所拥有的，不论顺境、逆境，都是命运对我们最好的安排。若能如此，我们就会在顺境中感恩，在逆境中依旧心存感激。因为生命正是要人在最困厄的境遇中，发现自己、认识自己，从而锤炼自己、彰显自己，最后完成自己、升华自己。

"对必然之事，轻快地加以承受。"这句话从耶稣诞生前399年就流传开来了。在这个充满竞争的世界，今天的你比以往更需要这句话。

7. 活在当下

佛家常劝世人要活在当下。到底什么叫作当下？简单地说，当下指的就是你现在正在做的事、立足的地方、周围一起工作和生活的人；活在当下就是要你把关注的焦点集中在这些人、事、物上，全心全意地接纳、品尝、投入和体验这一切。

有个小和尚，每天早上负责清扫寺院里的落叶。

清晨起床扫落叶实在是一件苦差事，尤其在秋冬之际，每一次起风时，树叶总是随风飞舞。每天早上都需要花费许多时间才能清扫完树叶，这让小和尚头痛不已。他一直想要找个好办法让自己轻松些。

后来，有个和尚指点他说："你在明天打扫之前先用力摇树，把落叶统统摇下来，后天就可以不用扫落叶了。"小和尚觉得这是个好办法，于是隔天他起了个大早，使劲地猛摇树，这样他就可以把今天跟明天的落叶一次扫干净了。一整天，小和尚都非常开心。

第二天，小和尚到院子里一看，不禁傻眼了，院子里如往常一样满地落叶。

方丈和尚走了过来，对小和尚说："傻孩子，无论你今天怎么用力，明天落叶还是会飘下来。"小和尚终于明白了，世上有很多事是无法提前的，唯有认真地活在当下，才是最真实的人生态度。

古希腊学者库里希坡斯曾说："过去与未来并不是存在的东西，而是存在过和可能存在的东西。唯一存在的是现在。"

威廉·奥斯乐是一位名医，他越来越多地接触到因烦恼和忧虑而生病的人，他们总因为过于烦恼以前和忧虑未来，长期闷闷不乐，毁坏了健康。为了更彻底地治好这些人的病，威廉·奥斯乐给他们开了一个简单却有效的方子："每一个刹那都是唯一。"意思是说，我们活在今天，就只要做好今天的事就好了，无须担忧明天或后天的事；我们活在此刻，就要好好珍惜此刻的时光，每一个刹那都是唯一的、不复返的。他说："无限珍惜此刻和今天，还有什么事情值得我们去担心呢？每天只要活到就寝的时间就够了，往往不知抗拒烦恼的人总是英年早逝。"的确如此，每天都处于忧虑中，身体就像一根绳子般，拉来拉去，迟早会拉断。

当我们把日子分成一小段一小段，所有的事情都会变得容易许多。如果我们只活在每一个片刻，就没有时间后悔，没有时间担忧，而只专注在眼前。聪明的人一次只咀嚼生命的一小个片段，因为这样才不会被噎到。

活在当下是一种全身心投入人生的生活态度。当你活在当下，既没有过去拖你后腿，也没有未来拉着你往前，你全部的能量都集中在这一时刻，生命因此具有一种强烈的张力。这就是使生活丰富的唯一方式。充实的感觉与对物质财富拥有的多少关系不大，而往往和你生活的方式、生活的品质、生命的喜乐、生命的特性有关。而所有这些东西，只有通过静心才可能感受其中的深意。

“当下”给你一个深深地潜入生命水中，或是高高地飞进生命天空的机会。但是，在两边都有危险——过去和未来是人类语言里最危险的两个词。生活在过去和未来之间的当下，就好像走在一条绳索上，在它的两边都有危险。但是，一旦你尝到了当下这个片刻的甜蜜，你就不会去顾虑那些危险；一旦你跟生命保持同一步调，其他的就无关紧要了。

大多数人劳碌了一生，时时刻刻为生命担忧，为未来做准备，一心一意计划着以后发生的事，却忘了把眼光放在现在，等到时间一分一秒地溜过，才恍然大悟时不我与。

你可能会说：“这有什么难的？我不是一直都活在当下吗？”话是不错，问题是，你是不是一直活得很匆忙，不论是吃饭、走路、睡觉、娱乐，你总是没什么耐性，急着赶赴下一个目标？这是因为，你觉得还有更伟大的志向正等着你去完成，你不能把多余的时间浪费在现在这些事情上。不只是你，大多数人都无法专注于现在，他们总是若有所思，心不在焉，想着明天、明年甚至下半辈子的事。

有人说“我明年要赚得更多”，有人说“我以后要换更大的房子”，还有人说“我打算找更好的工作”，后来，钱真的赚得更多，房子也换得更大，职位也连升好几级。可是，他们并没有变得更快乐，而且还是觉得不满足："唉！我应该再多赚一点，职位更高一点，想办法过得更舒适一点。"

这就是没有活在当下，就算得到再多，也不会觉得快乐，不仅现在不够，以后永远也不会嫌够。忘了真正的满足不是在以后，而是在此时此刻，那些想追求的美好事物，不必费心等到以后，当下就应该拥有——在心灵上得到满足。

假若你时时刻刻都将力气耗费在未知的未来，而对眼前的一切视若无睹，你永远也不会得到快乐。作家张小娴这样说过："当你存心去找快乐的时候，往往找不到。唯有让自己活在现在，全神贯注于周围的事物，快乐便会不请自来。"

是的，生活的本相往往不会改变，能改变的只有自己的心态。美国社会心理学家马斯洛曾说："心若改变，你的态度跟着改变；态度改变，你的习惯跟着改变；习惯改变，你的性格跟着改变；性格改变，你的人生跟着改变。在顺境中感恩，在逆境中依旧心存喜乐，认真地活在当下。"毕竟，昨日已成历史，明日尚不可知，只有现在才是上天赐予我们的最好的礼物。

第二节　过自己想要的生活

1. 原谅生活才能更好地生活

如果生活中，有一个人想把你踩在脚下，不要以为生活错待了你。或许还有10个人想要把你踩在脚下，只是因为你的强大，让他们没有机会伸出脚来。不要抱怨这个世界弱肉强食，你会逐渐发现，它看起来很残酷，却十分有价值。生活的难题，可以让你学会辩证思考。

你可以仰望道德和善良，但不要仰仗它。这个世界，除了自己强大，什么都靠不住。我们有我们的悲哀，生活有生活的难处，生活不是等待风暴过去，而是要学会在风雨中翩翩起舞。原谅生活，是为了更好地生活，我们没有理由不滋润、不快活，关键在于我们选择什么样的角度去看待生活与自己。

有两个乡下人，外出打工，一个去上海，一个去北京。可是，当他们在候车厅等车时，又都改变了主意，因为邻座的人议论说，上海人精明，外地人问路都收费；北京人质朴，见了吃不上饭的人，不仅给馒头，还送旧衣服。

去上海的人想，还是北京好，挣不到钱也饿不死，幸亏车没到，不然真掉进了火坑。去北京的人想，还是上海好，给人带路都能挣钱，还有什么不能挣钱的？幸亏我还没上车，不然就失去一次致富的机会了。

于是，他们在退票处相遇了。原本要去北京的人得到了去上海的票，要去上海的人得到了去北京的票。

去北京的人发现，北京果然好。他初到北京的一个月，什么都没干，竟然没有饿着，不仅银行大厅里的纯净水可以白喝，而且大商场里欢迎品尝的点心也可以白吃。

去上海的人发现，上海果然是一个可以发财的城市，干什么都可以赚钱。带路可以赚钱，开厕所可以赚钱，弄盆凉水让人洗脸也可以赚钱。只要想点办法，再花点力气，就可以赚钱。

凭着乡下人对泥土的感情和认识，第二天，他在建筑工地装了10包含有沙子和树叶的土，以“花盆土”之名，向不见泥土而又爱花的上海人兜售。当天，他在城郊间往返6次，净赚了50元。一年后，凭“花盆土”，他竟然在大上海拥有了一间小小的门面。

在常年的走街串巷中，他又有了一个新的发现：一些商店楼面亮丽而招牌较黑，一打听才知道是清洗公司只负责洗楼不负责洗招牌的结果。他立即抓住这一空当，买了人字梯、水桶和抹布，办起了一个小型清洗公司，专门负责擦洗招牌。如今，他的公司已有150多个打工仔，业务也由上海发展到杭州和南京。

前不久，他坐火车去北京考察清洗市场。在北京火车站，一个捡破烂的人把头伸进软卧车厢，向他要一只空啤酒瓶。就在递瓶时，两人都愣住了，因为5年前，他们曾换过一次票。

上例中，两个人生活的环境和对生活的不同选择导致了彼此截然不同的命运。原谅生活，适用于当你无力改变环境时，对心态的一种自我调节，保持淡定，而不是安于现状，满足于生活的施舍。安于贫穷，不思进取，才是一个人最可怕的处境。

一个常年赌博的人被逮捕后，警察对他进行了教育改造，谁知这个赌徒一脸满不在乎的样子，对警察的好言相劝无动于衷。警察告诉他赌博并没有什么好处，不如找点其他的事干。赌徒叹息许久，无奈地说：“我的父亲是一个赌棍，我的母亲也嗜赌如命，我的兄弟姐妹们个个都喜欢赌博。我想要找份正儿八经的工作，才发现，除了赌博，我什么都不会。”

在不良的生活环境中，我们可能很容易被俗世腐蚀。生活之所以会欺骗和伤害你，只是因为你没有做好充分的防备。真正要防备的不是生活，而是自己。有时候，只要关上心灵的窗户，就能够守住我们内心的宁静和安详。任它繁花似锦，任它风吹雨打，任它世事浮沉，只要守住自己的心性，生命的意义和价值便也能够得到保障。

真正幸福的人生应该是过自己想要过的生活，是遵从内心的意愿去生活。

布拉格小时候家里很穷。在学校读书时，因为家里经济条件太差，父母无法给他买好看的衣服、舒适的鞋子，他常常衣衫褴褛，拖着一双与他的脚很不相称的破旧皮鞋。

他的同学总是嘲笑他，说他偷穿大人的鞋。这是实话，那双过大的皮鞋看起来的确十分可笑，但布拉格却无比珍视这双鞋，上学时他都是光着脚，快到学校时才拿出这双皮鞋，把它们穿在脚上。

他的父亲知道他受了委屈，便写信对他说：“孩子，你知道家里穷，不能给你添置一双舒适、结实的鞋子。即便是这一双旧皮鞋，也还是我的。我对此充满愧疚之情，但我希望你不要因此而悲观失望，只要不影响走路，再好的鞋也只是身外之物，而充实的精神才是人活着最需要的。用知识充实自己，你会觉得活得很有价值、很有意义。爸爸相信你会学有所成，一定可以的……我抱着这样的希望，你一旦有了成就，我将引以为荣，因为我的儿子是穿着我的破皮鞋努力奋斗成功的……”

布拉格看过父亲的信后，更加自信了，他从不曾因为贫穷而感觉自己低人一等，更没有埋怨过家人不能给自己提供优越的生活条件。他知道自己想要的生活是什么，凭借着对梦想的不懈追求，他终于取得了很大的成就。而他曾经历的那段贫穷的岁月，成为了日后激励他前进的动力。

最具传奇色彩的是，布拉格是一位到中年才开始研究活动的科学家，早年他在澳大利亚的一所无名大学里，作为一名认真尽职的教师生活到42岁，而在返回英国的短短几年后就成为了一位科学发言人。这究竟是怎么回事？

答案是令人回味的："也许就在那长期而幸福的流浪生活中，在澳洲度过的繁忙、幸福的20年岁月，就像沙漠中的岁月对于一位先知一样有价值，给了我从容准备的时间。"

一个人，为了出身，为了家庭的贫困，而耿耿于怀是有理由的。然而，学会快乐地面对生活却不需要任何理由。生活永远不可能是一路平坦的，因为它总要考验一些人，捉弄另一些人。既然我们不能决定自己的出身和生活环境，那么，我们唯一能做的也许就是原谅生活，然后默默努力，以过上更好的生活。

2. 新生活从选定方向开始

比塞尔是西撒哈拉沙漠中的一颗明珠，每年有数以万计的旅游者来到这儿。可是，在英国皇家学院院士肯·莱文发现它之前，这里还是一个封闭而落后的地方。这儿的人没有一个走出过大漠，据说不是他们不愿离开这块贫瘠的土地，而是尝试过很多次都没有走出去。

肯·莱文当然不相信这种说法。他用手语向这儿的人询问原因，结果每个人的回答都一样：从这儿无论朝哪个方向走，最后还是转回到出发的地方。为了证实他们的说法，他做了一次试验，从比塞尔村向北走，结果3天半就走了出来。

比塞尔人为什么走不出来呢？肯·莱文非常纳闷，最后他只得雇一个比塞尔人，让他带路，看看到底是为什么。他们带了半个月的水，牵了两匹骆驼，肯·莱文收起指南针等现代设备，只拄一根木棍跟在后面。

10天过去了，他们走了大约800英里的路程。第11天的早晨，他们果然又回到了比塞尔。

这一次，肯·莱文终于明白了，比塞尔人之所以走不出大漠，是因为他们根本就不认识北斗星。在一望无际的沙漠里，一个人如果凭着感觉往前走，他会走出许多大小不一的圆圈，最后的足迹十有八九是一把卷尺的形状。比塞尔村处在浩瀚的沙漠中间，方圆上千公里没有一点参照物，若不认识北斗星又没有指南针，想走出沙漠，确实是不可能的。

肯·莱文在离开比塞尔时，带了一位叫阿古特尔的青年，就是上次和他合作的人。他告诉这位青年，只要你白天休息，夜晚朝着北面那颗星走，就能走出沙漠。阿古特尔照着去做了，3天之后果然来到了大漠的边缘。阿古特尔因此成为比塞尔的开拓者，他的铜像被塑在小城的中央。铜像的底座上刻着一行字：新生活是从选定方向开始的。

是的，想要过全新的生活，首先要确定一个方向。在我们的人生旅途中，也有这样的沙漠，很多人走不出去，并不是因为沙漠太大，大到我们根本无法走出去，而是因为我们没有选定方向，没有指路灯。真正的人生之旅，是从设定目标的那一天开始的。有了目标，我们才知道要往哪里去，去追求些什么。人生漫长，一生要经历哪些选择不可预料，但有一点是可以肯定的：只要你望着北斗星（即生活的方向）走，就一定能走出人生的沙漠，找到一片绿洲。

有一个年轻人，他非常热爱音乐，简直是如痴如醉，钢琴、笛子样样行，小提琴拉得尤其好。他刚移民到英国时，身无分文。为了解决生存问题，他与一位黑人琴手结伴在一家商业银行门口卖艺赚钱。由于银行每天进进出出的人很多，他们的琴又拉得好，所以生意还不错。过了一段时间，他就赚到了不少钱。

这一天，他对黑人琴手说："老兄，我要走了，因为我一直梦想进入大学进修，我想成为首席小提琴手，那是我妈妈对我的期望。"此后，他将全部的精力都投入到提高音乐素养和琴艺上，从不退缩，永不放弃，即使在最艰苦的日子里，他也没有后悔自己的选择，咬牙挺了过去。

10年后，他偶然路过那家银行，发现黑人琴手仍在那最赚钱的地盘上拉琴。黑人琴手见到他，非常高兴，问：“老兄，你现在在哪里拉琴啊？”

他说了一个著名音乐厅的名字，黑人琴手点点头，说：“嗯，不错，那家音乐厅的门前也是个赚钱的好地盘。”

黑人琴手哪里知道，他的伙伴10年前成为了剑桥大学音乐系的一名学生，在一位具有很高声誉的音乐家门下勤学苦练，深得音乐家的欣赏。如今，他已经是一位国际知名的音乐家，他是被那家著名的音乐厅邀请来演奏的。

智者告诫我们：你今天的生活就是你昨天的梦想。只要你目标明确，行进的方向正确，终究会过上你想过的生活。

3. 纵有万贯家财，不如自强自立

从古至今，绝大多数富翁对于财富的处理，一般是全部留给子孙。但在美国的富翁中，却流行着一种新的风尚，那就是不要留太多的财产给子孙后代，以免他们成为扶不起的阿斗。这种风尚的实践者有大名鼎鼎的微软创办人比尔·盖茨、投资家华伦·巴菲特等。

现代富翁之所以有这样的观念，可能源于罗斯·柴德留下的教训。罗斯·柴德是巴比特老一辈的富翁，他把所有的财产都留给了儿子拉斐尔。但拉斐尔在继承遗产两年后被人发现死于纽约的一处人行道上，死因是吸食海洛因过度，年仅23岁。

美国卡耐基基金会曾做过一项调查，发现在继承25万美元以上财产的子女中，有20%的人放弃了工作，整天沉溺于吃喝玩乐，直到倾家荡产；有的则一生孤独，出现精神问题，或是做出违法乱纪的事情来。

陶行知有首诗写得好：“滴自己的汗，吃自己的饭，自己的事自己干。靠人、靠天、靠祖上，不算是好汉。”

清末封疆大吏左宗棠告老还乡之后，曾在长沙大兴土木，准备为子孙后代留下豪华的府第。他总是担心工匠偷工减料，就亲自拄着拐杖到工地督工，这儿摸摸，那儿敲敲。有位老工匠看他如此不放心，就对他说："大人，请放心吧。我活了这么一大把年纪，在长沙城里造了不知多少府第。在我手上造的府第，从来没有倒塌过，但屋主易人却是常有的事。"左宗棠闻听此言，不禁满面羞愧，长声叹息而去。

同为清朝名臣的林则徐，在对待儿孙的问题上就比左宗棠高明得多。他曾经说过："子孙若我，要钱干什么？贤而多财，则损其志。子孙不若我，要钱做什么？愚而多财，则增其过。"

为子女留下财富，不如留下知识；后代不一定能保住财富，但可以用知识创造财富。

古希腊神话中有一个故事，宙斯之子赫拉克勒斯小时候，曾碰到过两位女神，一个叫美德女神，一个叫恶德女神。恶德女神对他说："孩子，跟我走吧！包你有享不完的荣华富贵。你要什么，我一定会满足你！"

美德女神对他说："孩子，跟我走吧，我将教会你如何勇往直前！而你也必将在战胜艰险的过程中变得坚强无比！"

赫拉克勒斯想了想，毅然跟从了美德女神。这以后，他果然出生入死，在战胜无数毒蛇猛兽的过程中变得刚强无比，为人类屡建奇功，成了希腊神话中的大英雄！

希腊人深刻地认识到，要什么有什么，非但不是一种幸福，反而是一种罪恶。只有自觉地挑战磨难，才是人生最理智的选择。要什么有什么的安乐生活可以让人获得感官上的舒适，却不会让你在能力、才华、品德等生命力方面有任何收获。

"天行健，君子以自强不息。"客观世界不断地向前发展，社会不断地进步，因此有志者必须不断地自强，不断地更新自己。有个小故事说，一个猎人在山里发现几只刚出生不久的小狮子，就把它们带回家中精心喂养。小狮子慢慢长大，无忧无虑，有吃有喝。当然，猎人给它们设计的笼子也温暖舒适。没想到，仍有一只小狮子从笼子里跑了出去。后来，猎人外出打猎，很久没有回家，笼子里的小狮子被活活饿死了。那只当年跑出去的小狮子，独自在野外，饿了，自己找食吃；渴了，自己找水喝；受了伤，会用舌头舔伤口；遇到敌人，知道怎样保护自己。它健壮地活了下来。

逃出笼子后的那只小狮子之所以能顺利地活下来，是因为长期的野外生活使它知道怎样寻找食物和保护自己。而笼子里的小狮子之所以活活被饿死，是因为它们长期在温暖舒适的环境中成长，没有得到基本的生存能力的锻炼，缺乏寻找食物和保护自己的能力。

拉美国家有一句谚语："自力更生胜过上帝的手。"一个人的成长，离不开父母的抚养、老师的教导、社会的哺育、朋友的帮助。不过，这些都是外在的因素，学会独立才是关键。一个人在有利的条件下重视独立能力，严格要求自己，才能到达成功的彼岸。

4. 让生活变得简单一些

我们生活在复杂的社会环境中，无论是人际关系、社会结构还是家庭关系，都随着时代的变迁变得越来越难以把握。因此，让生活变简单成为我们追求的一个目标。

然而，这个世界，只要是有人的地方就会有是非，就少不了竞争。很多时候，我们都不知道自己到底在忙些什么，因此觉得活得很累，很辛苦。我们只是芸芸众生中的普通一员，如万绿丛中的一株小草、茫茫大海中的一小滴水，我们的身边也有许多藏污纳垢之所，充斥着许多卑劣庸俗、蝇营狗苟的东西。我们无法选择生活环境，但我们可以选择自己的心态，可以把自己潮湿的心翻晒在阳光下，把自己干枯的根深植于沃土中，不去为了鸡毛蒜皮之事而与人斤斤计较，不去为了蝇头小利而与人喋喋不休，继而冷眼观人，一如那小小的太阳花，简单而美丽地盛开在阳光下。

有两个70多岁的老太太，其中一位整天消极颓废，感觉自己已经到了垂暮残年，便为后事做着一些准备。而另一位老太太却在这一年开始学习登山，随后的25年中她一直冒险攀登，积跬步而至千里，她以95岁的高龄登上了日本的富士山，打破了攀上此山的最高年龄纪录，她就是著名的胡达·克鲁斯老太太。

克鲁斯老太太的经历给了我们深深的思考，影响人生的绝不只是生活环境和人生遭遇，更重要的是一种信念、一种心态。

著名诗人海子曾经说过：生命是一个大于“我”的存在。人活着必须有自己的生活信念、人生宗旨。我们可以追求轰轰烈烈、名垂青史的人生，可以固守宁静以致远、淡泊以明志，甚至还可以遵循老子的无为思想。其实，生活、学习、工作中的很多事情都很简单，大可不必费九牛二虎之力去伤透脑筋，人生、爱情、理想也是如此，很多时候只相当于一年级的数学，或者根本没有上过学、一字不识的人看待鸡兔同笼这一问题时的思维一样——打开笼子数数不就知道了？干吗费那么大力气列出许多方程式来计算！更重要的是，干吗把鸡和兔一起关在笼子里呢——只不过有的时候人们走了太多、太远、太辛苦的路，已经意识不到有些路是根本不必走的了。有些人看到别人走，自己也拼命地赶路，认为在走了很多辛苦路之后就会有天堂，其实天堂就在他原来所在的地方，就在他一路行走的过程中，或者根本就没有什么天堂。

有个打渔的人，每天只打一尾鱼，那尾鱼刚好可以换他一天的食物、水和烟。然后，他就躺在沙滩上晒太阳，望着蓝天白云抽烟，悠闲自在。这时来了一个商人，对他说：“老兄，我觉得你应该打更多的鱼，然后把它们卖掉，等攒够一定数量的钱后就买一艘船，再开着船到处做买卖……”“然后呢？”那人问商人。“然后就能赚很多很多的钱，就可以每天到海边晒太阳、听海。”“可是，我现在不正在晒太阳、听海吗？”那人回答说，“更重要的是，等我做够了那些事，赚到了足够的钱，也许我已经没有时间来晒太阳、听海了。”

实际上，世界上并没有复杂的事情，只有复杂的心灵和黑洞般没有边际的欲望。这就像一棵树，粗看是许多的枝，细看是无数的叶，再看是数不清的细胞。其实，它只是一棵树，一棵长满枝叶的树而已。一切问题都可以化为简单，正如计算机里所有问题都只有两个答案：是或者不是。

而简单也是一种积极、乐观、向上的生活态度。对就对了，错就错了；爱就爱了，恨就恨了；笑就笑了，哭就哭了。哪有那么多麻烦、计较和周折，又哪容你翻来覆去地随意更改。生命太短暂，一生不过短短数十年，哪经得起那么多无谓的折腾。

简单就是要学会舍弃。须知我们的双肩载不动那么多的金钱、名誉、地位、情感、哀愁和怨恨，那就干脆地舍弃吧，轻轻松松地上路，多一些时间来看花开花谢，多一些时间来观日升日落，多一些时间来走向你心中的远方。

简单是一种速度。丢开一切束缚我们心灵和思维的桎梏，更不要让世俗的网于无形中把你牵扯得身心俱疲、憔悴不堪。在生活中，如果细心的话，不难发现，许多在过去某段时间里令自己忧心忡忡的事，如今回顾起来觉得微不足道，早已没了当初的焦虑和不安。有时还会嘲笑那时的自己为何那般庸人自扰、幼稚、没见识，同时也会有种恍然如梦、事过境迁的淡然。

当然，简单并不是让你碌碌无为，得过且过。简单意味着你不再怨天尤人，为琐事所扰，意味着去认真做一切你力所能及的事。

有一位女作家，从来没有上过学却3次震撼北大讲坛，她17岁才开始识字却发表了数百万字的作品，她在全国巡回演讲达400余场，从事义务心理咨询达20多年，拯救了无数迷茫的灵魂，帮助他们改变了命运，提高了生命的质量……也许这些并没有感动你，但是，她的一生只拥有270天健康，一生经历了70多次大小手术，她终身被轮椅囚锁着，坐都不能坐，只能靠体内3根钢棍支撑着身躯。如果喟叹命运的不幸，她的身体缺陷会让她在阴霾中度过一生。但她并没有因此而自暴自弃，而是通过自己对生活的热忱来鼓舞他人，为社会作贡献，实现自身的价值，使人生变得充实而有意义。

如果你觉得自己是个有价值的人，那么你的生活就会变得充实，你就会去做那些有价值的事。人活在世上，总要有一个向往、一种追求，让自己活得有意义、有价值一点，将有限的生命投入到无限的工作中去，创造财富、造福人类、少讲享乐、多讲奉献、从从容容、轻轻松松地过那简单的日子。

5. 择你所爱，爱你所择

生命匆匆，不必委曲求全，不要给自己留下遗憾，以自己喜欢的方式生活，做自己喜欢做的事，善待自己，做一个独特的自己才是最重要的。

在自然界，有一种毛毛虫，它们在森林中行走的方式非常奇特，以自己的头紧连着前面那条毛毛虫的尾部，一边走一边吃它们最喜欢吃的橡树叶。生物学家为了测试这种毛毛虫的盲目特性究竟有多强，做了一个试验：将一串毛毛虫放在花盆旁，让它们首尾相连。只见毛毛虫开始围着花盆绕圈子，一只接一只地走着相同的路。虽然它们的食物近在咫尺，然而这一群绕成圆圈的毛毛虫，却因为只会盲目地跟着其他毛毛虫的脚步行动，竟然就这么一圈一圈地绕下去，直至饿死为止。

实际上，在现实生活中，有的人也像这种毛毛虫一样，一辈子都在盲目地跟着别人的脚步走，一点也不清楚自己要的是什么，直到生命终了的时刻，才发现原来自己并不曾真正活过。

自诩为“天下第一疯”的浙江人谢建光不久前拉着他的“房车”徒步来到长寿。据说他已徒步“疯行”了27年，行程达32万公里，从一个风华正茂的青年走成了一个精瘦干练的半老头子。

谢建光一路走来，饱览了祖国的名山大川，也受到过饥饿的煎熬和野兽的威胁；受到过热情的接待，也遭受过路人的白眼。但他依然不改初衷地一路走来。

他的初衷源于一次偶然的事故。在那次事故中，他失去了半截食指，却收获了行走的心愿。

在一般的人看来，谢建光的生活是艰苦的：没有固定收入，居无定所……但他却乐在其中，因为这就是他想要过的生活。

谢建光的行为一般人是做不到的，也没必要非要学谢建光那样行走。重要的是，我们面对生活要有谢建光一样的勇气，抛开俗世标准的羁绊，过自己真正想要的生活。

在现实生活中，每个人都要面对诸多的诱惑、不如意和无奈，内心常常感到苦闷，为金钱、为名誉、为地位……为一切的身外之物奔波劳碌；也有很多时候，我们做起事来总是瞻前顾后，甚至为了世俗的眼光而畏首畏尾，割舍了很多的"最爱"。很少有人静下来想一想，我究竟在做什么？什么才是我真正想要的生活？心为形役，一辈子到死也没明白人到底应该怎样活。

人到底应该怎样活？这是一个哲学命题。

人之所以能成为万物之灵，是因为我们有思考和选择的能力。但是，你是否真正思考过自己到底要什么？很多人在弄清这个问题之前，就已经浑浑噩噩地跟随着众人，盲目地浮沉于人生之海。所以，我们常常不知道下一步该怎么走，往往犹豫半天还不能决定，等到最后好不容易跨出一步，又要怀疑自己的决定是否正确。一天的生活，不能掌握住方向，造成的混乱是有限的。但一生的航程，不能掌握住方向，不但可能造成自己的灭顶之灾，还可能波及他人。管理大师彼得·德鲁克在界定这个问题时有4个最著名的提问："你最想做的是什么？为什么？你现在在做什么？为什么？"这也许有助于让我们了解自己，思考什么是自己想要的生活并做出选择。

其实，当我们去做自己真正想做的事情的时候，我们在扮演自己，那是最轻松、最不费力的，不需要意志力，更不需要成果的回馈来获取原动力。判断什么是自己真正想做的事情很容易，那就是一件事情不给你好处也愿意去做。

如何才能做到择吾所爱？人生的第一课就是了解自己。如果能先了解自己，你就可以选择上天堂还是下地狱。全然了解自己，就会知道自己有什么条件，知道什么是自己的真爱。热切地实践愿望，就是走在天堂之路。漫无目标，浑浑噩噩地度日，就是在承受地狱的煎熬。

了解自己就要回答以下问题：我是谁？我是一个什么样的人？我可以做什么？我拥有什么条件？我的意愿是什么？我想成为一个什么样的人，过怎样的生活？

人生最难的不是奋斗，而是抉择！事实上，一切都是我们的想法，我们唯一要面对的只是我们的想法，而想法是可以改变的。比如说，过去的一切已经发生，我们已无法改变它，但却可以改变对过去的想法，因为我们的想法也是我们选择的。人生就是不断选择的结果，是我们每一次的选择造就了我们的人生。如果你坚持只要最好的，你就会得到最好的。因此，选择你所爱的，爱你所选择的，扮演你自己，快乐就会陪伴着你，直到成功。

第四章　淡定，让名利皆寻常

人的一生中，金钱、地位、名誉、情感等的诱惑实在太多。而欲望又如同海水，总是越喝越渴，人们在利害得失中穿梭，囿于浮华的宠辱，产生了种种思量和千般妄想。

其实，财富是一种寄存，你不能将其带走；荣誉是一道亮光，你无法将其留住；成功是一颗硕果，你无法四季品尝。生命是一种过程，享受你有能力负担的生活，才能做到淡定从容。

第一节　名利是把双刃剑

1. 功名利禄皆是空

人之所以为万灵之长，是因为人不仅具有生存本能，更是建立了生存的社会组织——家族、民族、国家。伴随而来的就有了交换交流及管理工具——名利、金钱、权力、地位等。这是人类向高级社会演进的文明产物，属于美国心理学家亚伯拉罕·马斯洛在《人类激励理论》中提到的人类高层次需求——功名利禄。

古代圣哲说：饱暖思淫欲。这个“淫欲”既包含了人类低层次的本能需求，也包含了人类推动社会文明发展的高层次需求。当人吃饱喝足了之后，他就会闲下来想点别的东西——享受。比如说吃饱了躺床上，可是嫌床太硬，那就猎杀野兽取其皮毛盖垫，于是就出来了床垫、褥子等（生产活动）；伸伸胳膊蹬蹬腿的，嫌麻烦，倒不如找个人来捶捶，于是就有了丫鬟、下人；偶然间，发现某种叶子燃烧时味道很特别，想着吃饱饭再闻闻这味挺不错，于是就有了旱烟；吃饱喝足了，想着人家吃得比自己的好，那就去要一口尝尝，不给就抢呗，于是就又有了纠纷……

可以说，现代社会的一切发展都是围绕人类文明的基本需求而衍发分支，以最基本的需求为基石，一步一步发展到高端需求，支配需求的就是欲望。从人类最基本的生物本能到圣人所说的“淫欲”来推动需求的发展，进而使人类社会发展，文明的产生和无止境的发展壮大就是因为人类社会在逐步地改善自己。

这个问题太过复杂，但我们可以只注意其核心的一点：只要我们生活在文明社会，就无法避免对功名利禄的追逐。

昔日乾隆皇帝游江南，爬上江苏镇江金山寺，只见江面上往来船只如梭，就问身旁的一位老和尚："僧家，你在这里住了多少年啦？"老和尚答："住了几十年了。"乾隆又问："你既住了几十年，可否告诉我，长江中船只来来往往，这么繁华，你每天看见长江上有多少船只往来？"老和尚答："只看到两条。"乾隆惊奇地问："你这是什么意思？我现在看到的也不止两条船！"老和尚淡然地说："人生只有两条船，一条为名，一条为利。"乾隆听后，感慨不已。

在商业社会中，人们都在"天下熙熙，皆为利来；天下攘攘，皆为利往"的经济循环赛中各显神通，苦苦追逐和求索。人生就是一个不断追求的过程，都期望自己能够很快得到追求的结果。但世上的事情总是不尽如人意，得到的东西也并不真正属于自己。

北宋著名政治家、改革家范仲淹一生致力于政治改革，希望能够通过这种办法肃清官场、增强国力，虽然最终还是以失败收场，但他的功勋卓著已经成就了他一生的辉煌。他几经沉浮，大起大落，而每一次他都能够坦然面对，宠辱不惊。

天圣六年（1028年），范仲淹荣升秘阁校理——负责皇家图书典籍的校勘和整理。秘阁设在京师宫城的崇文殿中，秘阁校理之职实际上属于皇上的文学侍从。在此，范仲淹不但可以经常见到皇帝，而且能够耳闻不少朝廷机密。对宋代官僚来说，这是难得的腾达捷径。

范仲淹每每了解到朝廷的某些内幕，便大胆介入险恶的政治斗争。当时刘太后执政，范仲淹认为于理不合，上奏要求刘太后还政于仁宗。结果，被一纸诏书调任河中府通判。3年后，刘太后去世，范仲淹重回京师做右司谏。

没过多久，宋仁宗废后。范仲淹作为谏官，直言上奏，结果被远放江外，去做睦州知州，后因治水有功，再次被调回京师任开封知府。宰相吕夷简诬蔑范仲淹勾结朋党，离间君臣。范仲淹便被剥夺了待制职衔，贬为饶州知州，后来又被贬到岭南。

直到西夏入侵大宋，52岁的范仲淹先被恢复了天章阁待制的职衔，转眼又荣获龙图阁直学士的职衔。在范仲淹的努力下，大宋边境得以安宁。此时的范仲淹达到了人生的顶峰，主持了庆历新政。

庆历新政失败后，范仲淹被革除了一切军政大权。庆历六年(1039 年)，范仲淹又被贬居邓州。

几起几落的范仲淹早就悟出了人生的真义。在这期间，他写下了著名的《岳阳楼记》，算是对自己一生的总结："登斯楼也，则有心旷神怡，宠辱皆忘……不以物喜，不以己悲……"

对于个人来讲，追逐名利可以让一个人达到人生的顶峰，但人的一生在人类历史发展长河中只是一滴水，微不足道。对个人来讲，金钱也好，财富也好，名誉也好，利益也好，都不过是身外之物，过眼云烟。真正体现人生价值的，不在于个人得到了多少功名利禄，而在于你到底为这个社会做了什么，又做成了什么样的事业。

所以，对功名利禄不可不求，但一定要淡定，享受过程，而不重结果。"看那功名利禄随风过，三皇五帝成黄土，一世英名皆是空，妻室儿女同林鸟，百般恩爱万般怜，可惜黄泉路上不相逢。"请谨记这一古训。

2. 比较产生卑微

我们都希望美名远扬、赢得尊敬，害怕落到名声扫地、为人不齿的下场。当我们感到众人对自己贫寒的窘境一览无余，却极少报以同情的时候，那种羞耻的感觉简直无以复加。然而，刺激我们追逐财富、地位、权势，远离贫穷、卑微的主要动力并不是这种淡薄的人情，而是因不公平、不平等而产生的极端不满足。比如，在过去的人类社会中，有权有势的人可以凭权力剥夺别人所创造的财富，所以商人的地位很低，人们追求权势而不追求财富。其中，财富不平等的原因之一是依靠权势获得财富。在这种财富聚集的过程之中，它并没有使社会财富增加，只是将财产改变了所有者，它是掠夺性的。比如以权谋私、贪污腐化，它们造成了财富的差别，但是并没有财富的创造。

那么，是什么促使世人忙忙碌碌、劳苦终生？他们追名逐利、争权夺势、一心向上爬，到底是为了什么？若说是为了维持温饱，而最下层的体力劳动者的工资报酬就足以让他们衣食无忧、安居乐业，还可以赡养家庭。在认真研究过他们的收支状况后，我们发现他们把大部分收入用于那些为生活提供方便的奢侈品，有时甚至会为了博取虚名而慷慨解囊。那么，这些出身上流社会的人为什么害怕落入布衣蔬食、茅屋陋巷的窘境，即使无需劳动贵体，也觉得生不如死？为了实现所谓人类的伟大目标，人们改善生存状况后追求的目标又是什么呢？那就是成为万众瞩目的人物、众人关注的焦点，从别人仰视的目光中得到尊重、满足和赞许。真正让我们动心的不是安逸享乐，而是名誉。富人为他的财富而骄傲，是因为他觉得财富自然会为他带来全世界的关注，而他心中所有由此而生的快意都很容易得到世人的认同。相反，贫困让穷人感到耻辱，是因为他觉得人们因为他穷而看不起他，即使偶尔注意到他，也不会同情他的痛苦和不幸。

当然，如果一个人有傲慢心理，最终也会走向其反面——卑微。就像痴迷于金钱的人会鄙视没有钱的人，可是遇到比自己更有钱的人就会变得卑微一样。这就像铜钱的两面，每个人都怀有优越感和自卑感。人们会因为优越感而产生夸大妄想，因为自卑感而产生被害妄想。

世界充满了比较，我们生存的环境，从家庭到社会，只要活动着，时时处处都存在比较。我们的思想，只要不痴呆，事事都在比较。我们的眼睛，观察世间万物，只要睁开着，时时都在比较。或许，这是一个充满比较的世界，关于比较的事例举不胜举。大的方面比谁家大业大，比谁位高权重；小的方面，比如参加同学聚会，那些和你曾经差不多的人有的开着宝马、奔驰，有的坐着本田、凌志，而你却坐着公交，夹在里三层外三层的人群里，被挤成肉干，下了车才发现原本熨得平平整整的西服被挤得皱巴巴的……见面之后，有的人是局长、处长，有的人是经理、CEO、大老板，而你还是小职员，甚至还可能处在失业中，此时你会是一种怎样的心态呢？

现实生活中，权势、地位、财富占有的不平等是一种客观存在，并且一朝一夕是无法改变的。所以，如果没有良好的心态，比较、计较就会产生卑微感，产生嫉妒和仇视。可是，一味的比较并不能带给我们想要的一切，我们何不抛弃和别人的比较，自我欣赏、自我鼓掌呢？ 正如印度哲学大师奥修所说："玫瑰就是玫瑰，莲花就是莲花，只要去看，不要比较。"

一位父亲带着儿子去参观凡·高故居，在看过那张小木床及裂了口的皮鞋之后，儿子问父亲："凡·高不是一位百万富翁吗？"父亲答："凡·高是位连妻子都没娶上的穷人。"

又过了一年，父亲带儿子去了丹麦，到安徒生的故居去参观，儿子又困惑地问："爸爸，安徒生不是生活在皇宫里吗？怎么他生前会在这栋阁楼里？"父亲答："安徒生是位鞋匠的儿子，他就生活在这里。"

这位父亲是一个水手，每年往来于大西洋的各个港口。他儿子叫伊东布拉格，是世界历史上第一位获得普利策奖的黑人记者。

20年后，伊东布拉格在回忆童年时，他说："那时我们家除了很穷以外，而且还是黑人，父母都靠卖苦力为生。有很长一段时间，我一直认为像我们这样地位卑微的黑人是不可能有什么出息的，是父亲让我认识了凡·高和安徒生，也是父亲让我认识了黑人并不卑微。这两个人的经历让我知道，上帝没有轻看黑人。"

富有者并不一定伟大，贫穷者也并不一定卑微。上帝是公平的，他把机会撒到每个人的面前，卑微者同样拥有机会。

荣誉和地位并不专属于某类人，是我们人为地将有权势者和财富拥有者赋予了很高的荣誉和地位，其实我们也完全可以将荣誉和地位赋予普通劳动者。自卑是心灵的钉子，若不拔去，它就总是折磨人。比较，让我们看到了别人的优点，同时也放大了自己的不足。它会让人从自信渐渐走向自卑，从而单方面看到自己的缺点，忽略了优点。比较，会让我们嫉妒别人的成功，悲叹自己的平庸，让悲观者逐步向深渊靠近。

有一首打油诗这样写道："世人纷纷说不齐，他骑骏马我骑驴。回头看到推车汉，比上不足下有余。"人比人，气死人，比较是不满足的前提和诱因，在没有原则、没有节制地比安逸、比富有、比阔气中，致使心理失衡，越发不满足。有的人则为了自己能在这些错误的比较中出人头地、占据上风而无限度地追求个人名利，进而驱使自己不断走向腐化堕落的深渊。比较是一把刺向自己心灵深处的利剑，对人对己毫无益处，伤害的只能是自己的快乐和幸福。

3. 做金钱的主人而不是奴隶

在人类社会的生活中，金钱究竟是何方神圣，竟会化为财富的象征？当金钱变成豺狼和魔兽那只看不见的鬼手以后，其魔力的触角也就变成了无孔不入、无所不在的绝对触须，总是把想捞钱的人变成痴迷者，把要敛财的人激发成更加疯狂的魔兽，把暴富者激活得更加贪婪邪恶，把需要钱来生存的人逼得无奈和无助而陷入痛苦的深渊。如果你认为金钱是万能的，当你变成金钱的崇拜者、追逐者后，同时也就变成了金钱的忠实奴隶。

公元前626年，迦勒底人建立了自己的国家——新巴比伦王国。初时新巴比伦政治稳定、经济繁荣、国势极盛，但后来道德开始滑坡，以致把整个城市逐渐变成了奢华和淫荡的园地，泛滥着精神空虚、自私自利、贪得无厌、穷奢极欲，连神庙中都充斥着妓女。由于纵欲普遍，全国性病流行，使国民的体质和生育的质量急剧下降。当西亚的另一强国波斯兵临城下时，时下人口多达70万的巴比伦城，竟没有多少身体健壮的合格士兵来抵抗。波斯不费吹灰之力，就灭掉了新巴比伦。因金钱而堕落，因堕落而毁灭，这就是新巴比伦的教训。

在金钱可以万能的社会中，金钱是非常恶毒的奴隶主。拥有了大量金钱的权贵，往往就自然地把享受、逸乐、奢侈、放纵、荒淫当做生活最终的奋斗目标，把自己的青春、健康和生命的绳索交给阎王掌握。

实际上，人们在实现了基本需要的吃穿住行以后，金钱交换带来的对物质生活的满足，就开始逐渐地减弱，并且，随着物质欲望得到有效的满足，靠金钱获取的快感也就渐趋于零。这时，金钱的拥有便成了抽象的数字化符号占有。金钱和物质所能带来的快乐就十分有限了。

小山次郎是一个地道的农夫，他终日守在自己的土地上辛勤地耕耘着，日出而作，日落而息，虽然生活并不富裕，但是不愁温饱，日子倒也过得和美快乐。有一天晚上，他梦见自己得到了10锭马蹄金。他从笑声中醒来后，并没有把这个梦放在心上。

令人意想不到的是，第二天，小山次郎在耕地的时候，竟然真的挖出了5锭金子，他的妻子和儿女们都兴奋不已。可他从此却变得闷闷不乐，心事重重。家人问他为什么现在有钱了，反而不高兴了呢？小山次郎回答说：“我整天都在绞尽脑汁地思考，另外5锭马蹄金到底在哪儿呢？”

庆幸得到了金子，却失去了生活的快乐，可见有时真正的快乐是和金钱无关的。人为财死，鸟为食亡，如果把钱财看得太重，最终金钱不但不能为自己服务，自己反而会被金钱所奴役。

人的心态是一柄双刃剑，我们通常把拥有财产的多少、外表形象的好坏看得过于重要，用金钱、精力和时间去换取一种令外界羡慕的优越生活和无懈可击的外表，自己却丝毫没有察觉自己的内心在一天天地枯萎。

金钱不应该是罪恶的根源，但如果金钱让人白天吃不香、夜里睡不着，它就会成为戕害你的刽子手。对许多人来说，金钱不管拥有多少，仍觉得不够，这就是过于贪婪了。幸福和快乐原本是精神的产物，期待通过增加物质财富而获得它们，岂不是缘木求鱼？

所以，任何时候我们都不可远离生活中的真善美，不能被金钱所奴役，必须保持一颗不被铜臭所玷污的心，这样才能永远与快乐同行。否则，对金钱和财富的欲望会让我们坠入痛苦的深渊。

当我们为了拥有一辆漂亮小汽车、一幢豪华别墅而加班加点地拼命工作，每天半夜三更才拖着疲惫的身体回到家里；为了涨一次工资，不得不默默忍受上司苛刻的指责，日复一日地赔尽笑脸；为了签更多的合同，年复一年日复一日地戴上面具，强颜欢笑……以至于最后回到家里的是一个孤独苍白的自己。长此以往，终将不胜负荷，最后悲怆地倒在医院的病床上。此时此刻，我们应该问问自己：金钱真的那么重要吗？有些人的钱只有两种用途：壮年时用来买饭吃，暮年时用来买药吃。

人生苦短，不要总把自己当成赚钱的机器。一生为赚钱而活着是非常悲哀的，学会把钱财看得淡一些，不要一味地去追求享受。

要成为金钱的主人，而不是金钱的奴隶，最有效的办法是在用自己的双手创造财富的同时，不妨多一点休闲的念头，不要忘了自己的精神需求，每天花点时间与家人一起去看场电影、去散散步、去郊游一次……如果这样，生活将会变得丰富多彩，富有情趣；心灵会变得轻松惬意，自由舒畅；生命会变得活力无限。只有一个懂得生活情趣的人，才能让幸福快乐长久地洋溢在心间。

4. 名声越大负累越重

作家张爱玲曾说：“出名要趁早啊！来得太迟，快乐也就所剩无几了。”她的话在很大一部分人内心里被奉为圭臬，争着抢着想法出名，甚至不择手段。

对很多人来说，生活在这个世界上，不是为了求名，就是为了求利，否则就没有生存的意义。名，是一个人外在的东西。当你没有出名的时候，你可以发展自己、完善自己、充实自己。等到出了名，各种各样的人就开始考虑怎么利用你了。当然，在别人利用你的过程中，你也会跟着得到一些好处。但从根本上讲，你的生活将变得纷扰，继而变得空虚。如果一生都被名利所束缚，必然会在追求名利的过程中失去自我。

一位编辑在1933年12月的《良友画报》上看见一位泳装丽人，惊诧于那个年代的女子如此“敢露”又如此美丽，细查发现，原来封面女郎叫杨秀琼，是当年红极一时的游泳运动员。

这位年仅15岁的广东姑娘不仅天生丽质，而且在民国第五届运动会上，一举囊括了50米自由泳、100米仰泳、100米自由泳、200米仰泳和200米接力5枚金牌。赛场看台上有蒋夫人宋美龄，喜爱游泳的她当即认下杨秀琼做干女儿，并送她一辆小轿车，这成为轰动一时的新闻。

杨秀琼获得“美人鱼”的雅号，在体育运动并不风靡的民国，地位更高于今日的郭晶晶。她迅速成为中国最热门的时尚代言人，某杂志将她和宋美龄、胡蝶、丁玲等人一起誉为当代十大标准女性。上海滩的名媛们因她掀起一股游泳热，高档商店的泳衣几度脱销，大报小报充斥着她的花边新闻及同诸多政府高官的绯闻。当时的行政院院长汪精卫在一次剪彩活动后，因为和作为嘉宾的杨秀琼相挽下台，第二天脸上就多了几道血痕，据说是汪夫人陈璧君的“杰作”。

她出名很早了，然而，巨大的荣耀突然袭来，也像是一拳重击，太过年轻幼稚的头脑往往无法承受，被打得头晕目眩。

因耽于逸乐和交际，杨秀琼成绩直线下降。在3年后的柏林奥运会上，她代表中国作为唯一女泳选手参赛，首轮即遭淘汰。曾极力吹捧她的媒体立即露出狰狞的面目，展开了同样极大的讥讽。

巨大失落之下的杨秀琼不堪重负，婚姻被这位美丽的女孩当成了避难所，殊不知却带来了更大的灾难。未满19岁，她就有了两次婚姻，也是因为声名太盛，第一次婚姻仅一年就告终。第二次，她被四川某大军阀强娶为第18房姨太太。从此，她走出了人们的视野。

古人云：“求名之心过盛必作伪，利欲之心过剩则偏执。”因为名有美名和恶名之分，人有恶名，好比腥膻秽浊，会招来苍蝇、蚊子；人有美名，又好比鲜花散发出芳香，势必招来蜜蜂和蝴蝶。但无论是苍蝇、蚊子还是蜜蜂、蝴蝶，都只是徒增纷扰而已。

所以，君子既不干坏事立恶名，也不愿意立下好名声，只是不显山不露水而已，这样生活才有真正的和平和安乐。

1783年9月3日，英国正式承认美国独立。11月2日，在普林斯顿附近的洛基希尔，华盛顿向追随他征战多年的将士发表了告别演说，他说：“你们在部队中曾是不屈不挠和百战百胜的战士；在社会上，也将不愧为道德高尚和有用的公民……平民生活的俭朴、谨慎和勤劳的个人美德与战场上更为壮丽的奋勇、不屈和进取精神同样可贵。”最后，他公开表达了自己即将退役、过平民生活的热切愿望，“分离的帘幕不久就要拉下，我将永远退出历史舞台了。”两天后，华盛顿乘船离开纽约港，岸边送别的人流如潮。12月23日，华盛顿向大陆会议辞去一切公职，亲手交回了大陆军总司令的委任状，正式宣布解甲归田。随后，他回到自己日夜思念的故乡弗农山庄。在给一位朋友的信里，华盛顿说：“亲爱的侯爵，我终于成了波托马克河畔一个普通的百姓，在自己的葡萄架和无花果树下休闲纳凉，看不到军营的喧闹和公务的繁忙。我此时所享受的这种宁静幸福是那些贪婪地追逐功名的军人，那些日夜图谋策划、不惜灭亡他国以谋私利的政客，那些时时察言观色以博君王一笑的弄臣所无法理解的。我企盼能独自漫步，心满意足地走完我的人生旅途，我将知足常乐。”

从上面的信中我们可以看到，从将军到公民，对于华盛顿而言是再平常不过了，就像当初应召入伍为国服务，义不容辞，这是义务，是责任，也是他作为军人的荣誉感，是他做人的基本原则。一旦胜利降临，戏剧落幕，他就坦然地告别这个舞台，没有一丝的犹豫和留恋。在华盛顿看来，为国家做任何事情都是责任和义务，而不是获取个人利益和名声的手段。

在古代，士大夫把立名看作是使生命不朽的一种方式。他们讲的名，是指扬名于后世，讲的是身后之名。也就是说，在你死了以后，你的美德仍然为人称颂，成为后人的榜样和鼓舞。这当然是好事，与当今人们利用名声图谋他利完全是两码事。

出名，不是简单的名利双收、鲜花掌声。只有将名誉变成荣誉和美德，才会得到世人的敬仰。

第二节 修剪欲望的枝蔓

1. 用定力抵制诱惑

据说，欲望是人间一切坏事的根源。人要克制欲望，经得起诱惑，就必须请出另外两位角色。一位叫灵魂，它是欲望的导师，引导欲望升华，于是人类有了艺术、道德、宗教；另一位叫理性，它是欲望的管家，对欲望加以管理，于是人类有了法律、经济、政治。瞧，人类的一切好东西，或是欲望创造的，或是为对付欲望而创造的。欲望仍然是主角。只有战胜、控制了它，你的人生才能有所得。

美国纽约有一家芭蕾舞团，一位资深记者曾去采访该剧团的首席女芭蕾舞星。当记者问她“您最喜欢吃的食物是什么”时，这位曼妙动人的舞蹈家兴奋地回答：“冰淇淋啊！”记者对这个答案感到非常惊奇，因为冰淇淋这种甜食含有很高的热量，吃多了会增加体重，这对舞蹈演员来说可是致命的打击！于是，这位记者又追问道：“那您隔多久会让自己放纵一次呢？”女舞蹈家的回答是：“我至少有18年没有尝过那种美妙的滋味了！”

在日常生活中，像冰淇淋的美味这样的诱惑无处不在，金钱、地位、名誉、情感等的诱惑实在太多了。因攫取金钱而驻足、因渴望名誉而躁动、因思谋地位而难眠的例子比比皆是。

陈芳10多年前大专毕业后，被分配到一家事业单位工作，过着不咸不淡的生活。一年前，一场同学聚会打乱了她的心。单位领导独断专横，工资又低，还经常受窝囊气，陈芳想撂手不干了。陈芳偷偷地自学会计，很快考取了会计从业资格证。她的电脑学得也很不错，并且擅长图文设计。陈芳也想像那些小有成就的同学一样，有车有房有公司。可是，目前的生活并不如意，那点可怜的工资仅够还房贷。陈芳做梦都想发财，过上体面的生活。有的同学升迁了，在单位呼风唤雨，有的同学财运亨通，有的成功跳槽到大城市发展。陈芳梦想当兼职会计，但薪水不高，又想开电脑图文设计店，但真要辞职，一时还难以抉择。后来，她看周围的人有的推销洋酒，有的做保险，赚钱多，也想去尝试一下。她还想赚了大钱到大城市买一套房子，把儿子送到外国留学，还想一家三口到全国各地去旅游。

陈芳的欲望很多，身在单位心在欲城，想这想那，晚上经常失眠，人也越想越憔悴，结果什么梦想都没有实现，生了一场大病，住进了医院。

生活中，像陈芳这样的例子很多。陈芳在单位干了10多年，因为欲望不多，生活也很平静安逸。后来，她却想一飞冲天变成人人羡慕的“白天鹅”。太多的欲望相互缠绕在一起，压得她抬不起头，也不知如何下手，终于被这座大山压垮了。

人不能没有欲望，没有欲望就缺乏进取的动力。但是，在物欲横流的环境中，欲望太多会淹没自己。如果我们欲壑难填，就会被欲望遮挡住双眼，误入歧途，葬身欲海。

所以当欲望过多时，我们要修剪欲望，剪去枯枝败叶，剪断旁逸斜出的虬枝，减轻欲望之树的压力。我们要把欲望分类，首先把永远不可能实现的欲望淘汰出局，别让自己迷失在虚幻的欲望中；再把不健康的欲望剪去，不健康的欲望一旦发酵就会疯长，会挤掉健康的欲望让人为之疯狂；接下来把可有可无的欲望删减，最大限度减轻欲望之树的负荷；

最后把剩下来的欲望分为点缀类和必须类实现。必须类是迫切需要实现的健康欲望，“点缀类”是属于锦上添花的健康欲望。潜下心来按部就班，先实现必须类，再朝点缀类努力，切不可胡子眉毛一把抓，搅在一起只会越搅越烦。况且我们也没有那么多的精力，渐次突破、步步为营，才会越活越有信心。

古往今来的智者、贤者，之所以能够成就大事，莫不是善于修剪欲望的枝蔓，修炼内功，耐得住寂寞、经得起诱惑，安于平静，追求内心的纯净。我们要找回生命失落的价值，就必须从对欲望的执迷中退出来，找回生命中第一性的东西，还生命以清净和自由。

2. 知足莫贪婪

“人心不足蛇吞象”这句俗语，再深刻不过地表达了人们贪婪的心理特征和行为特征。对于与自己能力不相符的目标过分欲求就是贪婪心理。人都是有欲望的，过上富足和轻松快乐的生活，追求文化享受，希望学业、事业都超过别人，这些都是很正常的欲求。正常的欲望是让人积极进取、乐观向上的动力，但得陇望蜀、得寸进尺、吃着碗里的看着锅里的，则是病态心理。

贪婪是人生的陷阱，掉下去就难以脱身。没有欲望的人容易消沉，欲望太盛的人也常会因其贪得无厌而被欲望的重负活活压死，把握分寸至关重要。

有个故事说，法国人从莫斯科撤走后，一位农夫和一位商人在街上寻找财物。他们发现了一大堆未被烧焦的羊毛，两个人就各分了一半捆在自己的背上。归途中，他们又发现了一些布匹。于是，农夫将身上沉重的羊毛扔掉，选些自己扛得动的较好的布匹。贪婪的商人则将农夫丢下的羊毛和剩余的布匹统统捡起来，重负让他气喘吁吁、行动缓慢。走了不远，他们又发现了一些银质的餐具。农夫将布匹扔掉，捡了些较好的银器背上，商人却因沉重的羊毛和布匹压得无法弯腰而作罢。突然天降大雨，饥寒交迫的商人身上的羊毛和布匹都被雨水淋湿了，他踉跄着摔倒在泥泞当中。农夫则一身轻松地回到了家。他变卖了银餐具，生活变得富足起来。

一个贪求厚利、永不知足的人，等于是在愚弄自己。用短暂的生命去争名夺利，是对生命的极大蔑视和摧残。贪婪带来的祸患是最快速的，多少人在一念间把持不住自己而丢财、丢官、丢性命。

与贪婪相反，淡定、知足则是一种智慧。

有一个小孩，大家都说他傻，因为如果有人同时给他5毛和1元的硬币，他总是选择5毛，而不要1元。有个人不相信，就拿出两个硬币，一个1元，一个5毛，叫那个小孩任选其中一个。结果，那个小孩真的挑了5毛的硬币。那个人觉得非常奇怪，便问那个孩子："难道你不会分辨硬币的币值吗？"孩子小声地说："如果我选择了1元钱，下次你就不会跟我玩这种游戏了！"

这就是那个小孩的聪明之处。的确，如果他选择了1元钱，就没有人愿意继续跟他玩下去了，而他得到的，也只有1元钱！但他拿5毛钱，把自己装成傻子，傻子当得越久，他就拿得越多，最终他得到的，将是1元钱的若干倍！

因此，在现实生活中，我们不妨向那"傻小孩"看齐——不要1元钱，而取5毛钱！这取舍之间深含人生哲理。

3. 寻求精神富足

快乐是不能用金钱来衡量的。富贵者，未必快乐。不少富且贵者，争权夺利，互相倾轧，既布设陷阱、机关害人，又忧讥畏谗、处处畏人害己，长年累月心劳力拙，神经紧张，虽锦衣玉食，金银满箱，最终还是得不到快乐。

所以，人要在有限的生命进程中尽力让自己活得富裕一些，但千万不能不择手段地获取财富，承担风险的享受远不如清贫的日子安逸。其实，每个人都可以随时享受生活，钱多有钱多的生活方式，钱少省吃俭用照样可以尽兴。

“金钱永远只能是金钱，而不是快乐，更不是幸福。”这是成功学大师希尔的一句名言。假如一个人只盯着金钱，他很容易就会掉进金钱的陷阱里。在物欲横流的社会中，很多人都被物质的浮华外表所迷惑了。

20几岁女孩子择偶，动不动就以房子、车子、票子3大件为前提，而忽略彼此的价值观、生活背景及兴趣爱好。欲望太多，所以很累。欲望填满了，精神却空了。是的，物质很重要，但光有物质，却情感空虚，谈不到一块去，整天对着金山银山又有什么意义呢？

还有些年轻人，为了获得物质享受，不惜牺牲自己的名誉，刻意地通过各种渠道炒作自己，以达到出名的目的。虽然这样物质获得相对容易，但因为舆论和众人异样的眼光，会让你始终活在阴影里，即使物质生活再丰富，最后也不会开心。

有一个女孩，她和丈夫在结婚前买了一套新房。房子面积不大，只有80多平方米，装修也很简单。当时，她的父母考虑到女儿的生活，要求男方买大一点的房子，豪华装修，否则不同意女儿领结婚证。但是，她却站在婆家的立场，反对自己父母的要求。

她说，对于她和丈夫的收入来说，这样的面积和装修是合理的。如果买大一点的房子并进行豪华装修，在以后的几年里，低收入的他们必须有节制地消费、有计划地还房款，何况他们每月都要给家里寄一些生活费孝敬父母。那样的话，生活将不再从容。

女孩说，她住进新房后感到很满足，不会羡慕自己的女同学嫁了有钱人，更不在乎房子的面积是否够大，装修是否够漂亮。如果在自己和丈夫能力范围外去追求豪华的生活，她会一辈子都不快乐，因为现在的他们背负不起那样的压力。

这个女孩是一个聪明人，她懂得自己需要什么，不需要什么。最难能可贵的是，她能对虚荣说“不”。生活中又有多少人被欲望吸引着越走越远，越走越找不到快乐呢?

其实，物质贫穷不可怕，可怕的是心理贫穷、精神空虚。因此，精神富足是人生的终极目标。

新中国成立初期，多少优秀的知识分子放弃国外的优越条件而回到祖国，在艰苦的环境下，白手创业，为国家建设默默奉献着自己的智慧和汗水，无怨无悔。他们都怀有一颗火热的赤子之心。祖国对他们而言，是何等神圣。

还有在撒哈拉沙漠中游历考察的三毛，她感受了无尽的沙漠风光，天高而清远，地厚而安静，落日将沙漠染成鲜血的红色，一片苍凉的诗意。她写道：“生命，在这样荒僻落后而贫苦的地方，一样欣欣向荣地滋长着。它，并不是挣扎着在生存。对于沙漠的居民而言，他们在此地的生老病死都好似如此自然的事。我看着那些上升的烟火，觉得他们安详得近乎优雅起来。自由自在的生活，在我的解释里，就是精神的文明。”蛮荒之地，终于被三毛布置成了沙漠中最美丽的家庭。“我，走到轮胎做的圆椅垫里，慢慢地坐下去，好似一个君王。”这种感觉，是多少钱也买不来的，这便是精神之富足。

4. 会支配金钱才是真正富有

在人们的内心深处，有很多限制他们行动的基本观念，其中一部分是关于金钱与财富的。

如果你有丰富的社会经验，对财富也应该有自己独到的见解，形成属于自己的财富观。然而，正是某些错误的财富观阻碍了一些本来可以成功的人的步伐，使他们经常随意地将属于自己的幸福抛掉！

林华大学本科毕业，精明能干，在外资企业工作，深得老板赏识。他的妻子吴佳在国有企业上班，是公认的白领丽人。两人的结合被人们称为才子佳人的典范。从恋爱到结婚，两人一直是如胶似漆，恩恩爱爱。

结婚几年来，林华的事业蒸蒸日上，钱越赚越多，吴佳成了他人眼中艳羡的对象。但是，她却感到自己在家庭中只是充当着不懂事的小妹妹的角色。丈夫不仅把家里的一切都安排得妥妥当当，甚至连她的个人穿着、交往都无所不管、无所不包。她越来越发现，随着丈夫财富的日益积累，自己已经成了这个家的花瓶摆设。吴佳是一个个性强、有见解、有现代意识的新女性，她不愿失去自我，于是一再与丈夫进行抗争，争取自己的权利。

面对妻子的“无理取闹”、“无事生非”，林华却有着自己的理由：“为这个家我操了多少心，彩电、冰箱、音响全是进口的，你更是吃穿不愁，要什么我给你什么，你还有什么不满足？我不偷不抢，不赌钱不搞女人，有哪样对不起你？我花钱是想买来快乐，早知道买来的是你的怨气，我弄它来干什么？”

丈夫的申辩并没有打消吴佳的抗争意识，她反驳说：“你已经不是我所要嫁的那个人了。自从你发达以后，整个人都变了，变得冷淡寡情，而且对人充满敌意。这股冷淡也侵入了我们的婚姻，随着你赚钱能力而来的，是我们关系的变化——过去我工作的时候，赚的钱两个人分享；现在你发了，跟你要钱反而变得不可能。你对我事事控制、件件算计，我已经成了你的玩偶。钱，是你做任何事情最主要的动力。人，包括我在内，都已成为次要的考虑。对于你来说，拥有了钱就拥有了一切。你早已不在乎我们的感情，你在乎的只是我的服从，我不知道自己还能忍耐你多久。你的爱财如命，毁了我们的婚姻。”

林华对妻子的这番话很不屑一顾：“钱可以为我带来地位、声望以及服从。钱对我的确很重要，而且我得到的愈多，就愈想要更多。我觉得这没什么不对，想要大房子、好车子、好衣服，参加俱乐部，有什么不好呢？这恰恰说明我有追求。随着我拥有资产的增加，我对每一步发展都更加小心，因为我要继续往上爬。我喜欢这样的生活，我喜欢这种高高在上的感觉，能过上这样的生活，你也应该知足。你有吃有穿，而且都是吃好的、穿好的，还有什么不满意的？再说，你花的钱是我挣的，我关心一下钱的去向，控制一下花钱人的行为，难道不应该吗？”

夫妻俩越吵越凶，矛盾一再激化，从小吵到大闹，从大闹直至提出离婚。最终，一对恩爱的夫妻一拍两散，劳燕分飞。

在日常生活中，很大程度上，金钱是获得感官快乐和社会地位的手段。事实上，人性中的一些最优秀的品质是与正确使用金钱密切相关的，例如，慷慨、诚实、公平和自我牺牲精神，更不用说节俭的美德。另一方面，是它们的对立面，如贪婪、欺诈、不公平和自私，就像一个爱财如命的人所表现出来的一样。一部分人滥用和误用了金钱，产生了浪费、铺张、挥霍、奢侈等令人讨厌的行为。正如亨利·泰勒在他经过深思熟虑写成的《生活备忘录》一书中所指出的：“在赚钱、储蓄、花销、送礼、收礼、接触和馈赠等方面，正确的行为原则和方法几乎为一个人的完美无缺做了论证。”

如果一个人总是在金钱的欲望世界里徜徉徘徊，那么他离成为金钱的奴隶也就只有一步之遥了。这样的人一旦身处逆境，要么靠别人的施舍恩典度日，要么靠给贫民的救济生存。如果他很有能力，他也会把自己的眼光盯在赚钱上，很容易失去做事业、谋发展的志气，甚至失去自己终生的幸福。

人应该学会支配金钱，以淡然的心态对待金钱，不要因金钱过剩而平添烦恼，让金钱影响和支配生活。

有一个富翁，家有万金，广厦千间。忽一日，富翁得一怪病，寻医问药，屡治不愈，眼见生命危在旦夕，只好请来牧师祈祷。

牧师刚一进屋，却转身便走。富翁的家人在后面紧追不舍，牧师说："你家主人已经病入膏肓，无药可救，你不必再追我了。"家人不解地说："我家老爷才病数日，怎么就病入膏肓了呢？"牧师说："你家主人已生病多年，只是他不自知而已。"家人问："怎么会得这种病？"牧师说："常年露宿，感受风寒。"

家人一边往回走，一边纳闷："我家老爷金屋银山，屋宇无数，怎么会因露宿而感受风寒呢？看来，这不过是疯子的疯言疯语罢了。"他回去后，把牧师的话一五一十地说给富翁听。富翁听完，忽有感悟，大叹一声说："此话并非疯话，他是在说我纵有广厦千间，但因心灵空虚，一生浑浑噩噩，没有一个好归宿，结局如同街头露宿者。"

屋宽不如心宽，一个人可以因其住宅的豪华而生活舒适，但却无法利用豪宅来填补心灵的空虚。拥有金钱，并能很好地利用金钱、享受金钱，才是真正的富人。

美国石油大王洛克菲勒出身贫寒，在他创业初期，人们都夸他是个好青年。但当财富源源不断地流进他的口袋里时，他变得贪婪、冷酷起来。深受其害的宾夕法尼亚州油田附近的居民对他深恶痛绝。有的人做出他的木偶像，亲手将"他"处以绞刑，或乱针扎死。无数充满憎恶和诅咒的威胁信涌进他的办公室。连他的兄弟也十分讨厌他，特意将儿子的遗骨从洛克菲勒家族的墓地迁到其他地方，他说："在洛克菲勒支配下的土地内，我的儿子变得像个木乃伊。"

由于洛克菲勒为金钱操劳过度，健康变得极度糟糕，医师们终于向他宣告一个可怕的事实，以他身体的现状，他只能活到50岁，并建议他必须改变拼命赚钱的生活状态，他必须在金钱、生命两者中做出选择。这时，离死不远的他才开始领悟到是贪婪的魔鬼控制了他的身心。他听从了医师的劝告，退休回家，开始学打高尔夫球，上剧院去看喜剧，还常常跟邻居闲聊。经过一段时间的反省，他开始考虑如何将庞大的财富捐给别人。

开始的时候，人们不愿接受他的捐赠，即使是自视为宽容大度的教会也把他捐赠的赃钱退回。但洛克菲勒一再坚持，诚心终归能打动人，人们渐渐接受了他的诚意。

然而，找他捐钱的人太多了。无论早晨还是夜晚，无论是上班时间还是用餐时刻，都会有人来请他捐钱。有一次，一个月内请求捐助的人数竟超过5万人。由于洛克菲勒要求每一笔捐款都必须有效地使用，每一项申请均须仔细调查，面对那么多的求助者，他急得跳脚。

于是，在1901年，他设立了洛克菲勒医药研究所；1903年，成立了教育普及会；1913年，设立了洛克菲勒基金会；1918年，成立了洛克菲勒夫人纪念基金会。

哲学家史威夫特说过："金钱就是自由，但大量的财富却是桎梏。"洛克菲勒深谙这个道理，他一生之中捐出了数以亿计的财富，他的捐助不是为了虚荣，而是出自至诚；不是出于骄傲，而是出自谦卑。

他后半生不再做钱财的奴隶，而喜爱滑冰、骑自行车与打高尔夫球。到了90岁，他依旧身心健康，耳聪目明，日子过得很愉快。

他逝世于1937年，享年98岁。他死时，只剩下一张标准石油公司的股票，因为那是第一号，其他的产业都在生前捐掉或分赠给继承者了。

有人说："财富是过眼烟云，金钱是身外之物。"这的确有一定的道理。除了金钱，人的一生还有许多值得追求的东西。如果一个人把赚钱当作生命的全部，便容易被金钱所俘虏。如此，痴迷于金钱之中的人，充其量不过是一个直立着的钱袋子罢了。富了腰包，穷了心灵，正是钱迷们的真实写照。

所以，如果你想活得轻松自在，你就应该摆脱金钱的束缚，不背负沉重的钱财包袱，这才是真正的富有者。

5. 珍惜荣誉才能长享荣誉

平凡的人，讲脸面，讲名誉，但并不那么重视，因为平凡的人不受人注目。出了名的人，脸面和名誉都很重要，因为大家都认识他这张脸。被很多人认识说来是件好事，但又未必全是好事。世上的事都有利害关系，有其利必有其害。假如一个普通人在街上小便了一次，人们只会说他没素质。但一个明星如果在街上吐了口痰，恐怕全国的报纸和新闻媒体都要当作头条新闻了。所以，名人外出总是小心翼翼，如履薄冰。

对于有自控能力的人来讲，好的名誉的确是一种无上的光荣，但对于自控能力差的人来讲，名誉却是个累赘。

名誉不能等同于荣誉。所谓名誉，往大了说，就是某个人因为做了某件不同寻常的事，或者掌握了某种特殊的技能而出类拔萃，被众人编织一顶美丽的花环戴在头上，给他的身上刷上一层闪着光芒的金粉，让他格外耀眼一些，把他塑造成一个超出常人的光荣的人罢了。往小了说，名誉就是一个人的名声、一个人的脸面。

一群大雁从天空经过，会留下雁的鸣叫声；一个人到世间走一回，会留下做人的名声。雁留下的是声音，人留下的是品格。

名人贵人也好，凡人俗人也罢，名誉对任何人都是十分重要的。世人所有的追求，万变不离其宗，都是奔着名利二字去的。人们之所以把名与利紧紧地联系在一起，之所以把名放在利的前面，是因为名比利更为重要。

从表面上看，求名似乎更容易成功一些，因为世上多有一夜成名的人物，少有一夜暴富的富人。但是，成名的概率要比得利的概率小得多。况且，有钱的人不一定有名，成名的人则往往能够名利双收。

一名普通的军人，可以因为成为中国宇航第一人而一夜成名；一个不起眼的女孩，可以因为拿了奥运会的体操冠军而一夜成名；一个默默无闻的学者，可以因为写了一部惊世的著作而一夜成名。这种成名看似简单，实则艰难，背后的艰辛绝非一朝一夕的磨炼。因此，他们对这来之不易的名誉也就格外珍惜了。

名誉是荣誉、身份和名声的统称，在这三种中，荣誉是最难得的。其最大的价值就是为社会做出过不可磨灭的贡献，这种荣誉往往会让后世铭记几代人甚至永留青史。

身份是一个人所处社会地位的体现，身份越高，社会地位就越高；社会地位越高，就会得到更多人的敬仰。你在奥运会上拿了金牌，为国家争得了荣誉，你便是国家的英雄；你捧回了飞天奖的奖杯，你就是明星；你唱歌唱得让少男少女激动疯狂，你就成了他们心目中的偶像。

名声则是社会对一个人行为的评价认定概论，其最大特征是你不用争取而得到的他人对你人格的评价。这种评价没有绝对的好坏之分，正可谓好人有好名、恶人有恶名。只要你做了平常人难以做到或不愿意去做的事，你就会出名。比如，20世纪70年代，有个北京女知青一心想出名，觉得人的一生总要做一件惊天动地的大事，要么流芳千古，要么遗臭万年。于是，她做了一件蠢事，先放火烧了生产队的饲养院，而后又奋不顾身地去救火，想成为一名英雄。结果，事情败露，英雄梦没做成，自己反被送进了公安局。

这便是为了出名而扭曲的人性。

背负名誉是人生的辉煌，名誉的惠顾则是命运的垂青。天赐的机遇可以使人一夜成名，努力奋斗和苦苦追求却又未必能感动得了上帝。这便成为众生的苦恼，出名实在不易。

古人成名的艰辛多在十年寒窗苦读，而今天的娱乐圈却可以轻松地将一个无名之辈在一夜之间捧成明星。凭着姣好的容貌或过人的嗓音而一夜成名，在今天已经不是什么稀罕事了。所以，我们经常在电视里看到那些捧着鲜花和奖杯的获奖演员、歌手，总是把“谢谢父母”挂在嘴边，这是因为他们之所以能成名，一半是父母所赐，一半是上帝所赐。父母创造了他们的天赋和悟性，上帝则赐予了他们幸运和机遇。

每个人都期望自己的人生能辉煌些，可人生的辉煌又是什么？

其实，人生的辉煌就是比其他人活得更引人注目、更突出、更有成就。我们把人比作天上的星星，普通的人被黑暗遮掩住了光芒，所以没有人能看到你，而那些闪耀出光芒的星星，就是有辉煌人生的人。光芒愈耀眼，他的人生便愈辉煌。所以，人们把他们称作明星。

但人与人的辉煌是不同的，犹如有的星星持久永恒，有的星星一闪即逝一般。永恒的星星永存不灭，所以人们把它们叫作恒星。一闪即逝的星星也许可以非常耀眼，但很快就会在燃烧中消失灭亡。所以，人们把它们称作流星。

人生一世，能够取得一些成就、一些名誉是不易的，命运垂青你，只是让你感受到一种幸运。但幸运和高贵是两码事，不要以为有了名誉就高贵了，在名誉面前懂得自控、懂得自省，才不失为一个聪明的人。

当你因为有钱而出了名的时候，千万别让人说那家伙虽然有钱，却是个十足的色鬼；当你因为文章而出了名的时候，千万别让人说那家伙虽然有才，却是个十足的小人；当你因为取得了一些成就而出了名的时候，千万别让人说那家伙虽然能干，却是个十足的混蛋；当你因为演技出色而出了名的时候，千万别让人说那家伙演的虽然都是好人，生活中却是个十足的恶棍。

总的说来，名誉其实比生命更为重要。简单的生命，可以因为名字而变得复杂起来。渺小的生命，可以因为名字而变得伟大起来。短暂的生命可以随时因为脆弱而结束，但生命死了之后，伟大的名字还活着，并且可以活得和天地一般长久，如日月一般辉煌。

真正的名誉，往往是在人死了之后还被人记着的，而自己争来的名誉虽然会像鲜花一样在一夜之间开遍田野，同样也会在一夜之间凋零得荡然无存。肤浅的人面对名誉时会陶醉得忘乎所以，会狂妄得理直气壮，会灿烂得不需要阳光，只是忘记了一点，名誉不是荣誉。

人的一生，挣个好名声不容易，所以，一旦得到了，就更应该淡定，更应该好好地珍惜。

6. 牢记快乐幸福的宗旨

无论你奋斗的初衷是什么，追求快乐幸福那是人生的终极目标。忙碌是生活的一部分，当你每天都为工作忙碌而感到快乐幸福时，你才能感受到生活的意义和乐趣，才能忘记心头的忧虑和焦灼，才能更深切地体会人生的价值和品位。

一对靠捡破烂为生的夫妻，每天一大早出门，拖着一部破车到处捡拾破铜烂铁，等到太阳下山时才回家。他们回到家的时候，就在门口的院子里摆上一盆水，搬一张凳子把双脚浸在盆中，然后拉弦唱歌，唱到月正当空、浑身凉爽的时候才进房睡觉，日子过得非常逍遥自在。

他们对面住了一位很有钱的员外，他每天都坐在桌前打算盘，算算哪家的租金还没收，哪家还欠账，每天总是很烦恼。他见对面的夫妻每天快快乐乐地出门，晚上轻轻松松地唱歌，非常羡慕也非常奇怪，便问他的伙计："为什么我这么有钱却不快乐，而对面那对穷夫妻却如此的快乐呢？"

伙计听了，就问员外说："员外，想要他们忧愁吗？"

员外回答道："我看他们不会忧愁的。"

伙计说："只要你给我10贯钱，我把钱送到他们家，保证他们明天不会拉弦唱歌。"

员外说："给他们钱，他们一定会更快乐，怎么说不会再唱歌了呢？"

伙计说："你尽管给他们钱就是了。"

于是，员外便把钱交给伙计，当伙计把钱送到穷人家时，这对夫妻拿到钱果然很烦恼，当天晚上竟然睡不着觉了。想要把钱放在家中，门又没法关严；藏在墙壁里面，墙用手一扒就会开；把它放在枕头下，又怕丢掉……他们一整晚都为这10贯钱操心，一会儿躺上床，一会儿又爬起来，整夜就这样反复折腾，无法成眠。

妻子见丈夫坐立不安，也被惹烦了，就说："现在你已经有钱了，你又在烦恼什么呢？"

丈夫说："有了这些钱，我们该怎样处理呢？把钱放在家中，又怕被人偷了。现在，我满脑子都是烦恼。"

隔天一早，他把钱带出门，在整条街绕来绕去不知要做什么才好，绕到太阳下山，月亮上来了，他又把钱带回家，垂头丧气的。想做小生意又不情愿，要做大生意钱又不够，他向妻子说："这些钱说少，却也不少，说多又做不了大生意，真正是伤脑筋啊！"

那天晚上，员外站在对面，果然听不到拉弦和唱歌了，就到穷人家去问他们怎么了。这对夫妻说："员外啊！我看我把钱还给你好了。我宁可每天一大早出去捡破烂，也比有了这些钱轻松啊！"这时候，员外突然恍然大悟。原来，有钱不知布施，也是一种负担。

什么样的人生才是快乐的呢?

放下沉重的包袱，不为贪婪所诱惑，择精而担，量力而行。这样的人生，自然是轻松而快乐的。

我们日常所看到的人，有衣冠楚楚、穿金戴银、雍容华贵者，有布衣遮颜、形容憔悴、为生计忙忙碌碌者，似乎人类注定如此，这自然而然会让人产生不平衡的心理。出身寒微者，也许觉得自卑，比不上人家快乐幸福。其实，幸福指数从来就没有一致的社会标准，而要看你自己怎么衡量、评判。我们时常可听到这句歌词:“幸福在哪里? 幸福在心里。”也记得看过这样的文字：“人骑骏马我骑驴，仔细思量叹不如，待我回头看，还有推车夫。”可见，幸福与人的心态关系很大。

前不久，网上流行的一个帖子《80后的无奈》，道出了草根一族的无奈和心酸，同时也折射出一股浓浓的自怜自艾的悲观情绪。

我们是怎样的一代人?

当我们读小学的时候，读大学不要钱；当我们读大学的时候，读小学不要钱。

当我们还没能工作的时候，工作是分配的；当我们可以工作的时候，撞得头破血流才勉强找份饿不死人的工作做。

当我们不能挣钱的时候，房子是分配的；当我们能挣钱的时候，却发现房子已经买不起了。

当我们没有进入股市的时候，傻瓜都在赚钱；当我们兴冲冲地闯进去的时候，才发现自己成了傻瓜。

“80 后”确实很无奈。而且，这些都是草根一族现实生活的写照，一些人的生活甚至比这里说的更难、更苦。

付出巨大的努力学习，花费高昂的学费，好不容易大学毕业了，迎来的却是经济危机。越来越多的大学毕业生，几个月辛苦奔波都找不到一份自己想要的工作，不得已做一份收入很低又很辛苦的工作，面对的却是上万元一平方米的房价。此外还有户口问题、社会保险问题、医疗保险问题等等，麻烦事接连不断，压力不断递增，困难堆积如山……因此，有人说，我们这个时代支离破碎，充满各种苦难和危机。

生活很艰难、很烦心、很伤心，这些都是现实，谁也无法否认。但是，别忘了，每一代人都有自己的得与失、苦与乐。这些得与失、苦与乐，有些是社会环境造成的，有些是自己的心态造成的。

看看几十年前的一代人，他们有的为家庭成分不好而抬不起头，有的为了吃一个鸡蛋而装病，有的为春节水饺里面的肉馅而犯愁，有的为了凭票买一条鱼一大早去排队，有的为了添一件御寒的棉衣而精心计算……这些都已经成了历史。如果说那个时代的物质生活和精神生活都很清贫、荒芜，充满各种苦难和危机，难以活下去，那他们又是怎样活下来的呢？他们就没有幸福可言了吗？对比战争年代，他们认为自己太幸福了。

“80后”的大部分人在经济方面都比其父辈或祖父辈好得多，可幸福水平并没有按比例提高。有研究说，当住房和食物这些基本需要得到满足后，额外的财富很少能增加一个人的幸福感。正如夏普说的：“财富的增加绝对不会保证你的幸福也会增加，一年挣3万元的人和一年有30万元收入的人相比，在幸福感上的差别非常小，不过许多人对此并不了解。”

社会上，有徇私枉法者，以贪赃舞弊，拼命追求金钱物质，醉生梦死地挥霍为幸福目标，如福建远华集团案件的赖昌星，贪官刘青山、张子善、成克杰等。可是，当幸福到了乐极生悲，祸到临头时，诸君们在忏悔书上才悟出了人的一辈子，不就是居有所住，一日三餐，夜晚睡觉一张床吗？曹雪芹在《红楼梦》里写道：“身后有余忘缩手，眼前无路思回头。”然而，当到了这个地步，幸福不再了。还有一种人，与人类弱势群体锱铢必较，然后囤田囤地囤房，以做守财奴而感到幸福。这些嗜财如命，如吸血鬼般的守财奴，至死都想留下大笔钱财给子孙后代享用。殊不知，眼还没闭、气还未咽，却眼睁睁地看着后代成为“啃老族”或“五毒俱全”者。至此，这些人心里还有幸福感吗?

曼弗雷德·凯茨·德·弗里斯在《性、金钱、幸福与死亡》中强调：幸福就是积极的心态，就是积极心态带来的对生活满意，没有消极情绪，没有心理烦恼，生活有目的，觉得自己在成长。总之，幸福并不完全取决于金钱、地位、权势，关键是自己的心态，有积极的心态才会有幸福的人生。

第五章　淡定，让成败同精彩

人生是一场长跑，某段过程的输赢算不得什么，而在于最终你是否获得更多。看待输赢也好，看待人生也好，都讲究个淡定。在生命里程的拐弯处，我们应该真诚地低下头来咂一咂人生的甘苦，然后挺起脊梁，迎着阳光，我们会发现，一切的一切都清淡得像一杯水。

第一节　平凡不是平庸

1. 在平凡中颠覆平庸

平凡与平庸，一字之差，差在心情和态度，差在习惯和认同，差在承担和逃避。一个人平庸的原因在于他的心态，这就像在一场田径比赛中，没有人会认为最后一名是平庸的，因为他在奔跑，他的血液沸腾着，他的目光是灼热的，我们几乎很少看到比赛中的最后一名满脸羞愧，他以同样的尊严与热情跑过终点。而一个连上场跑一跑的勇气都没有的人，一个以消极心态面对平凡的人，才是真正的平庸者。

平凡的生活是一种平静，而绝不是平庸。只要你孜孜不倦地学习，老老实实地劳动，明明白白地做人；每天来来去去、风风雨雨，干你爱干能干的事，出你应尽能尽的力；在每一个日落黄昏的傍晚或是晨曦初上的清晨，你守着一片温馨的宁静，或是融入一泓亲情的暖流，你会感觉到生活的温馨、世界的美好。平凡的人，创造出的事业是不平凡的。

平庸是一个老迈的词汇，这个世界上不该存在平庸的年轻人，因为他们是如此幸运：时刻都拥有超越平庸的时间与机会。所以，现代职场人要“超越平庸，选择卓越”。这是一句值得我们每个人追求一生的格言。

一般来说，评价一个人是平凡还是平庸，有两个基准，一是社会认知，二是个人认知。从社会的角度来看，平凡与平庸的差别就在于是否对社会作出了贡献。在社会这台大机器上，你可以做一颗小螺丝、一块小钢板或者一个仪表盘，只要你是有用的，为社会的发展尽了微薄之力，在社会看来你就是有价值的。虽然你不是其中的关键零件，不是英雄，但是，少了你是不行的。平庸的人，他的存在与机器运转无关，他自成一体，自己转自己的。他的所作所为，对社会而言没有什么实质性的贡献。

一个人可以平凡，但不能平庸。如果埋下头去做一个平凡的人，努力从平凡的小事做起，就能迎来明天的成就。所以，管理大师们常说，使一个人平庸的原因只会是他的消极心态。

在这个世界上，绝大多数人终生都奔跑在从现实赶往梦想的路上。他们可能皓首穷经终未得志，但奔跑的过程本身就是一种伟大。所以说，生命的魅力就是在这奔跑之中，享受了生命，享受了平凡。

其实，平凡和卓越只有一线之隔。在平凡中日复一日，做一天和尚撞一天钟，是为平凡；而在平凡中勇于开拓，不断创新，即为卓越。所以，没有人注定平凡，也没有人生而卓越，不同的只是面对生活的态度。积极使人平凡变卓越，消极让人卓越变平庸。

如果将一个人比喻为一台发动机，那么智商、天赋及知识只是这台发动机的额定功率。其输出功率有多大，取决于这个人的热忱、投入度和行动力。

尽管平凡的人不一定能成就一番惊天动地的大事业，但对他自己而言，能在生命过程中把自己点燃，即使只是根小火柴，但只要能发出微微星火也就足够了。平庸的人也许是一大捆火药，但他找不到自己的引线，于是在忙忙碌碌中消沉下去，最终变成一堆哑火药。

所以，我们应该把自己看成是一名梦想的积极追求者，而不是一个平庸的找不到方向的失落者，应该永远带着热情和信心去工作。只有这样，我们才会从平凡走向卓越。

（1）生命的质量在于事业的追求

黑格尔曾经指出：“一种人毕生致力于拥有，另一种人毕生致力于有所作为。”一心渴望拥有，一旦没有达到目的，就会失落、痛苦和绝望。心无旁骛，专心于事业的追求，就会忘掉许多烦恼，找到许多努力过程中的快乐。默默耕耘的人其实是最有智慧的人。

淡定就是让你在奋斗的路上心无旁骛，让你在打拼事业中更从容不迫。

（2）牢记成功的九字经：有目标，沉住气，悄悄干

万象集团的总裁鲁冠球是一个纯粹农民出身的企业家，他在他那一代企业家中间，几乎是唯一的经营了40多年实业的人。有记者问他，你为什么做得那么成功？他说了9个字，有目标，沉住气，悄悄干。他把一个人做事情成功的心态和方法，用这9个字全部说尽了。有了目标以后，你才会知道“进”一定是实现目标的快乐，“退”一定是失败的痛苦。一个人有了目标以后，最重大的标志是什么？他要实现这个目标的坚定信念一定是内化的，他是把这个目标当成生命的一部分来对待。所以，当我们发现一个人拼命地在喊着自己要做成什么事情的时候，几乎立刻就可以判断，这个人是不可能成功的。因为其中的沉住气包括三个“有”，那就是有信念，有激情，有耐心。悄悄干则是指，不浮躁，不张扬，不到处渲染。你到处渲染、到处张扬是很难把事情干成的。

（3）进取之心不可无

淡定不是不要进取心。进取心可以说是一个人智慧的源泉，它能为努力拼搏提供强大的、源源不绝的动力。一个没有进取心的人，永远不会得到成功的机会。

某著名企业招聘员工，中专毕业生王刚前去应聘，请求随便让他干什么都行。人事主管见他学历较低，就回答：“招聘已经结束了，过一个月再说吧！”

其实，这只是人事主管在敷衍他。没想到一个月后，王刚真的来了。

主管再次敷衍他说：“你这衣冠不整的样子，怎么可以成为公司的员工呢？”

于是，王刚买了新衣，好好修饰了一番再去应聘。人事主管拿他没办法，这次说了真话：“我们现在差电工，但你不懂电器知识怎么行呢？”

两个月后，王刚又来了，自信地说：“我已经学了两个月的电器相关知识，您看我哪些方面还不足？我一定认真去补！”看着这位进取心十足的求职者，人事主管大为感慨：“我做了几十年的招聘工作，头一回碰到像你这样找工作的，真佩服你有这么好的耐心与韧性。”王刚坚持不懈的进取心终于感动了这位主管，并如愿以偿地得到了工作。

尽管每个公司都有各自不同的人才评价标准，但对应聘者的要求有几点却很一致，其中就包括需要具有高度进取心的人。一个没有进取心的人，不管他能力有多高、经验有多足，都等同于一块没有用途的废料。

只有拥有进取心的人才能从平凡做到卓越，才能够在生活的激流里不断逆流而上，最终到达胜利的彼岸。

2. 跌倒了，爬起来再走

很多人常常会说：“我已经尝试过了，不幸的是，我失败了。”其实，他们并没有搞清楚失败的真正含义。

大部分人在一生中都不会一帆风顺，难免会遭受挫折和不幸。而成功者和失败者非常重要的一个区别就是，失败者总是把挫折当成失败，从而使每次挫折都深深打击他追求胜利的勇气；成功者则是把失败看作一种历练，看作一种常态，看作成功的基石，在一次又一次挫折面前，他总是对自己说：“我不是失败了，只是暂时还没有成功。不用急，从头再来。”一个数次失利的人，如果继续努力打算赢回来，那么他今天的失利，就不是真正的失败。相反，如果他失去了再次战斗的勇气，那就是真的输了败了。

清末的宋嘉树，原籍海南岛文昌县，一生多彩多姿，他的身世背景、他的远渡重洋、他在上海十里洋场的发迹，都充满了传奇色彩。他创办了华美印书馆，协办了中国基督教青年会，参加了孙中山领导的同盟会。

1887年，宋嘉树与培文女子高等学堂毕业的名媛倪桂珍结婚，生有三女三子，他们便是名闻中外的宋霭龄、宋庆龄、宋美龄三姐妹和宋子文、宋子良、宋子安三兄弟。宋氏家族对于近现代中国有着深远的影响，尤其是宋氏三姐妹在中国近现代史上具有特殊的地位。那么，这三位杰出的女性是如何被教导出来的呢?

宋家的孩子还在爬行和学步阶段，宋嘉树就鼓励他们："一步二步三步，好！跌倒了别哭，自己爬起来再走，好！一二一，一二一……"孩子们果然不哭，跌倒了爬起来再走。朋友们说他是开孩子们玩笑，宋嘉树却回答："老兄错了，这不是开玩笑，这是人生之路的第一步，将来在社会上闯世界，全靠这第一步呀！"

孩子们渐渐长大。有一天，宋嘉树特地选择了一个风雨交加的日子，带着霭龄、庆龄、子文等人去龙华。他不让孩子们参观龙华古刹，却让他们丢开手中的雨伞，站在古塔下淋雨。宋嘉树指着高高耸立的龙华塔，对孩子们说："你们看这座塔，千余年来不怕风雨，为什么？因为它基础牢固、骨架紧密。你们将来投身革命，就要从小打基础、练骨架。现在，让我们一起开始比赛，围绕宝塔跑六圈，六六大顺！"宋嘉树带头跑了起来，孩子们紧紧跟着父亲，有的孩子不小心在泥泞中跌倒了，却迅速地爬起来再跑，无一肯落后……

还有一次，兄弟姐妹们玩拉黄包车的游戏，霭龄装作黄包车夫，庆龄扮成乘客，小妹小弟跟在身后又蹦又跳。他们正玩得开心，不料"车夫"拉车用力过猛，双手失去控制，一下把"乘客"抛了出去。"车夫"愣在那里傻了眼，知道自己闯了祸。"乘客"又疼痛又委屈，满脸不高兴。这件事被父亲知道了，他慈爱地对霭龄说："做游戏也要有分寸，黄包车夫可不光是使力气呀！伤了乘客还怎么拉生意呢？"小霭龄不好意思地笑了。父亲又笑着对庆龄说："我们的乘客这样宽宏大量，这样勇敢坚强，真是了不起！"小庆龄受到父亲的夸赞和鼓励，一脸的阴云也散去了。长大以后，庆龄真的成了一位既富有爱心和宽容，又意志坚强、面对邪恶势力敢于斗争的伟大女性！

如果一个人把眼光拘泥于挫折的痛感之上，他就很难再抽出身来想一想自己下一步如何努力，最后如何成功。一个拳击运动员说："当你的左眼被打伤时，右眼还得睁得大大的，才能够看清对手，也才能够有机会还手。如果右眼同时闭上，那么不但右眼要挨拳，恐怕连命也难保！"拳击就是这样，即使面对对手无比强劲的攻击，你还是得睁大眼睛面对受伤的感觉。如果不是这样，一定会失败得更惨。其实，人生又何尝不是这样呢？

"跌倒了，爬起来再走"，看似是一句鼓舞失败者最好的话，但是真正实现起来，需要的是自我激励的品质和勇气。

生物学家说，飞蛾在由蛹变茧时，翅膀萎缩，十分柔软；在破茧而出时，必须经过一番痛苦的挣扎，身体中的体液才能流到翅膀上去，翅膀才能坚韧有力，才能支持它在空中飞翔。

一天，有个人凑巧看到树上有一只茧在蠕动，好像有蛾要从里面破茧而出。于是，他饶有兴趣地准备见识一下由蛹变蛾的过程。但随着时间一点点过去，他变得不耐烦了，只见蛾在茧里奋力挣扎，将茧扭来扭去的，却一直不能挣脱茧的束缚，似乎再也不可能破茧而出。最后，他的耐心用尽，于是就用一把小剪刀，把茧上的丝剪了一个小洞，让蛾摆脱束缚容易一些。果然，不一会儿，蛾就从茧里很容易地爬了出来。但是，它身体非常臃肿，翅膀也异常萎缩，耷拉在两边伸展不起来。

他等着蛾飞起来，但那只蛾只是跌跌撞撞地爬着，怎么也飞不起来。又过了一会儿，它就死了。

任何投机取巧或妄图减少奋斗而达到目的的做法，都是拔苗助长般愚蠢的行为，那只飞不起来的飞蛾的经历就证明了这一点。现在，有许多年轻人都爱谈论人生，但是他们对人生旅途的坎坷和曲折却往往估计不足，常常天真地把人生之路看得像机场跑道一样平坦笔直，像公园小径一样到处盛开着鲜花。所以，当他们在前进的道路上遇到了困难和挫折时，便悲观迷惘彷徨。其实，人生的旅途总是欢乐与悲伤并存、顺利与挫折交错、顺心和失意重叠。特别是那些有作为的人，在前进的道路上，常常是先有“山重水复疑无路”的逆境，几经奋斗，才迎来了“柳暗花明又一村”的坦途。

我们奋斗之初就要认清这一点：成功并不容易，想要获得成功就得有战胜困难挫折的勇气和品质。有了这样的心理准备，所有的挫折都不会让你彻底倒下。

3. 不要怕，不要悔

有关奋斗和淡定的辩证法，可以用下面这个哲理故事来做诠释。

30年前，一个年轻人离开故乡，准备去开创自己的事业。他动身的第一站，是去拜访本族的族长，请求指点。

老族长正在练字，听说本族的后辈开始踏上人生的旅途，就写了3个字：不要怕。然后抬起头来，望着年轻人说：“孩子，人生的秘诀只有6个字，今天先告诉你3个字，供你半生受用。”

30年后，这个从前的年轻人已是人到中年，有了一些成就，也添了很多伤心事。归程漫漫，到了家乡，他又去拜访那位族长。

他到了族长家里，才知道老人家几年前已经去世，家人取出一个密封的信封对他说：“这是族长生前留给你的，他说有一天你会再来。”还乡的游子这才想起来，30年前他在这里听到人生的一半秘诀。于是，他拆开信封，里面赫然又是3个大字：不要悔。

很多人可能还不太理解，但你一旦有了类似的经历，就会对它的认识特别深刻。这6个字概括了人生奋斗与淡定的关系。人生在世，成功靠自己去拼，事业靠自己去闯。人生的前30年，有的是时间的本钱，只要有勇气，一切挫折、失意、磨难，都将不在话下。不要怕，不须怕，一条路不通再试另一条，只要不放弃，终究会闯出自己的一片天地。

那么，什么是后30年不要悔？时光飞逝，三十与四十的转换似乎眨眼便已来临，人生的一大转折无情地摆在面前。四十不惑，经历已告诉你太多尝试不可能成功，你再不能拿所剩有限的时间去做没有收获的事情；你有家室有孩子，任何举动都得三思而后行；你的体力精力大不如以前，学习新东西难了，回忆旧日子多了，此时常常袭来的可怕心态便是——后悔！

当我们的婚姻出现问题时，我们后悔爱错了人；当我们的事业不顺利时，我们后悔入错了行；当我们看到旧同事旧朋友升官的升官、发财的发财，我们后悔或许当初不该一意孤行。四十后的不悔与三十前的不怕，同样是人生至为重要的两大境界。过去的已然过去，即便曾错过什么，悔之亦无益，耽误的只是自己的生命，糟蹋的只是自己的心灵。更何况，人生本来有得必有失，失去的同时必定也得到了一些，只不过人类的心态通常会忽视已拥有的，而视尚未得到的不属于自己的东西为珍宝。

所以，该不怕时不怕，该不悔时不悔，人生奋斗也好，淡定也罢，大抵应该无憾了！

我们再来看看下面的一个故事，也许会更受启发。

1968年，在墨西哥奥运会百米赛道上，美国选手吉·海因斯撞线后，转过身子看运动场上的记分牌。当指示灯出现9.95的字样后，海因斯摊开双手自言自语地说了一句话。这一情景后来通过电视网络，全世界至少有几亿人看到了。但当时他身边没有话筒，海因斯到底说了什么，谁都不知道。直到1984年洛杉矶奥运会前夕，一名叫戴维·帕尔的记者在办公室回放奥运会资料时突发好奇心，于是找到海因斯询问此事，这句话才被破译出来。

原来，自欧文创造了10.3秒的成绩后，医学界断言，人类肌肉纤维承载的运动极限不会超过10秒。所以，当海因斯看到自己9.95秒的记录之后，自己都有些惊呆了。原来，10秒这个门不是紧锁的，它虚掩着，就像终点上那根横着的绳子。于是，兴奋的海因斯情不自禁地说："上帝啊！那扇门原来是虚掩着的。"

我们知道，不恐惧不等于有勇气；勇气使你尽管害怕、尽管痛苦，但还是继续向前走。在这个世界上，只要你真实地付出，就会发现许多门都是虚掩的！勇气，能够让你取得无限的成就。

在一个跨国公司里，总经理叮嘱全体员工："谁也不要走进8楼那个没挂门牌的房间。"但他并未解释为什么。在这家效益不错的公司里，员工们都习惯于服从。大家牢牢记住了他的吩咐，谁也不敢去那个房间。

一个月后，公司又招聘了一批年轻人，同样的话，总经理又向新员工说了一遍。这时，有个年轻人在下面小声地嘀咕了一句："为什么？"总经理看了他一眼，满脸严肃地回答："不为什么！"

那个年轻人回到岗位上，脑子里还在不停地闪现着那个神秘的房间：既不是公司关键部门的办公用房，又不是什么重要机密存放地，为什么要有这样的吩咐呢？年轻人想去敲门看看，到底是怎么回事。

同事们纷纷劝他，冒这个险干吗，不听经理的话会有什么好果子吃呢？这份工作来之不易呀！

小伙子来了牛脾气，执意要去看个究竟。他轻轻地叩门，没有人应声。他随手一推，门开了，不大的房间中只有一张桌子，桌子上放着一张硬纸牌，上面用红笔写着几个字："拿这张纸牌给总经理。"

小伙子很失望，但既然做了，就做到底，他拿着纸牌去了总经理办公室。没想到，当他从总经理办公室出来时，不但没有被解雇，反而被任命为销售部经理。

"销售是最需要创造力的工作，只有不被条条框框限制住的人才能胜任。"总经理给了大家这样一个解释。后来，那个小伙子果然没有让总经理失望。

在生存竞争激烈的社会里，做事三心二意、缺乏勇气、毫无决断力的人到处都会受到排挤。大凡向往成功的人，不但要做到意志坚定，还要迅速把握机会，鼓起勇气，立即行动。如果一个人生性胆怯、缺乏自信、遇事总是犹豫不决、故步自封、没有判断力、毫无冒险精神，他的一生将死气沉沉、毫无希望可言。

因此，我们都应该有血气和胆量去面对任何艰险危难的事情，还要有坚强的自信心，敢于勇往直前。

罗马曾是世界上最强大的城邦。罗马人征服了地中海北岸所有的国家和南岸大部分的国家，同时还占有海中的岛屿和现在属于土耳其的亚细亚部分。

那时，恺撒已成为罗马的英雄。恺撒和他的军队一直对罗马尽忠尽责，但在罗马，有许多他的敌人，害怕他的雄心壮志，忌妒他的丰功伟绩。每当他们听到有人称赞恺撒为英雄，便会浑身发抖。

这些人中就包括庞培，他曾经在很长一段时间是罗马最富权势的人。像恺撒一样，他也是一个军队的指挥官，但他的军队并没有赢得人们太多的赞誉。庞培预见到恺撒迟早会成为他的主人，于是开始谋划陷害恺撒的计划。又过了一年，恺撒在高卢的任期就要结束。大家都认为，他届时将返回罗马并被选为罗马共和国的执政官，那他就会成为世界上最有权力的人。庞培和恺撒的其他敌人决定阻止这件事。他们说服罗马的元老院发出命令，让恺撒离开高卢的军队立即返回罗马。“如果你不服从这个命令，”元老院称，“就将被视为共和国的敌人。”

恺撒知道那是什么意思。如果他单独返回罗马，敌人就会陷害他。如果他不回去，他们就会以叛国的罪名审判他，不让他当选执政官。

他把效忠自己的士兵们召集起来，把敌人试图谋害他的阴谋告诉了他们。那些跟随他经历无数风险、帮助他取得无数胜利的老兵都宣称不会离开他。他们要和他一起前往罗马，看着他得到应得的奖赏。他们不要军饷，甚至还分担了长途行军的费用。

恺撒的军队扬起军旗朝罗马进发。士兵们甚至比恺撒更加斗志昂扬，他们为了自己的领袖长途跋涉，不畏艰险。最后，他们来到一条叫做卢比孔的小河，它是高卢省的边界，另一边就是意大利，恺撒在岸边停下来。

他知道，越过这条河就等于向庞培和元老院宣战，那将使整个罗马陷入纷争，其结果是无法预料的。

“我们还能够回去，”他对自己说，“我们身后是安全的，但一旦越过卢比孔河，我们就不能再回去了，我必须在这里做出决定。”

他没有迟疑太久，坚定地发出命令，勇敢地跃马穿过这条浅浅的小河。

“我们越过了卢比孔河！”当他到达对岸时大声喊道，“就不会再回头。”

消息一直传到了罗马：恺撒越过了卢比孔河。一路上，每个城镇和村庄的人都出来欢迎归来的英雄。离罗马越近，他受到的欢迎就越热烈。最终，恺撒和他的军队到达了罗马城门。没有军队出来迎战，恺撒没有遇到丝毫抵抗就开进了罗马城。庞培和他的同伙早已逃走了。

勇气，造就了恺撒，也造就了罗马的辉煌。勇气，也必将造就未来的你！无论将来是风雨还是彩虹，只要我们心中保持一种纯正的勇气，生命就一定不会因此而气馁。

爱因斯坦说：“勇气是上天的羽翼，怯懦却引人下地狱。”让我们心中永远鼓荡着腾飞的勇气，绝不选择生命重心的堕落！

4. 让经历成为一种财富

生活中，一个人的经历有多有少，有浓有淡，有顺有逆，有成有败，喜、怒、哀、乐、愁尽在其中。当有一天我们回首往事，回首人生之路时，是丰富多彩还是苍白一片，是辉煌灿烂还是风尘弥漫，取决于昨天的我们究竟到过什么地方，做过哪些事情，有过什么追求，取得过哪些成绩，明天的我们又将开始怎样的旅程，又会去结识哪些形形色色的人，经历怎样的阴晴圆缺、悲欢离合。如果一个人什么都不曾经历过，生命中一片空白，那他就根本无法理解淡定的奥义，更无法做到淡定。

因为所有的经历都是人生旅途中的足迹，都是生命的一个过程，都是一种财富。如果说人生是一部书，那么每一次经历就是书中的一段故事或一个篇章，既可以自己翻看，又可供别人参阅，对谁都有启迪、警示的作用。

有一位哲人在给年轻人的忠告中说："青年人正身在此山中，一般不识庐山真面目。人一旦到了中年以后，就开始意识到，经历不但和自己一生所创造的物质财富紧密相关，还是一笔弥足珍贵的精神财富。"

下面以年轻人找工作为例来阐释一下这个道理。

很多人在找工作的过程中非常容易产生一种浮躁心理，特别是刚刚走出校门的大学生。实际上，浮躁对我们做事是毫无益处的，反而会成为我们成功道路上的障碍，不管曾经遇到多少次失败，我们都必须保持平静的心态，认真总结自己失败的经验和教训，锲而不舍。只有这样，我们才能够真正地体会到小小的成功就会给我们带来的幸福感。

劲东是一个头脑非常聪明的大学生。他从小学一直到大学，都是备受老师关注的尖子生。大四的时候，他准备考研。别人都是起早贪黑地学习，最后没有考上。可他轻而易举就考了个非常不错的学校，并且分数还排在前面，以至于当时的同学都说劲东是一个天才。

令人不可思议的是，像劲东这样出类拔萃的人才，却在求职路上栽了一个大跟头。

他在找工作的时候，对一般的公司根本就不屑一顾，觉得以自己的能力，至少也应该在一个著名的企业中担任经理，而且他一直相信可以碰到能够慧眼识珠的老板，在茫茫人海当中，能够把他这匹千里马挑出，然后把公司交给他管理。

对此，周围的人都觉得他太浮躁了，都劝他不要过于着急，做任何事情都要慢慢来，刚开始找工作的时候不能要求太高了，将来在工作中，如果表现好，自然是会升职的。

对于朋友的建议，劲东根本就听不进去。结果，在求职时，一开始老板对他通常都是非常赏识的，可当他提出自己的要求之后，老板一般都会笑笑说："那是不可能的。"

就这样，在接二连三的求职失败之后，他终于看清了现实，最后只能选择在一家普通公司工作。当他想起自己当初放弃了许多条件不错的工作时，心里非常后悔，可是又有什么办法呢？

劲东求职之所以失败，最主要的原因就在于他的急于求成，给自己制定了一个不切实际的目标。

职场经验需要积累，不管你的能力有多高，都需要在实际工作中进行检验，没有哪个工作单位会在一开始就给你安排重要的职位。

当然，你可以给自己设定一个很高的目标。但是，用人单位是否能够接受就是另外一回事了。求职就好像一个台阶，是一个显示你工作能力的舞台。在这个时候，薪水和职位之类的问题千万不要过多地考虑，因为浮躁对你来说是毫无益处的，老老实实地找个工作，在工作中尽情地显示自己的才华，这才是最重要的事情。

生活不只一种味道，经历也不只一种模式。有的经历如履平地，有的经历似登高山。登山难，但这是命运之神赐给我们的礼物——一次历练的机会，我们应当庆幸，欣然笑纳，不要因难而沮丧、而腿软。登上去，无限风光在顶峰。平庸的生活，固然没有炼狱的煎熬，过得顺畅、安逸，但单调乏味，色彩浅淡而单一，生命空瘪而无光。

在人生旅途上，横的竖的都是路，哭的笑的都是歌。高山平地都要走，苦辣酸甜都要尝。

任何经历都是一种积累，积累得越多，人越成熟。经历得多，生命有长度；经历得广，生命有厚度。经历过险恶的挑战，生命有高度；经历过困苦的磨炼，生命有强度；经历过挫折的考验，生命有亮度。

有了丰富的经历，才有丰满的人生。哪怕是用自己的努力，换取微小的成功带来的幸福感，也不是金钱或物质可以比拟的。这是一种心灵的富足。

5. 我们永远在路上

生活中，人要心怀梦想，不急不躁，一步一步地走；不急于达到目的，学会欣赏沿途的风景；不是将成功视为结果，而是寻求心的皈依。但有梦想需要有好的心境，平和、恬淡、知足、奋斗。有梦想是一生的事情，人要坦然面对老去的容颜，却不能拱手将梦想交给岁月；人可以输在奋斗的过程中，却不可以输在没有梦想的起点。

我们永远在路上，会沾染尘埃，厚重缚身，遮蔽眼光。勿叹勿怨，洗清尘埃，方能解缚，轻装前行，直达彼岸。

曾经有一个吸毒的青年被单位开除，家里也被他搞得鸡犬不宁，他已经众叛亲离、孤立无援了。没钱的时候，毒瘾发作，他铤而走险去抢劫，眼看就要断送自己的一生。

他被抓进了监狱，并被送去强制戒毒。转眼7年过去，没有人关心这个人、记得这些事了，他家的周围又平平静静。直到有一天，一辆锃亮的桑塔纳轿车停在他家门前，引起了邻居的关注。原来是那个青年回来了，他已经洗心革面、改过自新、戒除毒瘾，成了一位小有成就的画家。

这件事看似平平淡淡，其实又轰轰烈烈。浪子回头金不换，劣马回头为神骥。不管过去做错了什么，当心脏还在跳动的时候，我们只要忏悔，只要改正斑斑劣迹，自我救赎、将功赎罪是完全可以的。

我们永远在路上，风雨忽来，湿乱了羽毛，翅膀越发沉重。这时，找一静谧处歇脚，理一理毛羽，拢一拢不断拍打的双翅，待风停雨住时，再展翅碧蓝苍穹。身处当代社会，事务纷繁、节奏加快，优裕的生活背后隐藏着许多无形的压力，放不下、藏不住，一点点剥蚀着心灵的自由。

曾经有一个有志青年，他博学多才，在工作岗位上兢兢业业，奋发有为，为社会做出了很多贡献。当然社会也给了他很多回报，他30多岁便当上了处长。可是，当上官后，应酬多了，交际广了，经不起太多的诱惑，他饮酒作乐，灯红酒绿的生活渐渐迷住了他。

之后，他工作再也不积极了，处处讲排场、讲享受。渐渐地，他只喜欢和那些酒色奸诈之徒混在一起，挪用公款几千万去赌博，全部输光。东窗事发后锒铛入狱，由好人变成了坏人。

这个青年，正验证了一句古话："祸兮福所倚，福兮祸所伏。"世间万物都是相互转化的，人也是如此。但人一变本质就要坏了。

春夏秋冬，四季轮转，万物消长，一切都在变化之中。失败是一时的，挫折是一时的，泪水是一时的，欢笑是一时的，在长长的生命之河中，一切都像过眼云烟。伟大的成就也可能会腐朽，荒芜的地方可能会欣欣向荣。我们不要因一时的泥泞坎坷而倒地不前，也不要因一时的春风得意而忘乎所以。我们活着，梦想就像彼岸的灯塔忠诚守望，时刻等待我们发现，来指引我们，尽量少走弯路。

我们在人生旅程中遇到的每一个人、每一件事与每一处美丽景色，都有可能成为一生中难忘的风景。旅行者对旅行有过这样的诠释："真正的旅行，不是到一个新的地方看新的事物，而是用新的眼光看待一切。"是的，自然风景在短时间内的变化是有限的，但如果我们以不同的心态去观赏，所见到的风景却又截然不同。一个热衷功名的人希望领会泰山绝顶众山小，而一个身在高位的人上黄山，会说高处不胜寒；一个和情侣在一起的人会去西湖泛舟，而失恋的人可能去玉门关外独行；一个官场失意的人会想躲在渭水边钓鱼，而一个春风得意的人，却乐于在豪华酒店宴会豪饮。想去寻找香格里拉的，大概是一个早已历尽人间悲欢、走过曲折心路、看厌人间繁华、曾经沧海难为水的人。

不管怎样，在人生的旅途中，要有好心情去欣赏沿途的精彩。这样一来，你就会发现，“三十功名尘与土，八千里路云和月”，虽征途迢迢、日夜兼程，却依然有一番好风景。

第二节　奋斗过后更淡定

1. 给梦想一个播种的时间

农夫在地里种下了两粒果树种子，它们很快变成了两棵同样大小的树苗。第一棵树开始就决心长成一棵参天大树，所以它拼命地从地下吸收养料，储备起来，用以滋润每一个细胞，盘算着怎样向上生长，完善自身。由于这个原因，在最初的几年，它并没有结出果实，这让农夫十分恼火。而另一棵树同样也拼命地从地下吸取养料，打算早点开花结果。它做到了这一点。这使农夫很欣赏它，于是经常浇灌它。

时光飞转，那棵久不开花的大树由于身强体壮、养分充足，终于结出了又大又甜的果实。而那棵过早开花的树，却由于还未成熟便承担起了开花结果的重负，结出的果实苦涩难吃，并不讨人喜欢，而且自己也因此而累弯了腰。农夫诧异地叹了口气，终于用斧头将它砍倒，当柴烧了。

由此不难看出，急于求成只会导致最终的失败。人也一样，从树苗到开花结果，一定要有一个成长、成熟的过程。如果急于求成，便不可能结出甜美的果实。

1960年，齐秦出生于台中市一个殷实的家庭，父亲是公务员，还经营着一家舶来品店。从小就喜欢唱歌的他，梦想着长大后能成为一名著名歌手。但有着传统观念的父亲却认为，当歌手是不务正业的表现。因此，他禁止儿子接触任何与音乐有关的东西。

但父亲实在太忙，根本没时间管他，母亲也沉溺于牌桌之间，这让他有机会去接触音乐。那个时候，他最大的兴趣就是跑到同学家里，听收音机里播放的流行音乐，在熟悉了旋律之后，再改成自己创作的词。

不久，他的父母婚姻破裂，受到刺激的父亲脾性大变，动不动就毒打他。他只好经常出逃，一逃就是好几天，头两天跑去同学、朋友家住，之后住不下去了，就跑去车站、公园露宿。也正是在那个时候，他认识了很多街头混混，并与他们来往密切。

父亲开始还骂他几句，久而久之，也就爱理不理了。这样的日子过了差不多一年，他出事了，因为喝醉酒后去帮别人追债，三更半夜踢人家的铁门，被闻讯而来的警察抓住，判了3年刑，进了感化院。

父亲知道后气得要死，托信说要和他断绝父子关系。齐秦感到了绝望，甚至有了轻生的念头，只是他觉得对不起姐姐。自从他进感化院后，姐姐每个周末都会来看他，风雨无阻。在姐姐的关怀下，他慢慢恢复了自信。有一次，姐姐把他带到他劳动的地方，指着一株鲜花说："还记得你小时候的梦想吗？梦想就好比是栽花，从播种到发芽再到开花，总需要一定的时间。你现在只是一粒种子，如果你想成功，就得播种、浇水，学会坚持。"

为了激励他，姐姐还把当时颇有名气的李泰祥先生请到了感化院。在李泰祥的鼓励下，齐秦开始对自己的未来充满希望。

从感化院出来后，为了继续追梦，他找了一份打字员的工作，白天上班，晚上就去餐厅敲门，给顾客唱歌。他唱过的地方很多，有一天，他在翔声餐厅唱歌，唱了一首《你说过》。中场休息时，突然有个人走过来问他："你有没有兴趣出唱片？"当时，他愣住了，似乎不敢相信自己的耳朵，直到对方掏出名片，他才相信。

第二天，他来到对方的公司签约，成了一名真正的歌手。之后，一首电影主题曲《就是溜溜的她》，让他一炮而红。

回忆过去，齐秦不只一次提到姐姐的名字。他说："就在我快要放弃人生理想的时候，是姐姐拯救了我，她让我明白了坚持的重要。这个世界上，每个人都会有自己的理想，所不同的是，有的人因为各种挫折，没有去播种，所以结果只能沦为空想；有的人一直在坚持，所以才把自己开成了一朵最美的花。”

是的，给梦想一个播种的时间，你才能收获芳香一片。

等待是一种智慧，也是一种积蓄，更是一种信念。

在当今中国市场经济快速发展的大背景下，很少人能按捺得住一颗骚动的心，守住自己可贵的沉稳与平和，大多数人变得越来越盲目、急躁不安。

对于浮躁的人来说，不管做什么事，总想马上得到回报。初次创业者最容易出现这种心理，他们光想着干大事业，幻想一夜之间成为百万富翁、千万富翁，却从来不会从一点一滴做起，稳扎稳打，耐心地等待时来运转。任何时候，浮躁的人的心情都无法平静下来，他们只要看到赚钱的行当就想去捞一把，犹如熊瞎子掰棒子，掰一个丢一个，最终收获甚微，甚至一无所获。

下面这则故事就生动地描述了这种现状。

在一个普普通通的村子里，有一户普普通通的人家。这天，父亲把两个儿子叫到跟前，对他们说：“你们兄弟俩都长大了，现在村里人多地少，你们还是出去闯闯吧。”于是，兄弟俩各自怀揣着父亲给的1000元出发了。他们在村头相约：看谁先挣到1万元。

转眼间，1年过去了。在这1年中，兄弟俩都体验到了涉世之初的艰辛，吃了很多苦，受了很多累，但他们都没有气馁，干劲都很足。春节回家，弟弟喜滋滋地拿出一张存折：他挣了1万多元。哥哥也有一个存折，数额却不足30元。原来，弟弟东奔西跑，跟人贩兔毛，找准了市场，因而成了暴发户；而哥哥只是在帮人打工，收入有限，况且，他还在学习养珍珠的技术，自然要交纳一定的学费。如此一来，弟弟首战告捷，心里美极了，甚至有点瞧不起哥哥了。再次出发时，弟弟豪情满怀：1年后，看谁先挣到5万元。

1年后，弟弟又胜利了。哥哥的存折不足5万元，弟弟的数字却是哥哥的7倍。弟弟更加得意了，人前人后一副趾高气扬的姿态，对哥哥更是指指点点——你应该怎么样赚钱，你应该怎么样去做生意……哥哥只是耐心地听着弟弟唠叨，却笑而不语。父亲看在眼里，也不好说什么，就忙着打圆场："不管你们挣多少钱，在我看来，都有很大的进步，我也就放心了。"

3年后，哥哥回乡自己搞养殖场。在村子里，他的做法领潮流之先，收到了很好的成效。而弟弟在市场奔波数年，已练就一身小商小贩的本事。

又过了3年，哥哥的养殖事业稳步发展，在当地颇有影响。他不仅靠出售产品赚钱，还通过技术培训收费获利。但这3年里，弟弟时赚时赔，目标不断变换，进展却不大。

当哥哥成为百万富翁在城里开公司时，弟弟已经厌倦了东奔西跑的生活。哥哥邀请弟弟到自己的公司做销售经理，弟弟一口答应了。

一次，与父亲共进晚餐时，他们谈起这些年的经历。父亲说："看来，种田靠天，做买卖要靠运气啊。"

哥哥摇头说："其实，更重要的是心态。我一直依靠积累，而弟弟却总想着暴发。积累久了，可能导致暴发；而暴发久了，却可能导致崩溃。"

在这个故事中，哥哥与弟弟的风格形成了鲜明的对比。哥哥是个稳重的人，他踏踏实实地做自己的事业，一步一个脚印，不急不躁，一切都显得那么游刃有余。而弟弟在创业的过程中可谓是风风火火，今天做这个，明天做那个，干什么都是浅尝辄止，缺乏耐心，到头来却无所作为。所以尽管开始的时候，弟弟取得了一点点成绩，但从长远来看，哥哥才是胜利者。

在当今社会，像故事中的弟弟那样浮躁不安的人有很多，而且是越来越多，这绝不是一个好现象。浮躁，表面上看是积极上进的另一种表现形式，其实在人的奋斗过程中却起到了负面效果。浮躁的人多半不能适应现实的世界，往往跟周围的环境发生了矛盾，就退缩到自己的梦想世界中，以此解脱心中的忧虑，精神长期处于不稳定的状态。

一个人一旦患上急功近利的毛病，就会变得心胸狭窄，胸无大志，总是盲从世俗。别人说军人时髦，他便想法穿上军装。别人说文凭重要，他便马上去混文凭。别人下海捞钱去了，他如同热锅上的蚂蚁，马上削尖脑袋下海去。没有一个清晰的职业生涯设计，没有自己的梦想。

急功近利者之所以不成功，是因为没有给自己足够的时间和耐心去努力，他的全部精力、时间和生命都无形地消耗在短期行为之中。也有很多人一生只成功了一次就像流星一样消失，因为他们不懂得成功是一个持续不断努力的过程。

2. 人生如负重旅行

这是发生在一所高校的故事。一位心理学教授端着一杯水走进教室，问他的学生：“你们知道这杯水有多重吗？”

学生不解其意，如实回答：“大概有200克吧！”

教授又问：“这杯水在你们手上能端多久？”

“一个小时没有问题。”学生纷纷回答。

“这样端一天行吗？”教授问。

学生们都摇头表示否定。

教授说：“其实，这杯水的重量没有变，但是你端得越久，就觉得它越来越沉重，直到无力承担。如果你能聪明一些，感觉累了，就放下这杯水，休息一下后再端起来，你就可以想端多久就能端多久。”

聪明的教授告诉他的学生们：人生就是一次负重旅行，无论你肩上所担负的压力有多重，哪怕只有一杯水的重量，一直扛在肩上，你都会感觉肩上的压力越来越沉重，最终被它压垮。累了，就放下来休息一下，这并不是偷懒，也不是不求上进，而是为了让自己轻装上路。只有这样，自己才会在人生路上走得更踏实、走得更远。

曾经有个人，总是埋怨生活的压力太大，生活的担子太重，压得他透不过气来。他听人说，哲人柏拉图可以帮助别人解决问题。于是，他便去请教柏拉图。

柏拉图听完了他的故事，给了他一个空篓子，说："背起这个篓子，朝山顶去。可你每走一步，必须捡起一块石头放进篓子里。等你到了山顶的时候，你自然会知道解救你自己的方法。去找寻你的答案吧……"于是，年轻人开始了他寻找答案的旅程。

刚上路时，他精力充沛，一路蹦蹦跳跳，把自己认为最好、最美的石头，都一个一个地扔进篓子里。每扔进一个，便觉得自己拥有了一件世上最美丽的东西，很充实、很快乐。就这样，他在欢笑嬉戏中走完了1/3的旅程。

可是，空篓子里的东西多了起来，也渐渐重了起来。他开始感到，篓子在肩上越来越沉。但他很执著，仍一如既往地前进。

最后1/3的旅程确实让他吃尽了苦头。他已经无暇顾及那些世界上最美丽、最惹人怜爱的东西了。为了不让沉重的篓子变得更重，他毅然选择了放弃，仅挑选了些非常轻、非常需要或是必不可少的东西放进篓子里。他深知，这样的放弃是必要的。然而，无论他挑多轻的东西放入篓子，篓子的重量也丝毫没有减少，仍在加重，再加重，直到他无力承受。但最后，他还是背着篓子，踏上了这最后的1/3旅程。

他明白，路，真的已经不远了。他挪着脚步，已经不在乎捡到的是什么，放进篓子的又是什么。他早已麻木于眼前的一切事物，不管是美丽的、喜欢的、需要的，抑或是轻巧的。他实在是无力去挑选它们了，只要是在他脚下，在他眼前，在他触手可及的地方，那么，他便捡起它，以作为他所走的最后一段旅程的验证品。

眼看着离目标越来越近，他双手向后托起篓子，来了个最后冲刺。终于，他走完了全程，碰到了柏拉图的手，结束了这一场奋斗史！柏拉图问:“现在，你知道答案了吗？”他莞尔一笑：“是的，但现在我已经不需要知道答案了。”

我们的生命和四季的花儿一样，也是不同的阶段有着不同阶段的美丽。当我们懂得人生每个阶段通过自己的努力都能够拥有不同的精彩时，也许我们的少年就会像春天的桃花一样绚烂，青年就会像夏天的荷花一样清香，中年就会像秋天的菊花一样坚韧，老年就会像冬天的梅花一样，给人们在寒冷中留下温馨的暗香和不屈的精神。

人生如负重旅行，背负太重，肯定走不远。只有适时舍弃一些东西，哪怕是非常珍贵、非常美丽的东西。人生之旅，有热闹处的孤独，有安静处的浮躁，不妨叩问自己的内心，你的需求是在享受旅游的美好，享受每一次过程，还是想尽快到达终点呢？

3. 退步原来是向前

人生固然要锐意进取，追求上进，努力向成功进发，但很多的时候，还要知退、能退，更要善退。退让，很多时候是前进的一种姿势。

有诗云：“手把青秧插稻田，抬头便见水中天。心地清净方为道，退步原来是向前。”诗的含义很浅显：插秧的时候，插秧者都是低着头一边插秧一边向后退。等退到田地的终点，整个工作便圆满完成了。此时，插秧者的倒退不仅不是倒退，而是一种前进。通常我们总认为，人生向前走才是风光的，而退步原来是向前却向我们揭示了前进的另一种方式，另一种风光。

在一个寺院中，有两位沙弥在画一幅《龙争虎斗图》，他们为这幅画忙了很久，但总觉得不完美，可又找不出其中的缘由。

正在他们急得焦头烂额之际，师父正好从外面回来，两个沙弥赶紧请教师父。老和尚看了他们的画后，笑着说："你们所画的龙和虎，外形上都很真实。但是，你们没有弄清楚它们的特性，龙在发起进攻前，头必须向后退缩；虎若向上扑跃，头也必须压得很低才行。龙的颈向后缩的幅度越大，虎的头越是贴近地面，它们就会冲得越迅猛、跳得越高远。"弟子们听后恍然大悟，师父接着对他们说："这与参禅悟道、为人处世的道理是一样的，懂得适时退一步，才能冲得更远；懂得低头之后，才能跃得更高啊！"

在自然界，有进必有退，退中含有进。日有升有落，岭有上有下，潮有涨有息。日落才有月升，冬去才会春来，花落才有果实。很多时候，退是进的前提，能退才能进。

一位留美的计算机博士，毕业后在美国找工作。结果，好多家公司都不录用他。思前想后，他决定收起所有证明，以最低学历再去求职。

不久，他被一家公司录用为程序输入员，这对他来说简直是高射炮打蚊子，但他仍干得一丝不苟。不久，老板发现他能看出程序中的错误，非一般的程序输入员可比。这时，他亮出学士证，老板给他换了个与大学毕业生对口的专业。

过了一段时间，老板发现他时常能提出许多独到的有价值的建议，远比一般的大学生要高明。这时，他又亮出了硕士证。于是，老板又提升了他。

再过一段时间，老板觉得他还是与别人不一样，就对他质询。此时，他才拿出博士证。老板对他的水平有了全面认识，毫不犹豫地重用了他。

善退，是一种圆通的智慧。退，并不意味着无能和逃避。在特殊情况下，或时机不成熟的时候，采取以退为进的策略尤为必要。只退不进是懦者，只进不退是莽汉。只有进退得当，善于以退为进者，才能审时度势，把握事物发展的态势，控制自己人生的方向。

善退，是一种豁达的情怀。宠辱不惊，看庭前花开花落；去留无意，望天外云卷云舒。怀此豁达心胸，方能进退从容、恬然自得。退是人生道路上的转乘站，我们可以把退视为服务社会、服务他人的新起点；也可以换个姿态过人生，做一些自己感兴趣而原先无暇顾及的事。很多时候，退居二线，退隐江湖，可以看到别样的风景。可能没有高潮迭起，却会有微波荡漾；可能没有轰轰烈烈，却会有恬淡优雅；可能没有累累硕果，却会有鲜花朵朵。

退时当思进，进时当思退。进的时候，不能一条道走到黑，而要考虑回旋的余地；退的时候，也不能胆怯地一退到底，而应以退为进，为自己留下再次起步的踏板。进一步，豁然开朗；退一步，海阔天空。进退自若，才是人生的大境界。

4. 只有自己才能定义成功

人的一生，究竟在追求什么？怎样才算成功？这是一个没有标准答案的问题，1000个人可能会有1000种不同的回答。有些人终生都在追逐名利，他们生活得很快乐（也许），有些人毕生都沉醉于灯红酒绿，他们生活得也很幸福（当然）；还有更多的人在平淡充实、日复一日的工作和生活中度过平凡的一生，这又何尝不是一种幸福呢？

其实，真正的成功只有一种，那就是按照自己喜欢的方式，去度过人生。也就是说，只有自己才能定义自己是否成功。

山东有这样一对夫妇，刚刚结婚时，妻子在济宁，丈夫在枣庄。过了若干年，妻子调到了枣庄，丈夫却因一纸调令到了菏泽。若干年后，妻子又费尽周折，调到了菏泽。但不久，丈夫又被提拔到了省城济南。妻子又好不容易调到了济南。

可是，不到一年，丈夫又被国家电业总公司调到重庆。她的朋友对她开玩笑："你们俩呀，天生就是牛郎织女的命。要我们说呀，你也别追了，干脆辞职，跟着你们家老张算了。"但是，她的公婆、父母都一致反对。"干了这么多年，马上就退休了。再说，你的单位效益这么好，辞职多可惜。要损失多少钱呀！再干几年吧，也给孩子多挣一些。"

其实，他们家的经济条件已经非常优越，早已是小康水平，但他们仍然惦记着那一点退休金。于是，夫妻两人至今依然是牛郎织女。

我们一直是为了某种自己未必真正明白的意义而活着，于是，大多数中国人都有比较一致的生活目标。而这个目标，可以是工作，可以是理想，可以是金钱，可以是孩子，可以是老人……但是，唯一不可能是的就是自己。也就是说，很多人都不是在为自己的人生目标而活。

一位著名企业家在作报告时，一位听众问："你在事业上取得了巨大的成功，请问，对你来说，最重要的是什么？"

企业家没有直接回答，而是拿起粉笔在黑板上画了一个留有缺口的圆。于是，引来台下听众不解的疑问："这是什么？"是零、圈、未完成的事业、成功……

面对这些回答，他未置可否："其实，这只是一个未画完整的句号。你们问我为什么会取得如此辉煌的业绩，道理很简单，我不会把事情做得很圆满，就像画个句号，一定要留个缺口，让我的下属去填满它。"

这个故事体现了企业家的睿智，同时也告诉了我们一个非常简单的道理——人的一生不可能太圆满。

人生就是这样，即使你事业再成功、再辉煌，也难免在某一个环节出现缺口。但是，留有缺口的人生，并不代表你不成功。实际上，因为每个人成功的目标是不一致的，对目标的评估也不一致，所以，成功其实就是自己对自己的看法和评估，自己认为成功了，那就成功了；自己认为自己不成功，那就不成功。

很多人一直急于追求别人所定义的成功，而不是发自内心地追求自己想要的，不知道自己的目标，结果就容易陷入迷茫中。

当你把成功的定义放在外界时，你就会让自己陷入一种不可控的焦虑、一种获得前恐惧和获得后空虚的生活中。只有当你把成功的定义放在内心，你才能够真正获得可以掌控贯彻始终的幸福生活。

5. 换一种努力的方向和方式

2012年2月，微博上面的一条消息引起了人们的追捧。腾讯公司的一名保安经过多轮面试，最终成为腾讯研究院的一名工程师。这条微博经数万人转发后，这位名叫段小磊的保安被誉为“2012励志哥”。

段小磊只有24岁，2011年毕业于洛阳师范学院，拥有计算机和工商管理的双学位。毕业后，段小磊带着成为一个IT工程师的梦想来到了北京。可是，让段小磊没有想到的是，在北京找一份合适的工作并不容易。段小磊几经碰壁后，生活陷入了困境。最后，段小磊决定找一份上手快的工作先在北京立足，正好腾讯北京研究院在招保安，于是，段小磊就到腾讯北京研究院当了一名保安。

生活算是暂时安定下来了，这时的段小磊并没有放弃自己的理想。工作之余，他都会拿出有关计算机方面的书坚持学习，他知道自己的理想是成为一名IT工程师。当然，他并没有忘记自己的本职工作，在努力学习的同时，仍积极用心地做好自己的本职工作。在腾讯北京研究院的门口公告栏里，时常可以看到段小磊做的一些温馨提醒，比如“明天会变天，注意加衣服”、“今天加班这么晚，回去好好休息”……

很快，腾讯北京研究院的员工都知道了研究院里有一个特别的保安，他们也很喜欢和这个保安聊聊天。段小磊并不因为自己是保安而自卑，相反，他主动和同事们聊一些有关计算机方面的话题。很快，他就熟悉了腾讯研究院的大部分员工。

就在2012年1月的时候，Hidi负责的一个项目急需一批外聘员工。她早就知道段小磊在看计算机方面的书，于是就半开玩笑地问他："你要不要来帮我们做数据标注的外包工作？"这是一份基础性的工作，主要要求熟练操作电脑，并对数据敏感。令Hidi意外的是，几天后的一个下午，段小磊找到她说已经正式辞职，可以来帮她做数据标注工作了。

经过面试，段小磊顺利地成了腾讯的外聘员工，负责一些数据整理和数据运营工作。因为工作涉及对腾讯产品进行外部测试，段小磊便利用休息时间四处找朋友和同学体验产品，并一直活跃在他所组织的测试QQ群上。Hidi对其工作非常满意，开始有意识地将一些产品方面的工作交给他，以便他能通过接触产品设计为自己将来的职业规划铺好路，同时又找机会让他参加一些内部培训。

段小磊圆满完成了Hidi交给他的工作，Hidi对此感到很满意。于是，她建议段小磊去研究院应聘。经过几轮面试，段小磊最终成为腾讯研究院的一名工程师。

在他的微博里，有很多网友向他提问，是什么让他坚持着对梦想的追求？段小磊说："因为有梦吧，也许很多人觉得这是个虚无缥缈的词，但在我心里，它却异常清晰。我也有想过放弃，但放弃的不是梦想，而是放弃现在努力的方式，用另一种方式去追求梦想。"

人人都有梦想，但并不是每一个梦想都能实现。有的时候，当我们不能实现梦想而想放弃的时候，我们应该知道自己放弃的不应该是梦想，而是努力的方式和方向。

钱钟书才华横溢，人情练达，却天性追求淡泊。其小说《围城》改编成电视剧后，面对万余元的稿费，他坚辞不受。1991年，一家电视台拟制作大型纪录片《当代中华文人名录》，钱钟书名列其中。摄制组多次与钱老商议，均遭谢绝。摄制组给杨绛打电话，说被录制的文化名人可以得到一笔可观的报酬，而钱钟书却从旁插话道："我都姓了一辈子钱了，难道还迷信钱吗？"

纵使金钱名利是很多人一生梦寐以求的东西，可对于钱钟书，一个毕生追求淡泊与知识的文人大家，名利皆抛却了，留下唯有书香氤氲。

当代大儒季羡林名满天下，他所追求的也是一颗与常人无异的平常心。

1983年秋，北大新学期开始了。一个外地来的学子背着大包小包走进校园，由于实在太累了，就把包放在路边。这时，正好一位老人走来，年轻学子就拜托老人替自己看管行李包，自己轻装去办理手续，老人爽快地答应了。一个多小时过去后，学子归来，老人还在尽职尽责地看守，学子谢过老人，两人分别。几天后是北大的开学典礼，这位年轻学子惊讶地发现，主席台上就座的北大副校长季羡林正是那天替自己看行李的老人。

这已成为一段北大校园的佳话，更是将季羡林平易近人的形象描摹得淋漓尽致。

追求是一种生命的态度，不管是钱钟书、季羡林还是前述故事中勇于追求，不断创造价值的保安段小磊，无不向我们展示了他们对生命的理解与追求。

人生在世，追求不同，就会相应地有不同的心境、不同的态度和不同的方向。一个人无论是追求创造价值，还是追求淡泊心境，都有自己的方式。

6. 不仅要能赢，更要输得起

人的一生，有赢有输。做人做事不仅要能赢，更要输得起。

某大公司招聘职业经理人，应征者云集，其中不乏高学历、工作经验丰富的人才。为了避免请托之累，老板决定由亲自面试改为委托总经理进行最后的6名应征者面试。可是，当面试开始时，总经理发现考场上多出了一个人，就问道："有不是参加面试的人吗？"

坐在最后面的一个男子站起来说："先生，我在第一轮被淘汰了，但我想参加一下面试。"所有的人都笑了，就连站在门口为客人倒茶的老头也忍俊不禁。

总经理不以为然地问道："你连考试第一关都过不了，又有什么必要参加这次面试呢？"

这个男子说："因为我掌握了别人所没有的财富，我本人就是一大财富。"大家又一次哈哈大笑，认为该男子或许是头脑有毛病，或许是狂妄自大。这位男子继续说："我虽然学历不算太高，也没担任过重要职务，可是我却有着10年工作经验，曾在12家公司任过职……"

总经理插话："你的学历和职称都不高，但工作了10年倒是不错。不过，你换了12家公司，这可不是一种令人欣赏的行为。"

"先生，我没有主动要换工作，是那12家公司先后倒闭了。"男子回应说。

在场的人又是一阵大笑。一个考生说："你真是一个地道的失败者！"

男子笑了笑："不，这不是我的失败，而是那些公司的失败，这些失败积累成了我自己的财富。我很了解那12家公司，我与同事努力想挽救，虽然没有成功，但我知道错误与失败的每一个细节，并从中学到了许多东西，这是别人所学不到的。很多人只是追求成功，而我更有经验避免错误与失败……"

男子停顿了一会儿，又接着说："我知道，成功的经验大部分相似，容易模仿，而失败的原因却各有各的不同。用10年学习成功经验，不如用同样的时间经历错误与失败，所学的东西反而更多、更深刻。我认为，别人的成功经历很难成为我们的财富，而恰恰是别人的失败过程却是我们不可多得的财富！”

说完这些，这位男子做出转身出门的样子，又突然回过头：“这10年经历的12家公司，培养锻炼了我对人、对事、对未来的敏锐洞察力，举个小例子吧——真正的主考官，不是您，而是这位倒茶的老伯……”

男子的话让在场所有的人都感到惊讶，纷纷把目光转向老头。倒茶的老头在惊讶之余，很快恢复了平静，笑了笑说：“很好！你被录取了，因为我想知道——你是如何知道这一切的？”

这名男子能从倒茶老头的神情、气质、举止等看出他是这家公司的老板，说明他是一个观察力很强的人。

失败和成功一样，也是一种资本，重要的是正确对待输赢，树立自信心。在人生的各种竞争历程中，赢了更好，输了也并不可怕，因为它可以让我们学会避免同样的错误与失败。

阿木本是一个外企的高级白领，但由于金融危机的影响，他被公司裁掉了。一时间，阿木感觉天都要塌了，简直是惶惶不可终日。朋友来开导他、安慰他，但仍难以抚平他心中的创伤。阿木说：“其实，我自己倒无所谓，主要是怕家人接受不了。我原来住别墅，现在要搬到普通公寓，父母一定会感到很失落；本田车要换成QQ，儿子可能会嫌丢脸；妻子以前都是穿名牌服装的，以后恐怕要去尾货市场买衣服了。还有，以前的朋友会怎么看我？如果再去参加同学聚会，我怎么面对他们呢？我现在连家都不敢回了，总觉得家人看我的眼光都怪怪的……”

阿木的心情是可以理解的，人一旦习惯了富贵的生活，突然间被迫放下身段，跨入平民的行列，确实不是一件简单的事情。人们常说，“由俭入奢易，由奢入俭难”，就是这个道理。很多人都承受不了太大的心理落差，就像一个原本受宠的妃子突然被打入冷宫一样，那种感觉真可以用痛不欲生来形容。

但是，凡事都讲究限度，想得太多了就会感到压抑，使精神受到严重的折磨。人生本来就要经历磨难的，谁在生活和事业中不会遇到挫折呢？如果过于悲观，就会给自己带来许多不必要的麻烦，相当于火上浇油，最终使人痛上加痛而得不到解脱。

相反，生活中倒是不缺乐观大度的人。他们面对困境虽然也会劳心伤神，却不会让悲观的心情持续太久，仿佛一笑之间就化解了眼前的困难。

大民和妻子在一个小区门口的菜市场上经营着一个卖鱼的摊子。他们的海虾、鲑鱼曾经是市场上的独门生意。夫妻俩做起生意来风风火火，手脚麻利，诚信待客，从来没有缺斤短两的行为。由于生意非常红火，两口子每天都喜笑颜开，总有高兴事似的。其实，他们挺辛苦的，天天起早贪黑，风里来雨里去地奔波，进货路途遥远，干的活又脏又累。为了供孩子上学，他们总是省吃俭用。前一阵子，夫妻二人突然不见了。再次出现的时候，他们已经改卖蔬菜之类的大路货了。

原来，他们的水产生意遇到了困难，可现在的生意也不理想。对于大民来说，刚开始卖青菜时，因为进货、销售对他来说并不像卖鱼那样驾轻就熟，而且利润微薄，有时还会亏本。可是，两口子不急不躁，几个月摸爬滚打下来，也慢慢找到了窍门。从卖鱼虾到卖家常蔬菜，他们的业务可以说下降了一个档次，中间也经过了一段亏本的阵痛。但是，每逢和别人说起这些，两人都很坦然，轻描淡写的一句“现在生意不太好做了”，就给所有的生意起伏定了调：不乏忧伤的小夜曲依旧优美动听。

职场白领们可能会不屑跟市场上的小商小贩相提并论。实际上，很多所谓的成功人士所缺少的正是大民夫妻那样的心理素质和生活态度。兵来将挡，水来土掩，何必硬要卖豆腐的掉沟里——人死架子不倒，苦苦地跟自己较劲？古往今来，有多少人敢于成功，却不敢于失败，最具悲剧色彩的项羽就是一个典型的例子。

项羽是秦末著名的军事家、中国军事思想“勇战”派代表人物，也是中国历史上最强悍的武将之一。当年，他是力能扛鼎、气压万夫的一代英雄豪杰，号称西楚霸王。秦末大泽乡起义不久，项羽在江东斩郡守后崛起，举兵反秦。随即率军入关中，以五诸侯灭暴秦，威震四海，分裂天下，册封十八路诸侯，制定各项重大政策，权同皇帝。

项羽的出现，为中国历史掀起了一场风云，写下了一段不朽的神话。但是，正是这样一位“力拔山兮气盖世”的大英雄，由于在楚汉战争中为刘邦所败，最后在乌江自刎而死。

早就有人说过，当初项羽如果渡过乌江，以他的威望，到江东父老中招募乡勇，重组军队，是很有可能再与刘邦抗衡的，甚至有可能改写历史。可项羽却输不起，因为他当年叱咤风云的时候在战场上无往不胜，如今失败了一次，就觉得没有脸面去见江东父老，所以他选择了死。

面对失败，项羽想到的只是如何维护自己的尊严，如何不被父老乡亲耻笑，如何在天下人面前保住自己的面子，而不能放下这些沉重的包袱去寻求东山再起之路，以至于在悲壮中被自己“折磨致死”，为历史留下了一出悲剧。哪一个后世人在想到项羽24岁起兵反秦、27岁分封十八路诸侯、30岁便自刎乌江的时候，不会感到深深的惋惜呢?

所以，人生要能不计输赢，凡事以平常心处之，给自己一个输赢以外的空间，这才是最为重要的。

7. 功成名就更要保持平常心

淡定、坦然是做人的一种修养，这样的人光明磊落，热情而不做作，忠诚而不虚伪，在危难时刻能冷静思考，在成功之时能低调做人，那颗淡定之心永远也不会被人生的大起大落所淹没。

在这个纷杂喧嚣、物欲横流的社会，要想拥有幸福，你的心灵就必须拥有一份淡定。唯有淡定，才能让你的内心平静下来，才能细细品味生活的千般滋味。

大才子苏东坡原来是一个翰林大学士，但因为政治原因，朋友都对他避之不及。当他历经人生万般劫难后，终于领悟到生活的真正味道是“淡”。他说：“莫听穿林打叶声，何妨吟啸且徐行。竹杖芒鞋轻胜马，谁怕？一蓑烟雨任平生。”所有的滋味都品过了，才知道淡的精彩，才知道一碗白稀饭、一块豆腐的味道也能让人终生难忘。

在当今浮躁的演艺圈，宋祖英可谓另类，她的内心像水一样纯净透明，不会耍心眼，玩心计。她不喜欢抛头露面，不喜欢应酬，她的丈夫罗浩也喜欢默默无闻地工作、生活，夫妻俩都低调做人。没有演出的日子，宋祖英就安静地待在家里看书、听音乐，和家人享受天伦之乐。平时在家里，她素面朝天，家里什么事都不管，完全由罗浩做主。虽然已经大红大紫了，但她仍然坚持每个月去金铁霖老师家里学习，请金老师指导自己。

罗浩尤其看重宋祖英这些良好的习惯和品德，结婚这么多年，他们的感情非常稳定。尽管妻子是红得发紫的大明星，但罗浩从没想过靠妻子的光环来提高自己的知名度。他也是一位才华横溢的优秀男人，拥有自己的事业。他从不同时与宋祖英接受媒体的采访。有时记者到家里采访、拍照，他就知趣地溜出去。对于丈夫的这一点，宋祖英也非常欣赏。在感情上，他们又是彼此生命中不可割舍的一部分；而在事业上，他们是两个独立的个体，各自在自己的轨道上运行着。

面对公益事业，宋祖英出手阔绰，但他们的日常生活却很简朴，对吃穿也不太讲究，宋祖英的穿戴都很普通，没有什么名牌。

宋祖英是从大山里走出来的女儿，内心一直有一种强烈的家乡情结。有时去外地演出，主办方安排她去高档酒店吃饭，她都会拒绝。她说：“吃饭随便找家普通饭店就行，我们家乡还有很多贫困孩子，拜托你们为他们捐点资。”还有的企业以高额的出场费请宋祖英去演出，她却说：

“出场费我可以不拿，我的家乡还很贫困，你们能不能到那里去投资？”

宋祖英对家乡的一片深情感动了成千上万的人，而媒体对此却鲜有报道。对此，宋祖英说：“做好事不是给别人看的，为什么要弄得沸沸扬扬呢？再说，你在帮助别人的时候，自己也获得了快乐，何乐而不为呢？”

在一个引人注目的平台上轰轰烈烈地为国家和人民干一番大的事业，是人生的至高境界。但在不起眼、平凡的工作岗位上，把国家和人民交给的本职工作干好，也是无悔的一生。

成功不是衡量人生价值的最高标准，比成功更重要的是，一个人要拥有内在的丰富，有自己的真性情和真兴趣，有自己真正喜欢做的事。这样，你在任何情况下都会感到充实和踏实。

第六章　淡定，让生命更宽厚

人生在世，机遇与苦难同在。一帆风顺也好，跌宕起伏也罢，都是自己的命运。兰秀深林，不以无人而不芳；君子立德，不为窘困而改节。看尽繁华三千，终是花飞叶落随泥土。

哲人说，人生就是一次旅行，目的地在哪里并不重要，重要的是人生中的每一次经历，经岁月沉淀馈赠给我们的自信、淡定、宽容和智慧，这是生命中最宝贵的财富。

第一节　开悟人生

1. 找到自己的人生使命

人生的制高点是什么？这可能是很多人从未考虑过的问题。其实，人生的制高点就是使命。使命包括两个部分：第一，你想要成为什么样的人？第二，你要为社会做些什么事情？

当你已不再为生活所迫时，再让你为金钱去奋斗，你遇到挫败就可能会后退，可能会放弃；而当你为了一个城市、一个国家，甚至一个社会而背负起一份责任，带着一种使命去真正创一番伟业时，你会产生一种强大的内驱力。

许多人内心深处常有这样的念头："我不够好！"我们经常会再加上一句："并且，我做得不够多。"或者："我活得不值。"你说过这些话吗？你经常说、经常暗示或经常体验"不够好"吗？可是，你为什么不够好？按照谁的标准评定你不够好？

如果这种信念在你心中很强烈，你如何能创造充满爱、幸福、富裕、健康的生活？从某种程度上说，你潜意识中的主要信念会经常与理想生活相抵触。你永远无法将二者放在一起，不知什么时候有些东西就会错位。

日本首富孙正义，他的财富曾经在公司股票上市时，有两天时间超过世界首富比尔·盖茨，而在他刚刚创业的时候，办公室在一栋木质建筑物的二楼，只有两张借来的办公桌。除了孙正义之外，只有两名员工。公司正式成立那天，孙正义带着一个苹果箱子进了办公室。他站在苹果箱上，面对两名员工激情演说，讲他人生50年的大计划，并指出未来公司的营业额将高达1兆日元！两位员工听完，认为老板发疯了，立刻辞职不干了。当时，孙正义20岁。22年过去了，孙正义成了日本首富，资产超过3兆日元。

对此，孙正义说："最初所拥有的只是理想以及毫无根据的自信，所有的一切就从这里出发，如今都一一变成了现实。"孙正义更加信心百倍地感言："当信息化社会进入第四阶段，我希望软银能够名列世界前十大企业，我的志向是成为第一。在我心目中，只有第一，没有第二！"

而这一切的发生都开始于一个念头，或者说是一个理想。事实又一次证明，人类因理想而伟大。

说到理想，我们还须先明白一个概念——理想与目标的区别。深入讨论这个问题会很复杂，这里只用一句话来概括，理想与目标的区别在于：理想包括了对目标实现后的价值评判。也就是说，理想不仅包含目标的内容，还包含了实现目标的意义，而且只能是正面的意义。比如，有些人不择手段，发家致富，达到了他个人的奋斗目标，但他给人类带来的意义是负面的，这就不能称之为理想。

所以，理想、人生目标应该是人的一种神圣使命。

有人专门研究过世界上百位富有的人，发现他们最初的动机也许是为了钱，但当他们发展到一定程度时，为的却是一种使命，一种对社会的责任。

世界首富比尔·盖茨的使命：让全世界每台电脑都使用微软的软件，服务全人类。

零售业巨头沃尔玛公司总裁山姆·沃尔顿的使命：以最低的价格为社会大众提供最优质的生活用品。

美国十大杰出女性玫琳凯女士的使命：透过玫琳凯事业的发展，让更多的女性提升自信，同时获得一个自由、平等的事业机会。

安利集团创始人德克斯・耶格和理查・狄维士的使命是：帮助人们打造梦想，建立一种经济自由的生活方式。

使命，换句话说，就是想做成一件前人没有做成的有益于人类的事情。就像华人首富李嘉诚所说的："我每天只需要穿一身衣服，住一间房子，坐一部车子，一日三餐。无论我如何富有，当金钱多到某种程度时，它的意义就不再是个人私欲，而是要造福民族、造福社会了。"

是的，当你想到你要成就的事情，想到你所要服务的大众，你就会为之振奋，不知疲倦，无视挫败，忘我地工作，直到成功！

让我们来看看世界上最杰出的政治家，他们的使命是什么？

美国黑人领袖马丁・路德・金之所以伟大，是因为他的使命是让黑人与白人一样平等、自由；孙中山之所以伟大，是因为他毕生都在实践推翻禁锢中国人民几千年的封建帝国的使命。

透视这些人生使命，我们是否找到了一些信号——我们要为自己树立怎样的理想？我们要成为什么样的人？我们要为我们的企业、为我们的国家、为这个社会，做些什么事情？

工作的意义在于创造出更大的社会价值，只有为使命而非金钱去工作时，我们才会从更高的精神层面汲取更大的内在动力和激情，进而创造出更大的成就。

假如你只是为了金钱，为了个人的吃穿住行等私欲而工作，你只能获得很小的成功。如果你忘掉个人的私欲，为了一个团体、一个国家、一个民族，为了大多数人的利益，肩负起一种社会的责任，你就会创造出非凡的成就。最大的自私就是无私，最大的自我就是无我。

一个人要想取得伟大的成就，获得永远的成功，一定是为使命而非金钱去工作；一定是用使命去感召一个团队，然后，让这个团队去实现一个伟大的梦想。

2. 选择造就人生

在这个世界上，成功的道路何止千万条，但是我们要明白，所有的道路都不是别人给的，而是自己选择的结果。

有一座山，高耸入云，飞鸟难越，没有人知道它有多高。山前山后有两条路可供攀登：前山大路石阶铺就，笔直坦荡；后山小路，荆棘丛生，蜿蜒曲折。

一天，有父子三人来到山脚。父亲举手遮阳，眺望峰顶，声如洪钟："你俩比赛爬上这山，上山有两条路，大路平而近，小路险而远。选择哪条路，你们自己决定。"哥俩思忖再三，各自凭着自己的选择，踏上征程。

时间过去了两个月，一个西装革履的身影出现在峰顶，哥哥走来了。他面色潮红，略显发福，头发油光可鉴。他骄傲地掸了一下笔挺的襟袖，走向充满期待的父亲，说："我赢了，我赢了！这一路真是春风得意。在坦荡的大路上，我只需向前，向前！舒缓的坡度让我走得从容，平整的石阶使我心旷神怡。这里没有岔道让我伤神，没有突出的山石绊脚，我的心灵没有欺骗我，是英明的选择助我胜利。实践证明，在平坦和崎岖间，只有傻瓜才会放弃平坦，选择崎岖。聪明的选择使我有了多么得意的旅程啊！我获得了胜利，我理当获得胜利！"

父亲慈祥地看着他："你的选择的确聪明，一路走得也十分风光，我的好儿子……"

这之后不知过了多久，又一个身影出现了：他步伐稳健，全身充满着生命的活力；尽管瘦削，衣衫褴褛，但双目炯炯有神，透着聪慧与睿智。弟弟微笑着走向父亲和哥哥，从从容容地讲起路上的故事："哦，这是多么有意义的一次旅程！感谢您，父亲，感谢您给我选择的机会。一路上，陡峭的山崖阻挡了我攀爬的脚步，丛生的荆棘刺破了我裸露的臂膊，疲惫的身心增添了我孤独的酸楚。但我坚持住了，我终于学会了灵活与选择，学会了机敏与自护，学会了独立与坚忍。路边美丽的景色，使我放慢脚步享受自然的馈赠。在山脚下，我看见山花烂漫、彩蝶翩翩。于是，我与山花同歌、伴彩蝶共舞。在山腰，我看见绿草如茵，华木如盖，清澈的小溪静静流淌在林间，朝圣的百鸟尽情放歌于林梢。我拥抱自然的和弦，追逐欢快的节奏。这些往往是我最快乐的时光，可更多的时候是阴冷浓雾的环抱、荆榛丛棘的阻隔。放眼望去，黄叶连天，衰草满路，但我在黄叶林中看到丰硕的果实，从衰草丛内悟出新生的希望。我感觉自己在成熟，一寸寸地成熟。再往上，是没有一点生机的寒风和石砾。我曾想放弃，但曾经的艰辛温暖着我，启迪着我，给我力量，给我信心，使我忘掉比艰险更艰险的死寂，抛掉比痛苦更痛苦的迷茫！我最终到达了这里！一路上，我阅尽山间春色，也饱尝征途冷暖。为此，我感谢您，父亲，感谢您给我选择的权利，我从自己心灵的选择中懂得了很多很多……”

哥哥眼中露出不解，但旋即消失，他不无轻蔑地说：“可是你输了！”

“是的，”父亲遗憾地说，“孩子，你输掉了比赛……”

弟弟极目远方，脸上露出平和的微笑：“但我赢得了人生！”

人生就是这样，正是因为崎岖才多了几分韵味，才更显得其丰富。平坦纵然快捷，但却无法与崎岖之丰富相比。人生之崎岖往往于其崎岖之中包含着智慧和成熟。

人生难免会遭遇重大的抉择，不同的抉择造就不同的人生。

其实，我们选择生活的同时，生活同样也在选择我们。人生的选择有两种，一种是被动选择，另一种则为主动选择。结局往往取决于是你主动地选择人生还是被动地被人生选择。生活有一种巨大的惯性，让人们在现有的工作面前安分守己，不思进取，当我们被动地选择接受要来的事、选择让它发生、选择为安定而牺牲理想、选择让别人为自己来打算、选择仅仅日复一日地活着，这种选择就决定了我们的人生只能庸庸碌碌、随波逐流，因为在选择面前举棋不定或没有勇气向前迈进，也就等于放弃了实现自己的梦想机会。成功的人之所以会成功，往往不是赢在起点，而是赢在转折点，因为他们懂得在自己的人生中主动选择坎坷曲折却风景甚好的路。

3. 人生不需要100分

幸福人生没有100分，就如同圆月和弯月，一种是圆润、丰盈的美，而另一种是残缺、哀婉、凄楚的美。人生又何尝不是如此呢？生命无需圆满，人生当有不足。

我们都知道考卷上的分数是用来衡量一个人的学习成绩的，那是现行教育体系内检视学习效果的一种标准。在没有更客观或更准确的方法出现之前，这种方式会一直存在，很难完全被淘汰。分数能及时反映出学习效果，而且很有效率，因为我们总不能等10年后再来验证大家的成就，然后再来决定当初谁才是该届毕业生里学习成绩最优秀者。

一个人的学业成绩可以用考试的分数来举证，那一个人的一生呢？可以用分数高低来代表其人生完满与否吗？如果可以的话，会有100分的人生吗？有怎样的人生分数才算是及格呢？这些问题有点哲学意味，因为人生不是数学公式，可以套用计算；不是物理现象，有一定的现象可以依循；也不是化学变化，有一定的变化规律可以观察。人生的幸福感的计算方式很复杂。对一个贫困家庭的小孩而言，一根得来不易的棒棒糖，就是天大的满足了；对一个中年企业家来说，面对一年几千万的净收入，或许他还会焦虑不安地说："怎么今年公司成长这么慢？不行，再开个会检讨一下。"所以，关于人生幸福指数很难确定，因为绝大多数人因性别、年龄、职位与身份的不同，对幸福所渴望的内容也不一样。

其实，就算是同年龄、同性别以及同职位的人，对幸福快乐的定义也不一样，因为他们个性不同，自然对自己有不同的要求。两个同时进公司的年轻人，一个对事业有企图心，一个只想安稳地上班过日子，因此，同样的加薪升职，对他们而言却有着不同的解读。有事业心的人可能会说："进公司这么多年了，现在才晋升到副主任，不行，我得再加把劲。"另一个只想安稳过日子的上班族则可能惶恐地说："怎么办？责任大了，总要做出些成绩才好交代，搞不好以后要开始加班了。"对他来说，压力变大，便不快乐了！

所以，真的很难为人生的幸福感打分，因为要评判一个人的成败，必须对他的人生进行全方位的检视，兼顾每个细节，因为就算是同一个人，同样的生活条件与工作内容，也会因为他最近谈了场恋爱，心理层面起了变化，整个人容光焕发、神采奕奕，变得积极开朗。人生的分数既然这么难打，怎么会有100分的成绩呢？分数高低的衡量标准如此有分歧，要怎样才能做到客观呢？又怎样才够资格称得上完美，做到100呢？

因为你可能事业成功、飞黄腾达，却婚姻失败、家庭失和；你可能学习成绩名列前茅，却与同学关系不佳，在学校受人排挤；又或许你虽然身居陋室、贫病交迫，却受街坊尊敬，知交满天下；抑或你只是个很平常，毫不起眼的大学生，却拥有一群臭味相投的死党，常呼朋唤友地玩在一起，他们丰富了你的年少生活。由以上例证来看，你很难分得出谁失败，谁又绝对地成功！

所以，人生的幸福指数或满意度，不是学校课堂上的考卷，没有标准答案可供圈选。也因此，要努力达到几分才能算是及格的人生，这问题没有人能正确地回答，因为那要看你对人生最大的期待是什么，对幸福感的定义是什么，才能去衡量与评比你的人生分数。但纵使你知道了自己现阶段想要的是什么，也无法给出一个永远不会改变的评比分数，因为人的欲望是永无止境的。或许你很满意当下的生活状况，但几年后当你已达成当年挑战的目标时，你又会觉得不满足了。人的幸福感是会膨胀的，快乐的标准只会越定越高。你可能永远在欲望的背后不停地追赶，却永远也追不上它贪婪前进的脚步。

其实，仔细想想，世界上任何事情都不可能是完美的！就连10个手指头也不一般长，何况复杂的人生呢！事情都有自己的正反两方面。有的时候，残缺也是一种美丽。梁祝的故事，人人看后滴泪，感叹结局的悲伤；但是，正是这种凄美，才使它千古流传，成为忠贞爱情的绝唱。人生就是一条不能回头的路，我们磕磕绊绊地走在泥泞与平整交错的路上，有无数坎坷，也有看不完的风景，但平地流水遇知音，又有几人？维纳斯的美不正是因为断臂，才产生了震撼心灵的效果吗？

有这样一个故事：一位老和尚为了选拔理想的衣钵传人而设想了一道非常奇妙的考题。一天，老和尚对一胖一瘦两个得意门生说："出去给我拣一片你们最满意的树叶回来。"两个徒弟遵命而去。时间不久，胖和尚就回来了，递给师父一片并不是很漂亮的树叶，对师父说："这片树叶虽然并不完美，但它是我看到的最好的树叶。"瘦和尚在外面转了半天，最终却空手而归，对师父说："我见到了很多很多的树叶，但怎么也挑不出一片最完美的，所以没有一片是我最满意的。"

这道考题的结果如何可想而知，胖和尚成了衣钵传人，因为他更懂得佛家万事随缘、世上本无完美之事的道理。

也许在人生中，我们都会遇到这样的情况，一心只想尽善尽美，最终却常常是两手空空。拣一片最完美的树叶，初衷总是美好的，但如果不切合实际地一味找下去，最后往往会吃尽苦头，直到有一天你才明白，为了寻求一片最完美的树叶而失去许多机会，是多么的得不偿失。

人生丰富多样，人生又忙碌苦短，我们真的不必事事追求完美。只要自己活得实在，活得开心，活得有质有量，就是人生的成功和精彩。

4. 成熟在逆境，醒悟在绝境

如果你认为自己一辈子都不会陷入绝境，只能证明你正在走向绝境的路上。如果你已经陷入了绝境，证明你已经得到了上天的垂青，将获得一次改变命运的机会。如果你已经走出了绝境，回首看看，你会说你从未发现自己比自己想象的要伟大、要坚强、要聪明。如果你已经成功了，你要由衷感谢的不是顺境，而是绝境。

一位武学高手在一场典礼中，跪在武学宗师的面前，准备接受来之不易的黑带。经过多年的严格训练，这个徒弟武功不断精进，终于可以在这门武学里出人头地了。

“在颁给你黑带之前，你必须再通过一个考验。”武学宗师说。

“我准备好了。”徒弟答道，心中以为可能是最后一回合的拳术考试。

“你必须回答一个最基本的问题：黑带的真义是什么？”

“是我学武历程的结束，”徒弟不假思索地回答，“是我辛苦练功应该得到的奖励。”

武学宗师等了一会儿，显然不满意徒弟的回答。最后，他开口了：“你还没有到拿黑带的时候，一年后再来。”

一年后，徒弟再度跪在武学宗师的面前。

“黑带的真义是什么？”宗师问。

“是本门武学中杰出和最高成就的象征。”徒弟说。

武学宗师过了好几分钟都没有说话，显然还是不满意。最后，他说道：“你还没有到拿黑带的时候，一年后再来。”

一年后，徒弟又跪在武学宗师的面前。

“黑带的真义是什么？”

“黑带代表开始，代表无休止的纪律、奋斗、战胜逆境和追求更高标准的历程的起点。”

“好，你已经准备就绪，可以接受黑带和开始奋斗了。”武学宗师欣慰地答道。

对于一个追求生活真谛的人来说，每天都是一个新的开始。

人生就像一条奔腾不息的河流，永远不会停留在一个地方，也不会停留在某一阶段，它需要不断的超越。超越，是升华，是突变，是人生不可缺少的阶段。正是这种超越，才使人类从愚昧无知的远古走到文明昌盛的今天。

超越自我是生命的要求。尼采说："生命企图树起自己的云梯——它渴求眺望到遥远的地方，渴望着最醉心的美丽——因为它要求向上！""生命企图升起，升起而超越自己。"生命渴望的地方，就是我们每个人自己选定的目标和理想。超越自我的过程就是创造的过程。人活在世上，不能只贪图安逸享受。慵懒自私的人，永远也享受不到人生的真正乐趣。只有努力创造、全力拼搏、不断超越，才能在激烈的竞争中占有自己的位置，使生命的碰撞发出耀眼的火花。

那些视艺术为生命、视科学为灵魂的人，从来不会停下脚步，伟大导师的非凡创造便是超越生命的典范。哥白尼的日心说，拿破仑的壮举，莎士比亚、巴尔扎克的传世之作，马克思的革命理论……他们超越了时空架起的天然丰碑，征服和影响着世世代代的人们。

爱默生说："如果一个人对自己的处境不满，他可以用两种方法来改变，改善自己的生活条件或者改善自己灵魂的状况。前者不是自己随时都可以做到的，后者则永远随他自己掌握。"

有一位孤独的年轻画家，除了理想，他一无所有。为了理想，他毅然远行。起初，他到堪萨斯城的一家报社应聘，那里的良好氛围正是他所需要的。但主编看了他的作品后，认为缺乏新意而不予录用。他品尝到了失败的滋味，陷入人生低谷。

后来，他替教堂作画。由于报酬低，他无力租用画室，只好借用一家废弃的车库。一天，疲倦的画家在昏黄的灯光下看见一对亮晶晶的小眼睛，是一只小老鼠。他微笑着注视着它，而它却像影子一样溜走了。后来，小老鼠一次次出现。他从来没有伤害过它，甚至连吓唬都没有。它在地板上做多种运动，表演杂技，而他就奖励它一点面包屑。渐渐地，他们互相信任，彼此建立了友谊。

不久，年轻的画家被介绍到好莱坞去制作一部以动物为主的卡通片。

这是个难得的机会，但他再次失败了。

在黑夜里，他苦苦思索自己的出路，甚至开始怀疑自己的天赋。就在这时候，他突然想起了车库里的那只小老鼠，灵感在暗夜里闪出一道光芒。他迅速画出了一只老鼠的轮廓。

有史以来最伟大的卡通形象——米老鼠诞生了，沃尔特·迪斯尼也因此名扬四海。探索、创新改变了整个世界，绝境开启了人的悟性。人类在进步，倘若没有创新，我们充其量只是猴子而已。科学的发现，人类的进步，来源于人类对自然的舍身探索。进步的动力，是创新的结果。

顺境中，你收获的仅仅是代表财富的东西。然而，在大部分的时间里，你是在不断地丧失，丧失着生命中原始的豪迈与激情。在某种程度上，顺境是一种腐蚀剂和麻醉剂，让你完成从呼啸山林的兽中之王到懒猫的蜕变，让你经历从将军到奴隶的转化。

绝境仅仅是一段距离、一个门槛，跨过去就是一次转折、一次醒悟和升华。在绝境中，你往往会突破骨髓与血液中的樊篱，超越与俗人甚至包括你自己所见不同的常规，书写连你自己都不曾想过的神话。所以，绝境才是你人生的资本、成败的证明。

一个人只要不甘心平庸，哪怕只有一点点想法，在把想法通过办法变成现实的过程中，总会遇到各种各样的难题、阻力和麻烦。人为制造的、客观存在的和偶然发生的，都会让你感到时不予我、英雄气短的无奈，让你有穷途末路、求救无门的悲叹。

巴尔扎克说：绝境，是天才的晋升之阶、信徒的洗礼之水、能人的无价之宝、弱者的无底之渊。

绝境是你错误想法的结束，也是你选择正确做法的开始。你不在绝境中发迹，就在绝境中沦落。自古英雄多磨难。一个平凡人成为一个领域或者一个时代的英雄，是挫折和磨难使然，因为英雄和平凡人的区别就在于，英雄在逆境中抓住了逆境背后的机遇，在绝境中创造了奇迹；而平凡人则在逆境中选择了随波逐流，在绝境中选择了放弃。

什么事情，都是成也在人，败也在人。失败者并不是天生就比成功者差，而是因为在逆境或者绝境中，成功者比失败者多坚持一分钟，多走一步路，多思考一个问题。

切记，多一次逆境，就多一分成熟；多一次绝境，就多一次机遇。

5. 多给自己一点思考的时间

人生短暂，时间宝贵，所以，不要将它们浪费在重复别人的生活上。不要被教条束缚，那意味着你和别人思考的结果一起生活。不要被别人喧嚣的观点掩盖你内心的声音。更重要的是，你要自己思考人生，并有勇气去听从直觉和心灵的指示——它们在某种程度上知道你想要成为什么样子，所有其他的事情都是次要的。

有位哲学家带弟子们出行，途中，他问弟子："有一种东西，跑得比光还快，瞬间能穿越银河系，到达遥远的地方……这是什么？"弟子们争着回答："是思想！"

哲学家微笑着点点头，继续说："那么，有另外一种东西，跑得比乌龟慢，当春花怒放时，它还停留在冬天；当头发雪白时，它仍然是个小孩子的模样，那又是什么？"

弟子们一对不知如何回答。

"还有，不前进也不后退，没出生也不死亡，始终漂浮在一个定点。谁能告诉我，这又是什么？"

弟子们更加茫然了。

"答案都是思想！它们是思想的三种表现，换个角度来看，也可以比喻成三种人生。"

望着聚精会神的弟子们，哲学家解释说："第一种是积极奋斗的人生。当一个人不断力争上游，对明天永远充满希望和信心时，这种人的心灵就不受时空限制，他就好比一支射出去的箭，总有一天会超越光速，驾驭万物。第二种是懒惰的人生。他永远落在别人的屁股后面，捡拾他人丢弃的东西，这种人注定被遗忘。第三种是醉生梦死的人生。当一个人放弃努力、苟且偷生时，他的命运是冰封的，没有任何机会来敲门，不快乐也无所谓痛苦。这是一个注定悲哀的人，像水母的空壳漂浮于海中，不存在于现实世界，也不活在梦境里。”

当代科技的进步、物质的丰富，使人们开始安于现状，依赖于社会带来的便利和快捷，同时也让人们比以往任何时候都显得浮躁。

我们需要思考，没有任何人可以禁锢我们的思想。

一个人如果不能享受孤独，学会思考，他就不可能有大成就。

人活着到底是为了什么？很多人都在问，也有很多人对此作出不同的解释。问这个问题的人很困惑，解释这个问题的人同样也很困惑。基督说，人来到这个世上就是受罪的；佛说，人在世上就是要修行；苏轼说，人生如梦，梦醒后却嗟叹不已；李白说，“人生得意须尽欢”；曹操说，“对酒当歌，人生几何”……凡此种种，嗟叹人生苦短，意义何求。

当代女作家毕淑敏在百家讲坛的一次演讲时谈及“人生有何意义”的问题，她说：“人生本没有意义。”毕淑敏的回答赢来全场的一片掌声。但掌声过后，毕淑敏的话又让人们陷入思索当中：“没有人会替你确定人生的意义，但如果你无法确定人生的意义，你将一辈子活在无意义的状态里。大到每一天，小到每做一件事情，你都会感到莫名的痛苦，因为你不知道往什么地方走。所以，每个人必须为自己的人生确定意义。”

人为财死，鸟为食亡。在名与利面前，其实就是考验我们人生最为重要的时刻。有的人经不起名利的诱惑，失去了生命的洁白。在名利面前，把人与鸟放在同等的地位，人已经失去了理性的思考力。但人不能像鸟一样活着，人需要智慧。托尔斯泰说：“智慧就是懂得生活的任务以及怎样去完成。”一个人能够正确评价环境，能够了解自己的长处和短处，能够知道自己生活的意义，能够履行自己的责任，能够以积极心态去解决困难，能够知晓别人并与之和睦相处，能够按照自己思考的路线走下去……这就是人生智慧。

人需要思考的问题太多了，当你静坐独思时，把自己放在云端之上，一切的感念都那么真切，一切的烦恼都如过眼烟云，一切的重负也都如失重般挥之而去。此时此刻，你会觉得自己无比宁静。试想，既然不能脱离尘世，何不让自己的心灵独处呢？沉静过后，你会发现原有的杂念、烦恼，都消失得杳无踪迹。这时，你才领悟到生命的真正意义，体味到生命的价值。

第二节　厚度决定高度

1. 做好人生的“加减法”

人生有一个基本运算法则：求知用加法，自满用减法；积极用乘法，消极用除法。当我们来到人世间时，一无所有，随着时光的流逝和个人的成长，我们的人生开始做加法，加入了知识的光芒，加入了品格的力量，加入了对财富的追求，加入了亲情的滋润，人生变得更加丰盈。等到了一定的年龄，人又要学会减法，减去过多的欲望，减去物质的享受，减去纷争，减去对世俗名利的留意，使人生境界变得深远。

于丹教授在《论语心得》中，讲过这么一段话：“一个人在30岁以前是用加法生活的，就是不断地在这个世界上搜寻他所需要的东西，比如经验、财富、情感、名誉。但是，物质的东西越多，人就越容易迷惑。30岁以后，就要开始学会用减法生活了，要学会舍弃那些不是你心灵真正需要的东西。”

许多人不明白其中的道理，快到生命终结的时候，才总是懊悔虚度了一生，总是假设如果再给自己一次生命，自己将如何如何；觉得自己得到的不够，而失去的却太多，觉得人生还有潜力，还可以做得更好。

有一个商人非常富有，也很懂得享受生活。有时候，他宁愿放弃一单生意，也会睡个好觉。他经常给自己放假去旅游，以放松身心。

这样看起来，他浪费了很多赚钱的机会。对此，有一个年轻人问他：

“你工作1小时可赚钱50美元，如果每天休息1个小时，1个月就少赚1500美元，1年少赚1万美元，这值得吗？”

那个商人笑着说：“很多人都认为不值得，但我认为值得。现在，我们来算算：假如1天工作8小时不休息，1天可赚400美元，那我的寿命将减少5年，按每年工作300天、年收入12万元计算，5年我将减少60万美元收入；假如我每天休息1小时，那我除损失每天1小时50美元外，将得到5年每天7小时工作所赚的钱。现在我60岁，假设我按时休息可再活10年，那么我将损失15万美元，15万和60万谁大呢？”

这个人听了商人的话，觉得很有道理，因为商人懂得细水长流。

现实中，我们很少去想自己已经拥有的东西，常常竭尽全力去追寻得不到的东西，以为那里会有幸福和快乐等着我们，而恰恰在力不从心的追寻过程中忽略了眼下的快乐。

要知道，人生不是得到就是失去，不是加就是减，有时往往因为失去、减去而得到更多。

一场从天而降的车祸，使他失去了一只眼睛、一条腿和赖以生存的工作。命运之神残酷地将49岁的他逼到了人生的悬崖边。面对飞来横祸，他没有悲观绝望、怨天尤人，没有向命运低头，而是振奋精神与命运进行顽强的抗争。

失去工作的他最迫切的是需要找一份新的职业来谋生，令人不可思议的是，他选择了写作。但此前他从来没有写过任何文学类的东西，甚至很少读文学方面的书籍。

在最初的几年里，他所有辛勤的劳作与激情的投入换来的是700多封退稿信。但他没有灰心气馁，而是以更高的热情与加倍的努力继续笔耕不辍。苍天不负有心人，在艰辛的付出后，他终于迎来成功的硕果：他不仅先后出版了20多部作品，而且在数十次文学大赛中获得大奖，成为举世闻名的作家。

正当他的文学事业如日中天，达到顶峰时，他却做出又一惊人之举：

徒步周游世界，那年他刚好60岁。带着重新安装的假肢和对理想的追求，他踏上了艰苦跋涉的征程。在短短几年时间里，他的足迹遍及整个美洲大陆和欧洲大陆。1916年，已年近古稀的他拖着一条假腿，竟然奇迹般地登上了终年冰雪覆盖的非洲最高峰。

他就是美国著名的作家、旅游家、探险家海曼斯。

命运在向海曼斯关闭一扇窗的同时，又为他打开了另一扇窗。世上的任何事都是多面的，我们看到的只是其中的一个侧面，这个侧面让人痛苦，但痛苦却往往可以转化。生活也真的很公平，它可以将一个人的志气磨尽，也能让一个人出类拔萃，就看你是怎样一个人。

做好人生加减法，先要减去胆怯、增加毅力。美国诗人惠特曼在他的《草叶集》出版前，曾遭到40多家出版商的拒绝，但他始终不放弃，最终成功出版，成为世界文学史上的一大瑰作。假如惠特曼在遭受40多次的拒绝后，没有及时地减去胆怯，结果还会是他所得到的荣耀吗？

做好人生加减法，还需减去尘世纷扰，加上一颗平常心。从庄子的击缶而歌到圣人无待齐物的洒脱；从李白“仰天大笑出门去，我辈岂是蓬蒿人”的豪迈不羁到成为一代诗仙的喜悦；从苏轼的“老夫聊发少年狂”的壮志豪情到“一蓑风雨任平生”的超脱，都证明了这一点。

人生就像一道计算题，如何才能达到完美适意的人生境界，只看你怎样做这道题。人的一生5%是精彩的，5%是痛苦的，另外90%是平淡的。人们往往被5%的精彩诱惑着，忍受着5%的痛，而在90%的平淡中度过。加减得体，方能成就一种人生境界；加减失当，则会给心灵带来痛苦与压力。

2. 守住自己

有时你羡慕某人地位显赫、风光无比，真后悔当时怎么不留在机关好好努力；有时你羡慕某人经商不久，就积累财富无数，真后悔自己怎么没有下海经商；有时你羡慕某人工作舒适，悠闲自得，轻松自在，真后悔自己还置身于繁杂的环境之中……你越是这样想，越会活得没有人样。

不要因为别人实现了某一个梦想而放弃自己的梦想，不要因为某一次失败而放弃所有的努力，不要因为某一个人背叛而怀疑一切爱情和友谊……现代社会有太多的艰难也有太多的诱惑，有太多的障碍也有太多的机遇，有太多的失落也有太多的可能，我们被拥塞其间，不得喘息。那些功名利禄、荣辱得失、是非利害，都是牵动我们的一根绳索。就这样，我们终日浑浑噩噩或兴致勃勃地忙个不停，哪里还有闲暇顾及心灵？

守住自己，正如守住一方麦田，或者是守住一面飘扬在我们心中的旗帜，而不是守住自己的钱财、名利、官位、爱人……

这方麦田就是我们的个性，是我们做人的原则，是我们心中不可动摇的信念。每个人都有两个自己：一个是外在的、社会性的、变了形的自己；一个是内在的、本质的、真实的自己，也就是心灵。两个自己需要交谈，如果隔绝太久，日久天长，最后剩下的只是一个在地球上跑来跑去、被社会所异化的自己。

能够赶上一个充满竞争和机遇的时代是我们的幸运。只要我们攥紧拳头，世界就会在我们的手心里握着。不幸的是，在过分追求人生自我价值体现的同时，我们又往往错误地选择了急功近利。在茫茫人海中，随处可见的是浮躁不安的忧烦和力不从心的疲惫。不经意之间，我们就失落了一颗平常心。

人要为自己活着。

在澳大利亚一个普通的小镇上，一个叫茉莉的姑娘从小就接受最传统的教育。很小的时候，父母就告诉她要遵守小镇上的生活准则，不要给别人增加麻烦。小茉莉一直把父母的话牢牢记在心底。她一天天长大，上学、工作、结婚、生子，从没有让父母失望。

她的大半生都生活在这个小镇上，从没有见过外面的世界。她非常向往丰富多彩的生活，但她一直谨记父母的教诲，没有任何特立独行的举动。

时光飞逝，茉莉从豆蔻少女变成了慈祥和蔼的老奶奶。后来，她的丈夫去世了，孩子也都各自独立，茉莉又开始了一个人的生活。在她80岁那年，小镇成了旅游区，从世界各地涌来的游人很快打乱了小镇的平静生活，也打乱了茉莉的心。

新年的时候，茉莉生平第一次没有听从别人的劝阻，毅然决定过一种全新的生活。她带着变卖房产所得的200万澳元来到了墨尔本，开始按照自己的愿望生活——学习绘画，去听古典音乐，和年轻人一起看最流行的时装发布会，出席各种各样的社交活动。

茉莉变得如此快乐、自信，几乎让人忘记了她的年龄。她不仅充实地生活着，还出人意料地当选了市政府的议员。很快，茉莉就成了家喻户晓的明星。然而，茉莉90岁那年，意外地在自家门前摔倒，她的生命之花瞬间凋谢。

在小镇郊外的公墓里，她的墓碑上刻着：茉莉，1990年生，2000年快乐地结束了在人间的旅行。

很多来悼念的游客都发现茉莉的生日被写错了，她明明是1910年出生的呀。每到这时，导游都会郑重告诉大家："茉莉女士始终觉得，从80岁那年开始她才过上了真正想要的生活，所以她生命的真实长度应该是10年！"

是啊，这最后的10年才是茉莉为自己活着的时间，从而为她单调苍白的人生旅途涂上了浓墨重彩的一笔。

心灵隐藏在我们生命的深处，它是我们生命的核心。一旦面对它，就会感到这原是一片易感的、深情的、灵性而幽静辽阔的世界。这才是我们个人所独有的世界。在这里，一切社会经历都化为人生经历，一切如烟的往事在这里却记忆如新、依然活着，一切苦乐悲欢都化为刻骨铭心的诗……而那些难言之隐也都在这里完好地保存着、珍藏着、密封着。

守住自己，便能保护自我的完整；守住自己心中那片美丽的麦田，便保存了一份自享的生命内容。心灵是躲避世间风雨的大伞，是洗刷自己及净化灵魂的忏悔室，是重温人生的唯一空间，是自己的梦之乡……

3. 人不争，则无人可与之争

生活中最纷扰的一个字是“争”。这个世界的吵闹、喧嚣、摩擦、嫌怨、钩心斗角、尔虞我诈，都是争的结果。明里争、暗地争，大利益争、小便宜争，昨天争、今天争，你也争、我也争，鸡飞狗跳，人仰马翻，争到最后，原本阔大渺远的尘世，只能容得下一颗自私的心了。

其实，生活中可以有无数个不争的理由。心胸开阔一些，争不起来；得失看轻一些，争不起来；目标降低一些，争不起来；功利心稍淡一些，争不起来；为别人考虑略多一些，争不起来……但欲望，让每个人都像一头伏在草丛深处的狮子，按捺不住。

权钱争到手了，幸福不见了；名声争到手了，快乐不见了；非分的东西争到手了，心安不见了。也就是说，你绞尽脑汁，处心积虑，甚至你死我活争到手的，不是快乐，不是幸福，不是心安，只是烦恼、痛苦、仇怨，以及疲倦至极的身心。

不顾一切地去争肯定不好，那么不争又会怎样呢？

有一部电影叫《男人的野心》，其中的主人公若望本身就有点陶渊明的理想主义，是个不与人争的典型，但他迂腐的理想主义却在冷酷的现实面前碰了壁。这个驼背的知识分子，有着诗人的善良天真和不切实际。他厌倦了城市里物欲横流的喧嚣和倾轧，携妻带女来到远离城镇的一个风景如画的偏僻山村，想要过“采菊东篱下，悠然见南山”式的恬淡怡情与世无争的田园生活。但他至死也没有想到，在物欲横流的世道，要寻求自己理想中的伊甸园是多么天真，而他也为自己的天真付出了惨重的代价。

古今中外，陶渊明式的知识分子总希冀找到自己的世外桃源，但最终都归于幻灭，这是不切实际的理想与残酷现实冲突的必然结果。只要有人的地方，就一定会有纷争。没有曾经的迎合以及对名与利的积极追逐，要抵达“复得返自然”的超脱境界几乎是不可能的。

我们说不争，是指不欲，不欲是不需要多余的欲望。水不争，但天下无物能与之争，不争是它的自然品性，而品性是不能靠争来获得的。争是因为有多余，或有亏损，非自然状态，也非自然品性。要想保持自然而和谐的品性，就需要不争。因此，不争是寡欲，不争是耐得住寂寞，不争是为而不争、适可而止。

严子陵本是东汉开国皇帝刘秀的同窗，老同学登基端坐龙椅，他却更名换姓，果断地隐居到富春江上做了个渔夫，整日徜徉于青山碧水间，与烟霞云霭为伴，过着闲云野鹤的悠闲日子。

刘秀复国，百废待兴，正是招才纳贤，急需治国栋梁之际，昔日同窗却做了世外人，袖手旁观。

刘秀急得几次下诏，召严子陵回朝做官。但严子陵却固执拒绝，无论如何也不肯出山，并遣人回复说，他其实才疏学浅，能到朝廷做官，完全是靠跟皇上的同窗之谊。这样做会滋长朝廷中任人唯亲、结党营私的坏风气，滋生恶果。

刘秀深悟他的良苦用心，大为感动的同时，也深受启发，开展了一系列大刀阔斧的改革，制订并完善了招纳人才的相关制度。官场上的腐败之风，因此大为收敛。

在以不可侵犯的皇权为绝对中心的权力旋涡中，作为臣民似乎只有屈从或疏离两种选择。严子陵态度明确，采取了与皇权不合作的态度，从他身上能看到的是智者所表现出的那份淡泊与坚持。

严子陵后半生安于做个隐士，青史却情有独钟地给他烙上一个高尚名士的风雅名号。他追求随心所欲、默默无闻，反而使自己青史留名。

英国诗人兰德有一首诗是这样写的：我和谁都不争，和谁争我都不屑；我爱大自然，其次就是艺术；我双手烤着生命之火取暖，火萎了，我也准备走了。不争，则无人可与之争，乃人生至境。

4. 生命的长度、厚度和高度

漫漫人生，滚滚红尘，我们会经历许多的人和事，会有许多的喜怒哀乐、欢聚离散。有坦途，也有坎坷；有幸福，也有痛苦。在生命的每一寸时光里，我们要认真度量生命的每一个脚步，涂抹生命的每一种色彩；端正生命的每一种态度，提升生命的每一种价值，超越生命的每一个高度；拥抱生命的每一缕阳光，完美生命的每一个音符。

在这些度量里，对我们人生最为关键的有3个，即生命的长度、生命的厚度、生命的高度。

人的生命长度，有两个显著特点。一是可以精确丈量。一个人从出生到死亡，这是生命的总长度，其丈量结果可以分秒不差。二是难以任意拉长。秦始皇想长生不老，结果只活了短短的49岁，便寿终正寝。袁世凯想万寿无疆，也仅比秦始皇多活了8年便一命呜呼……年龄对我们每个人来说，都是一种自然规律，谁都无法抵御它所带来的生与老。当然，尽管我们不能改变生命的长度，但我们能改变其厚度。岁月的沉淀会馈赠给我们自信、淡定、宽容和智慧，这是我们一生的财富。

每个年龄阶段都是生命长河中的精彩片段，都是一幅幅独特而美丽的画卷。我们只有好好把握每个片段要做的事，珍惜每一寸光阴，用真心去演绎，顺乎自然地去发展，我们的每个年龄阶段才会自信而充实地度过。

可是，人的生命厚度就大不一样了。它内存于人的精神世界之内，外显于人的言谈举止之中，不仅无法精确丈量，而且具有极大的可变性和无限性。换句话说，一个人要想改变自己生命的长度，真如“蜀道之难，难于上青天”，但要想改变生命的厚度，却是“广阔天地，大有可为”。

品格的力量是无穷的。古希腊一位哲学家把高尚的品格比做人生的第二个太阳，一个国家的前途取决于每个公民的教育程度、远见卓识和品格高下。而每个人的品格又是其立身之本，是生命得以扎根社会的基础，是生命沉淀后形成其厚度的源泉。

高尚的品格是人生最大的财富。生命的意义在于抚慰灵魂而不是肉体，而假如灵魂能得到安宁和快慰，还有什么理由能阻止我们芸芸众生趋之若鹜，竞相效法呢？高尚的品格是自然而然的，大音希声、大象无形、大智若愚、大美无言，它恰似幽谷长风、行云流水，观无边落木萧萧下，不尽长江滚滚来，把世界玲珑剔透地装进我们的心底。

例如，2500多年前的孔圣人，有着厚重的生命，他的人生就达到了仰之弥高、钻之弥坚的境界；20世纪60年代出现的雷锋，虽然生命的长度不大，却也因有了厚重的生命，让他登上了人生辉煌的顶点，成为世人永远学习的好榜样。

高尚品格的光辉无处不在。勿以善小而不为，勿以恶小而为之，高尚的品格在我们的点滴生活中，在我们的举手之力下，它是无处不在的爱心、同情心、责任心，它是一种伟大的价值，不关乎你的身份、学历及其他，只有用心付出才能有所收获。

那么，如何增加生命的厚度呢？答案很简单，只有两个字：积累。即不断地、广博地去积累生命的厚度。

比如道德的积累。道德是可以积累的，一个人的道德水准就是在不断积累中提升的。毛主席曾经说过，一个人做一件好事并不难，难的是一辈子做好事。一辈子做好事的人，他的生命厚度会小吗？做好事，做实事，做一切有益于人民和社会的事，坚守自己善良的本性，坚持与人为善、与己为善、与事为善、与物为善的处世方式……这些都是在积累道德。

比如知识的积累。活到老，学到老，这句话人人皆知，但真正落实到行动上的又有几人？尤其是痴迷于学习的人，更是凤毛麟角。知识是人类的精神食粮，只有不断地积累知识，我们的思想才不会陈腐，我们的人格才会得到更好的完善。纵观古今中外的大学问家和政治家，都十分重视知识的积累。马克思、列宁在汲取前人智慧，创造无产阶级革命理论的过程中，做过大量读书笔记、札记，搜集了丰富的资料。被誉为世界短篇小说之王的文学家蒲松龄，喜欢在街头摆下笔墨纸砚，利用喝茶聊天的机会，搜集对自己创作有用的知识、素材，并马上记录下来。他著名的《聊斋志异》，就是一部笔记体小说。古语有云，君子当博观而约取，厚积而薄发，谋定而后动。由是观之，我们当效仿前人，终身学而不辍。

比如思想的积累。人的思想如涓涓细流，日夜流淌，伴随生命的始终。每一个人的思想细流，若能汇入思想的支流，思想的支流又汇入思想的干流，思想的干流再汇入思想的汪洋，那么，人的思想便会产生无穷的能量和威力——这也正是人的厚重生命得以运行和延续的能量之源。

比如情感的积累。人是感情动物，人的感情也需要累积。一个人情感积累多了，丰富了，调动起来了，释放出来了，不仅能彰显出自身生命的厚重，也能使自己的人生更加丰盈。

在人生的道路上，一路前行难免伴随痛苦、希望、迷惘、彷徨，面临各种挑战和抉择，如果不能超越自我，就会迷失方向；如果不能战胜自我，就写不出人生辉煌的篇章。生命的旅途，就是超越的旅途，超越自我是我们生命高度的标杆。

从某种意义上说，人的生命厚度决定了人生的高度。如果把人生的高度比作一座大厦，那么人的生命厚度就是人生的地基，或者说是人生的底盘。

有个《米缸里的老鼠》的经典故事，讲的是一只意外掉进米缸里的老鼠，不知居安思危，未能摆脱白花花的大米的诱惑，直到有天米缸见了底，才觉得以米缸现在的高度自己已跳不出去，只能困死在米缸里了。

对老鼠而言，这半缸米就是一块试金石，如果它想全部据为己有，其代价就是自己的生命。因此，管理学家把老鼠能跳出缸外的高度称为生命的高度。在现实生活中，大多数人能做到在明显有危险的地方止步，但能清楚地意识到潜在的危机，并能及时跨越生命的高度，就没那么容易了。

同样的道理，当一个人的生命厚度不够时，万万不可强行增加高度。人立于天地间，当想方设法积累自己的生命厚度，因为生命有了足够的厚度，才能支撑起人生不断上升的“海拔”。

伟人和庸人开始是在一条起跑线上。伟人之所以成为伟人，是因为超越了自我；庸人之所以成为庸人，是因为走不出自我的苑囿。人生在世，过多地为自己所羁绊，终将一叶障目，不见泰山。拘执于我，是龙困浅泽、虎囚平阳、鸟禁于笼，才能无法施展，注定碌碌无为。超越自我，是点睛破壁而腾的龙、挂帆乘风而行的船、开笼振翅而飞的鸟，是真正的海阔凭鱼跃，天高任鸟飞。

当然，人生是由生命的长度、厚度和高度构成生命的一种完美形态。人的生命，如果只有长度而没有厚度，生命将失去价值和意义；相反，人的生命只有厚度而没有长度，也是很遗憾的，比如英年早逝者。

所以说，人生最理想的状态是既有足够的生命长度，又有足够的生命厚度，这样就可以有足够的时间和力量去创造人生一个又一个新高度，这样的人生才是有意义的完美的人生。

5. 起落人生，行藏有道

常言说，人活一生，要活得明白。简单地说，就是知道自己什么时候做什么事情，不该做什么事情。人活一世，草木一秋。有的人糊里糊涂，终其一生也不曾做过一件有意义的事情，日复一日，年复一年，既无目标也无追求，在吃、喝、拉、撒、睡之间走到人生的尽头。有的人时而清醒、时而糊涂，时而雄心万丈、时而随波逐流，几经起落，最后自认平庸。但总有一些人，始终头脑清醒，目标明确，行动有序，行藏有道，这便是得益于他懂得人生的真实意义。

在很多人看来，自己实在太渺小了，干不了什么惊天动地的大事。其实，一件事有没有意义并不在于这件事的大小。任何一件事情，哪怕再小，只要是你该做的，你用心把它做好了，那就是有意义的。

下面的一个佛教故事，会给我们带来一些启发。

大热天，禅院里的花被晒蔫了。

“天哪，快浇点水吧！”小和尚喊着，赶紧跑去提了桶水来。

“别急！”老和尚说，“现在太阳大，一冷一热，非死不可，等晚一点再浇。”

“该浇花了！”傍晚，禅院里的花已经成了霉干菜的样子，老和尚终于想起来浇水了。

“怎么不早浇……”小和尚嘀嘀咕咕地说，“一定已经死了，浇不活了。”

“浇吧！”老和尚漫不经心地吩咐道。

水浇下去没多久，已经垂下去的花，居然全立了起来，而且生机盎然。

“师父！”小和尚喊，“它们可真厉害，憋在那儿，撑着不死。”

“胡说！”老和尚纠正，“不是撑着不死，是好好活着。”

“这有什么不同呢？”小和尚低着头闷声质疑。

“当然不同。”老和尚拍拍小和尚的头，“我问你，我今年80多了，我是撑着不死，还是好好活着？”

上晚课的时候，老和尚把小和尚叫到跟前：“怎么样？想通了吗？”

“没有。”小和尚还低着头。

老和尚敲了小和尚一下：“笨哪！一天到晚怕死的人，是撑着不死；每天都向前看的人，是好好活着。”

我们说人生在世一定要好好活着，那怎样才算好好活着呢？“发奋忘食，乐以忘忧”而已！别闲着，做你该做的事情去，这就是活着的最高境界。

那么，什么事情该做，什么事情不该做？什么时间做，什么时间不做呢？看似简单的问题，在现实中却很难把握。

孔子曾经对颜渊说：“用之则行，舍之则藏，唯我与尔有是夫！”

“用之则行，舍之则藏”，意思是说，当自己被重用，才能得到充分发挥的时候，就尽量去发挥才能，好好做事；当自己不被重用的时候，就把才能和锋芒藏起来。这个道理很明显，似乎是理所应当的，似乎大家也都能做到，可孔子为什么说只有他和颜渊能做到呢？仔细一想，要做到这一点，还真有难度。

很多人在被重用的时候，总是顾虑重重，该说的话不敢说，该做的事不敢做，或执行力弱，不能马上去做。私下与朋友聊天，总是义愤填膺、振振有词，可等到开会轮到他发言的时候，又什么都不敢说。这就是用之不行。

很多人不在其位却大发牢骚，说这个领导不行，那个领导没水平，甚至喜欢说“如果我当了总理会如何如何”。夸夸其谈、锋芒毕露，其实只是一些不切实际的幻想和空谈而已。这就是舍之不藏。

还有很多人，身负重任的时候，不肯竭尽全力，做事的态度也不认真，似乎十分尽力、十分认真就会吃亏。一旦到了自己无事可做的时候，又会抓瞎，千方百计让自己被人重视，委以重任。这也有违“用之则行，舍之则藏”的原则。

所以，孔子很感叹，觉得只有自己和颜渊做到了这一点。

人生总是有起有落。所谓达则兼济天下，穷则独善其身，得意的时候，要珍惜机会，认真做事，发展自己；失意的时候，则应韬光养晦，懂得封藏和收敛。独善其身，往往是为了等待兼济天下的时机。

封藏自己，不是一味的封闭。世间万物都有其封藏的过程，季节上一年四季，有了冬天的封藏，才有了春的生发、夏的蕃秀；一天中，有了夜晚的封藏，才有了白天的明媚。一个人也是如此，本领需要封藏，封藏是一个整理、积累的过程，是对已有本领的完善过程。正是有了封藏，到了需要用的时候，本领才能充分释放。

不管我们处于什么样的环境，都有其存在的意义。所以，事情来了，努力去做；事情没来，那就藏好吧，保持淡定的心态，不要怨天尤人。这就是行藏有道，也是人生的一种境界。

6. 高处不胜寒，淡定心自安

高处不胜寒，现在常常用来比喻一些成功的人，没有知心的朋友，总是担心被别人从高高的位置上推下来。有时也比喻一个地位或者能力、权势太高的人，往往会被别人疏远、孤立。

确实，人一旦出头了，发达了，就容易成为众人瞩目的焦点，被人品评，被人臧否。因此，越是位居显要处，就越是要经常反躬自省，越是要讲究低调做人，融入大众之中。唯此，才能更有效地保护自己，得到更长远的发展。

大凡做官的人，尤其是做高官的人，没有不想要有一个好的结局的。然而，很多时候却往往事与愿违。曾国藩以其身居高位的亲身体验，具体开出了三个药方，以防居官之败。

曾国藩说，身居高位的规律，大约有三端：一是不参与，就像是于自己没有丝毫的交涉；二是没有结局，古人所说的“一天比一天谨慎，唯恐高位不长久”，就是指身居高位、行走危险之地，而能够善终的人太少了；三是不胜任，唯恐自己不能胜任。《周易·鼎》上说，鼎折断足，鼎中的食物便倾倒出来，这种情形很可怕。说的就是不胜其任。方苞说汉文帝做皇帝，时时谦让，像有不能居其位的意思，难道不是在不胜其任这方面有体会吗？孟子说周公遇到与自己不合的人，就会仰天思虑事情的原委，以致夜以继日，难道不是在唯恐没有结局的道理上有体会吗？

曾国藩说，越走向高位，失败的可能性越大，而惨败的结局就越多，因为高处不胜寒啊！那么，每升迁一次，就要以10倍于以前的谨慎心理来处理各种事务。他借用烈马驾车、绳索已朽，形容随时有翻车的可能。

他详细阐述：国君把生杀予夺之权授给督抚将帅，如东家把银钱货物授给店中众位伙计。如果保举太滥，对国君的名器不甚爱惜，好比低价出售浪费财物，对东家的货财不甚爱惜一样。进而推说，偷人家的钱财，还说成是盗，何况是贪天之功以为是自己的力量。曾国藩认为，利用职权牟取私利，就是违背了不干预之道，注定要自食恶果。一事想贪，则可能事事想贪；一时想贪，则可能时时想贪。这必然会陷自己于危险之地。

至于不终、不胜，曾国藩更是深有体会。他说："陆游说，能长寿就像得到富贵一样。开始我不知道他的意思，就挤进老年人的行列中了。我近来混了个虚浮的名誉，也不清楚是什么原因就得到了这个美好的声名。古代的人获得大的名声的时候正是艰苦卓绝的时候，通常不能顺利地度过晚年。想到这些，不禁害怕。想要准备写奏折把这些权力辞掉，不要再管辖这四省吧，又害怕背上不胜其任、以小人居君子的罪名。"

正因为如此，曾国藩虽身居高位，也时时犹履薄冰，大功告成之日，更是感觉如蹈危局。

所以，当人处于高位，处于功成名就的时候，就特别需要保持淡定的心态，学会反躬自省。成功固然有其正面的意义，但也会相应地产生一些负面的东西。它会蒙蔽成功者的双眼，甚至扭曲其心灵。基于此，当你更上一层楼时，更要摆正自己的心态。

第七章　淡定，让幸福常相随

幸福不用刻意追求，有时在你不经意之间，幸福就会悄然降临。但幸福同时也长着一双翅膀，随时随地都可能与你擦肩而过。幸福就在我们身边，每天围绕着我们，只要用心去体验，静静地接受，悉心地呵护——包好，放在身边，我们就把握住了属于自己的幸福！

第一节　幸福快乐由心生

1. 幸福从心开始

人活着就是为了生活得更快乐、更幸福，可是，在现代生活中，快乐幸福如生态环境般，已经与时刻处于压力下的人们渐行渐远。尽管夜夜笙歌，尽管灯红酒绿，快乐还是如夜空中的星星，可望而不可即。

幸福到底来源于什么？

25年前，美国哥伦比亚大学的哲学系博士霍华德·金森通过毕业论文《人的幸福感取决于什么》向世人公布他的调查结论：这个世界上有两种人最幸福，一种是淡泊宁静的平凡人，一种是功成名就的杰出者。25年后，他进行了回访，对比前后结果却让他得出了令人惊愕的真相：幸福从“心”开始。

1988年4月，霍华德·金森向市民随机派发出了10000份问卷。问卷中，有5个选项：A.非常幸福；B.幸福；C.一般；D.痛苦；E.非常痛苦。历时两个多月，在他最终收回的5200余张有效问卷中，仅仅只有121人认为自己非常幸福。在这121人中，有50人是这座城市的成功人士，他们的幸福感主要来源于事业的成功。而另外的71人，有的是普通的家庭主妇，有的是卖菜的农民，有的是公司里的小职员，还有的甚至是领取救济金的流浪汉。

霍华德·金森发现，这些人虽然职业多样，性格迥然，但是有一点他们是相同的，那就是他们对物质都没有太多的要求。25年后，已成为美国哥伦比亚大学终身教授的霍华德·金森又对这121人进行了一次回访问卷调查。调查反馈结果显示，当年那71名平凡者，除了2人去世以外，另外69人的生活发生了许多变化，包括他们有的已经跻身于成功人士的行列，有的一直过着平凡的日子，也有的人由于疾病和意外，生活十分拮据。但是，他们的选项都没变，仍然觉得自己非常幸福。而那50名成功者的选项却发生了巨大的变化：仅有9人事业一帆风顺，仍然坚持当年的选择——非常幸福；23人选择了“一般”；有16人因为事业受挫，或破产或降职，选择了“痛苦”；另有2人选择了“非常痛苦”。沉思两周之后的霍华德·金森，最后纠正自己25年前的调查结果说：所有靠物质支撑的幸福感，都不能持久，都会随着物质的离去而离去；只有心灵的淡泊宁静，继而产生的身心愉悦，才是幸福的真正源泉。霍华德·金森也对此深感愧疚，他在接受媒体采访时说：“20多年前，我太过年轻，误解了幸福的真正内涵。”

任何一种幸福都来源于人的内心，需要我们用心去感受。也正因如此，人们才一直在不懈地追求幸福，渴望得到更多的幸福。小时候，我们憧憬生活的幸福；长大了，我们感受工作的幸福；恋爱了，我们向往爱情的幸福；成家了，我们经营家庭的幸福。这一切都因为心灵深处的那份纯真、激情与快乐，幸福就成为一个永恒的话题。

那么，幸福到底该如何定义呢？下面这位哲学家的故事或许就是最好的答案。

有一位哲学家，当他是单身汉的时候，和几个朋友一起住在一间小屋里，尽管生活非常不便，但是，他总是觉得自己很快乐、很幸福。

有人问他：“那么多人挤在一起，连转个身都困难，这样的生活也能算作是幸福吗？”

哲学家说：“朋友们在一块，随时都可以交换思想、交流感情，这难道不是一种幸福吗？”

过了一段时间，朋友们一个个相继成家了，先后搬了出去，屋子里只剩下哲学家一个人，但每天他仍然很快活。

那人又问："你一个人孤孤单单的，这样的生活你还觉得幸福吗？"

"我有很多书啊！一本书就是一个老师，和这么多老师在一起，时时刻刻都可以向他们请教，这怎能不让人觉得幸福呢？"

几年后，哲学家也成了家，搬进了一座大楼里。这座大楼有7层，他的家在最底层。底层在这座楼里环境是最差的，上面老是往下面泼污水，丢死老鼠、破鞋子、臭袜子和杂七杂八的脏东西。那人见他还是一副自得其乐的样子，好奇地问："你住这样的房子，也感到幸福吗？"

"是呀！你不知道住一楼有多少妙处啊！比如，进门就是家，不用爬很高的楼梯；搬东西方便，不必费很大的劲；朋友来访容易，用不着一层楼一层楼地去叩门询问……特别让我满意的是，可以在空地上养些花、种些菜。这些乐趣呀，数之不尽啊！"

后来，那人遇到哲学家的学生，问道："你的老师总是觉得自己很幸福，可我却感到，他每次所处的环境并不那么好呀。"

学生笑着说："决定一个人幸福与否，不在于环境，而在于心境。"

我们对待生活的态度，取决于自己的内心。同样，生活可能反馈给我们的影响，也取决于我们的内心。如果内心是悲观的、消极的，那么我们从生活中接收到的一切信息都将是伤感的、痛苦的；如果内心是乐观的、积极的，那么不管生活给予了我们什么，我们都能感受到同样的幸福和快乐。

快乐是一种感觉，或者说是一种心理体验和满足，它由心生。你想快乐，就会真正地快乐起来。只要内心常存爱与恩慈，就能"一花一世界，一沙一天堂"。幸福由心生，天堂如影随。

2. 幸福可以与金钱无关

我们通常认为，薪水是越多越好，但有一份来自美国的经典调查显示，年收入由5万美元涨到100万美元的人，不觉得自己在加薪后的一年中，比在过去的一年里更快乐。

心理学家对此现象的解释是：人往往忽略这样一个事实，即当薪水提高时，人的欲望也随之增多了。当拥有健康的身体时，我们不会期望自己更加健康；当拥有一个幸福的家时，我们不会希望拥有两个幸福的家；但对于和金钱有关的物质，我们总是觉得越多越好。于是，在不断追求、满足自己对物质的渴望时，人牺牲的往往是健康、人际关系、家庭、爱情和平和的心境。

有一个富翁，他背着许多金银财宝前去寻找快乐，可踏遍千山万水仍未与快乐结缘。一日，他颓丧地坐在山路边歇脚，迎面走来一个背着一大捆柴草的樵夫，他们攀谈起来。富翁向樵夫诉说了自己的苦恼，并询问樵夫自己为何没有快乐。樵夫放下沉甸甸的柴草，舒心地擦着汗水说："快乐其实很简单，放下就是快乐呀！"富翁顿时领悟：自己背负着这么多的财宝，每天忧心忡忡的，总是担心被别人打劫或遭别人暗算，又怎么能够快乐得起来呢？

历史学家维尔·杜兰特希望在知识中寻找快乐，却只找到幻灭；他在旅行中寻找快乐，却只找到疲倦；他在财富中寻找快乐，却只找到纷乱忧虑；他在写作中寻找快乐，却只找到身心疲惫。

一个人在海上因船只故障独自漂泊了20多天，仅靠雨水和飞鱼维持生命。获救后，他感慨地说："只要有足够的食物能填饱肚子，有充足的饮水可以解渴，我这一辈子就心满意足了。"

在艰难的时代，一丁点东西都可能会让我们心满意足。而在生活水平飞速提高的今天，当我们渐渐失去知足的心态，心中就会孳生蔓延无穷的烦恼。

万新和妻子都是工薪阶层，同在一家企业工作，万新的月薪是3000元，妻子的月薪是2500元。由于收入有限，夫妻二人对物质生活并没有太多的奢望。他们无房无车，过日子精打细算，结婚第二年孩子就降生了。三口之家充满了温馨和快乐，日子过得其乐融融。

3年后，万新辞职后应聘到一家实力雄厚的大企业工作。这时候，他的月薪达到了10000元，而且，除了10000元的基本工资外，每月还有1000多元的公积金，单位还给他缴纳了各种保险，生病了医疗费用可以全部报销，孩子的医疗费用也可以报销一半。这么好的待遇让万新感到很满足，他觉得自己一个人工作完全可以养家了，于是，他让妻子把工作辞了，专心在家里带孩子。

转眼间快过年了，万新想，这次回老家可以好好炫耀一番了。当万新把自己的高收入说给亲友们听时，他们都流露出羡慕的眼神。万新开心极了。

但是，鞋穿在脚上舒服不舒服只有自己知道。当万新向别人说起他的家庭实际支出时，家人和朋友都说他在哭穷，以为万新怕别人向他借钱。其实，万新真的是有苦说不出。

原来，自从万新换了工作、涨了工资后，欲望就像吹气球一样膨胀起来。他再也不满足于住在租来的房子里，就买了一套房子，在朋友的帮助下，交了15万元的首付款，又贷款33万元，需要15年才能还清。每月雷打不动的房贷是2900元，快赶上他原来的工资了；收入高了，当然不能亏了孩子，每月给孩子购买奶粉及营养品等各项支出在800元左右；同时还添置了各种家用电器，其中也不乏名牌产品，日常水电开支也涨到了400元；手机、电话的通讯费用300元；上下班交通费100元，每月的伙食费2500元，不可缺少的烟酒零食300元；物业费300元；交际费用平均每月500元；妻子的养老保险月均400元左右。这些加在一起，总共支出8500元，一个月的工资就只剩下1500元。剩下的这些钱用于一些不可预见的开支，比如父母生病、社会捐款、接待来客，等等。这样算下来，万新真的是每月囊空如洗，不得不放弃K歌、买彩票、旅游、摄影的爱好。香烟是越抽越低档，在朋友和同学面前都拿不出手。更惨的是，万新和妻子已经两年没买过新衣服了。

万新在新的单位工作，虽然累是累了一些，但有一份较高的薪水，他还是很高兴的，因为人之所以辛辛苦苦地奋斗，就是想多赚一些钱，让自己和家人生活得好一些。然而，经济条件在改善，幸福却渐渐远离。每当万新想起还有几十万贷款和派生出来的利息，便感到很压抑，觉得活得实在很苦、很累。万新和妻子开始怀念从前的生活，怀念月薪3000元的日子。虽然挣钱不多，但他们没有压力、没有烦恼，活得很惬意，比现在要幸福得多。

为什么挣钱多却不如挣钱少幸福？其实，人们在赚到更多钱的同时，也不知不觉产生了更多的欲望。可以说，金钱是欲望的催化剂。对于一个贪婪的人来说，他多赚了100元，潜意识里就会产生购买价值200元的物品的欲望。他赚的钱越多，欲望值增长得越快，而且欲望值的增长速度会远远超越他实际赚钱的速度。伴随着欲望的飞速增长，他需要付出的辛苦就会越来越多，身上的压力也会越来越大。如此一来，他在奋斗的道路上必然会感到疲劳不堪。可以想象，看到别人两手空空地走路，而自己肩上却扛着一块大石头，这样，他能幸福吗？

如今，我们正处于一个物质生活日益丰富的年代，人们对于幸福的理解早已超出了前辈们那个时代为幸福生活而斗争的范畴。幸福开始成为衡量生活质量的指标。报刊上、网络中随处可见的幸福指数，表明人们更加关注幸福。但每个人都有自己对于幸福的理解和感悟，也是源自内心的一种表达。一个物质财富富有的人，如果心灵空虚，必然感受不到金钱带给他的幸福。而一个整天为生活奔波的人，虽然很劳苦，甚至有时忍饥挨饿，但对他来说，能够啃上一块窝窝头，也许就拥有了足够的幸福。一位著名学者曾经说过：“一个人幸福与否，不取决于他的外在遭遇，以及他所占有的财富、权力、荣耀等身外之物，而是取决于他恬然自得、宠辱不惊的内在精神素质。从这一角度来看，享受幸福还是一种主体的心理能力。”

人生如梦，岁月无情。蓦然回首，才发现人活着是活一种心情。穷也好、富也好，得也好、失也好，一切都是过眼云烟。在这物欲横流的现代社会，只为了一种全然自我的心情，仿佛是一种不小的奢望，但仍希望忙碌中的你，尽量为自己留出一块小天地，把幸福放在身边。

3. 用心感受，幸福就无处不在

有人说，幸福是指间的一把细沙，抓得越紧流失越快；有人说，幸福是梦中的一朵小花，闻着它的芳香，温馨于心。借用一首诗，如果把幸福二字镶进去，就成为："你想，或者不想，幸福就在那里，不悲不喜。"说到底，幸福无处不在。内心是博大的，能装得下很多东西，苦闷或快乐，仇恨或感恩，幸福是靠心感悟出来的。

一个少年去拜访一位智者，问："我怎样才能变成一个自己幸福快乐，也让别人幸福快乐的人呢？"智者回答说："其实，做到4句话即可：把自己当作别人，把别人当作自己，把别人当作别人，把自己当作自己。"

你幸福吗？到底何为幸福？

在现实社会，人们不懈地为生活忙碌着、打拼着。面对竞争的压力，面对尘世的纷扰，人累了，心也会累，累得装不下一轮明月，累得容不下一片落叶。于是，有人抱怨生活的平淡无奇，没有幸福来敲门；有人叹息日子的索然无味，不知幸福在何方。他们的内心缺少发现，难得和谐，往往忽略掉了身边的幸福。殊不知，登高望远的欣喜、追逐嬉闹的快意，都可以成为幸福的理由。

不久前，生意遭遇挫折的王先生利用双休日去看油菜花开，寻觅春的足迹。翻过两道长江堤岸，发现江堤边三个一围，五个一圈，一群群年轻人有说有笑，好不热闹。走近一看，原来是享受野炊的大学生。只见他们有的在侍弄锅灶，有的奔走江边洗菜、端水，各自忙碌着，没事的人则席地而坐，围着一大堆物品，嘻嘻哈哈，任快乐在飞。那一张张如花的笑脸，有着发自内心、浸润青春气息的幸福。王先生觉得，这一刻他也幸福起来了。

著名女作家毕淑敏眼中的幸福是："贫困中相濡以沫的一块蛋糕，患难中心心相印的一个眼神，父亲一次粗糙的抚摸，女友一张温馨的字条……这都是千金难买的幸福啊！"只是，每一次我们是否都感知到了呢？

每个人都拥有幸福，只看你是给自己一个肯定还是否定。幸福与否，完全取决于你自己如何看待。

俄国作家屠格涅夫告诫我们："你想成为幸福的人吗？但愿你首先学会吃得起苦。"

美国前总统罗斯福表示，幸福不在于拥有金钱，而在于获得成就时的喜悦以及产生创造力的激情。

英国剧作家萧伯纳强调："醉心于某种癖好的人是幸福的，正像我们无权只享受财富而不创造财富一样，我们也无权只享受幸福而不创造幸福。"

呻吟的病人说健康就是幸福，风烛残年的老人说活着就是幸福，顽皮的孩子说得到一件心爱的玩具就是幸福，流浪街头的盲人说有家就是幸福，苦读的学子说金榜题名就是幸福，失恋的青年说被人爱着就是幸福……

再看一看曼弗雷德·凯茨·德·弗里斯的《性、金钱、幸福与死亡》，你会发现幸福就在你身边，幸福时时与你相伴。我们知道，幸福实际上就是一种对美好事物和人生目标的超越。尽管有时我们付出得很多，得到的很少，但幸福从来就不曾离开过我们，它就在我们的脚下，在生活的最低处不起眼的地方，像一枚针，等待我们用心去发现。弯腰把它捡起来，弯腰的过程不就是感受幸福的过程吗？可有的人寻找了一辈子，仍不知道幸福在哪里，因为他们太缺乏对幸福的感悟。遇到不顺心的时候，他们埋怨生活、诅咒命运，但却对脚下的那枚针不屑一顾，这样的人又怎么能享受幸福呢！有的人觉得这个世界太不公平，同样的工作，同样的环境，为什么别人有房有车，自己却没有，一旦心理失去平衡，就只会怨天尤人。

其实，命运对所有人都是公平的。在匆忙的人生旅途中，我们都是过客，要懂得珍惜：珍惜当下，珍惜拥有，珍惜健康，珍惜生命。当我们累了、倦了的时候，不妨停下脚步，聆听一下心的呼声，让心在自然中感受万物的轮回与四季的交替；让心在俗世中来一次轻舞飞扬，洗去铅华，还原一份明净。这样一来，你会突然发现幸福无处不在。

4. 给予和付出是一种幸福

天空给予了鹰自由开阔的蓝天，于是天空有了鹰击长空的快乐；大海给予了浪花宽阔无边的怀抱，于是大海有了波澜壮阔的快乐；大树给予了小鸟落脚栖息的地方，于是大树有了倾听鸟鸣的快乐。

给予，其实很快乐，很幸福。欲望和知足是天平的两端，欲望多了，幸福和快乐就会自动减少。

有这样一个故事：一个男子坐在一堆金子上，伸出双手，向每一个过路人乞讨着什么。吕洞宾走了过来，男子向他伸出双手。

“你已经拥有了那么多的金子，难道你还要乞求什么吗？”吕洞宾问。

“唉！虽然我拥有如此多的金子，但是我仍然不幸福，我乞求更多的金子，我还乞求爱情、荣誉、成功。”男子说。

吕洞宾从口袋里掏出他需要的爱情、荣誉和成功，送给了他。

一个月之后，吕洞宾又从这里经过，那男子仍然坐在一堆黄金上，向路人伸着双手。

“你所求的都已经有了，难道你还不满足么？”

“唉！虽然我得到了那么多东西，但是我还是不满足，我还需要快乐和刺激。”男子说。

吕洞宾把快乐和刺激也给了他。

一个月后，吕洞宾从这里路过，见那男子仍然坐在那堆金子上，向路人伸着双手——尽管有爱情、荣誉、成功、快乐和刺激陪伴着他。

“你已经拥有了你所希望拥有的，你还有什么不满足的呢？”

“唉！尽管我拥有了比别人多得多的东西，但是我仍然不能感到满足。老人家，请你把满足赐给我吧！”男子要求道。

吕洞宾笑道：“你需要满足吗？那么，请你从现在开始学着付出吧。”

吕洞宾一个月后又从此地经过，只见这男子站在路边，他身边的金子已经所剩不多了，他正把它们施舍给路人。

他把金子给了衣食无着的穷人，把爱情给了需要爱的人，把荣誉和成功给了惨败者，把快乐给了忧愁的人，把刺激给了麻木不仁的人。现在，他一无所有了。

看着人们接过他施舍的东西，满含感激而去，男子笑了。

“现在，你感到满足了吗？”吕洞宾问。

“满足了，满足了！”男子笑着说，“原来，满足藏在给予的怀抱里啊！当我一味乞求时，得到了这个，又想得到那个，永远不知什么叫满足。当我付出时，我为自己人格的完美而自豪、满足，为我对人类有所奉献而自豪、满足，为人们向我投来感激的目光而自豪、满足。”

幸福感是来自于心理上的对比、平衡，经过心理情感体验而产生满足时，就会有幸福感。这种幸福感有时就在你回头微笑的瞬间，当你对身边的朋友微笑的时候，对方回你一个微笑、一个点头、一个手势，都会产生幸福感，只要你用心去感受。

能够给予，也是证明我们能力的一种表现，不仅仅是代表善心。我们有能力赡养父母、儿女，有能力帮助亲戚、朋友甚至陌生人，有能力和工友一起出色地完成工作任务，等等，这些都是有责任心的人对身边人的一定帮助，也是体现自我价值的一种方式。在工作中，给别人帮助，当别人向你请教时，你总能给他人释难，在你看来是微不足道的事，在别人眼中就是攻关。你的帮助让他人得到快乐，然后一脸感激向你道谢的时候，你心里的那种幸福、那种快慰是别人无法体会到的。

赠人玫瑰，手留余香，这就是助人为乐的感觉吧。其实，生活中这样的事很多很多，在车上为老人、孕妇让个座，过红绿灯时扶一把行动不便的老人，伸手示意一下驾驶员。哪怕只是一个手势，一个微小的举动，也可能给别人带来方便，在他人得到帮助的同时，自己也感到很欣慰。

第二节 修炼当下的幸福

1. 从你所拥有的开始

很多时候，人一旦步入社会，就会受到世俗的干扰，慢慢地忘记自己原来想要的东西，开始随波逐流，有时甚至找不到原来的快乐和幸福。

有一位青年，老是埋怨自己时运不济，发不了财，终日愁眉不展。这一天，走过来一个须发皆白的老人，问他："年轻人，你为什么不快乐？"

"我不明白为什么我总是这么穷。"

"穷？你其实很富有。"老人由衷地说。

"这从何说起？"年轻人问。

老人反问道:"假如现在斩掉你一个手指头，给你1000元，你干不干？"

"不干。"年轻人回答。

"假如斩掉你一只手，给你1万元，你干不干？"

"不干。"

"假如使你双眼都瞎掉，给你10万元，你干不干？"

"不干。"

"假如让你马上变成80岁的老人，给你100万，你干不干？"

"不干。"

"假如让你马上死掉，给你1000万，你干不干？"

“不干。”

“这就对了，你已经拥有超过 1000 万的财富，为什么还哀叹自己贫穷呢？”老人笑吟吟地问道。

青年愕然无言，突然什么都明白了。

如果你早上醒来发现自己还能自由呼吸，你就比在前一天离开人世的人更有福气。

如果你从来没有经历过战争的危险、被囚禁的孤寂、受折磨的痛苦和忍饥挨饿的难受……你已经好过世界上5亿人了。

如果你的冰箱里有食物，身上有足够的衣服，有屋栖身，你已经比世界上70%的人更富足了。根据联合国“世界粮食日”的数据显示，全球有36个国家连续几年陷于粮食危机当中；全球仍有8亿人处于饥饿状态，第三世界国家的粮食短缺问题尤为严重。在发展中国家，有两成人无法获得足够的粮食，而在非洲大陆，有1/3的儿童长期营养不良。全球每年有600万学龄前儿童因饥饿而夭折！

如果你的银行账户上有存款，钱包里有现金，你已经身居于世界上最富有的8%之列！如果你的双亲仍然在世，并且没有分居或离婚，你已属于稀少的一群。如果你能抬起头，面容上带着笑，并且内心充满感恩的心情，你是真的幸福了，因为世界上大部分的人都可以这样做，但是他们却没有。如果你能握着一个人的手，拥抱他，或者只是在他的肩膀上拍一下……你的确有福气了，因为你所做的，已经等同于上帝才能做到的。

“从你所拥有的开始”，这句话来自《圣经·旧约全书》。《圣经》中说，神通过燃烧的灌木首次向摩西显灵，告诉他去埃及带领以色列人逃离奴役，获取自由。摩西认为他没有这个才干和技能，胜任不了这项使命。

摩西说：“我要以什么样的名义去跟法老说我要带领以色列人离开埃及呢？”

神告诉他不用担心：“我会与你同行。”接着就向摩西展示他的计划：摩西去给法老一个最后通牒，让那些奴隶获取自由，否则将招致神（尽管当时的埃及人还不知道神）的愤怒。

“可是，”摩西反驳说，“他们不相信我，或者根本不听我的辩解，他们可能会说，神没有在你身上显灵。”

于是，神就问摩西说：“你手里拿的是什么？”

“牧羊杖。”摩西说，意指他手中的棍子。

“把它扔到地上。”摩西照着做了，牧羊杖落到地上就变成了一条大蛇。

“现在，伸出你的手，”神告诉摩西，“抓住他的尾巴。”这次，当摩西按照神的旨意去做时，蛇又变回了牧羊杖。然后，神又给摩西演示了如何提供其他一些证据以证实他是神派去的使者，其中还包括把尼罗河里的水变成血的能力。

尽管摩西信服了，但他仍然认为自己不能完成这项任务，因为他认为自己嘴笨。于是，神派摩西的哥哥一路陪伴着摩西，当他的发言人。但是，神对摩西的底线就是他必须要当领头人，他必须要去埃及，“用你手中的东西，展示神的标记”。

这个故事要说明的问题是：永远不要因为我们不具备什么技能或资源而自我设限；或者因为我们感觉不在某个高度就不敢去做伟大的事情。摩西拥有远比他自己承认的多得多的东西。神不用详细地告诉他应该一步一步怎么做。相反，问题的关键是他应该非常聪明地充分运用神赐予他的智慧——就从他手中的东西开始。

我们都知道故事的结局：摩西选择了接受神的指引，去埃及号召那些以色列人出埃及，并成功了。

从你所拥有的开始，不管它看起来是多么脆弱和渺小，这是你生命的起点。永远不要寄希望于权力和财富，那样才能成功，生命中很多事情都是因自信和坚持而产生的，坚持就是奇迹。一切生于无，你可以自信地学会创造，分享生命中每一份自主的快乐。生命本身最大的资源，就是我们本心，从静心开始。这个世界的神圣在于我们可以用双手来创造一切，我们可以用双手点亮我们的世界，让智慧的力量熠熠闪光，这是每个人与生俱来的权利。不要徘徊在痛苦与压力之中，真正带给我们希望的是我们的双手，是我们现在所拥有的，从这里开始去创造快乐的人生。

2. 幸福不曾走远，就在当下

有人说幸福只存在于过去和将来，过去有温暖值得回忆，将来有美好可以展望。而当下，人们总是执著于自己的追求，忙于奔波、疲于竞争，太多的压力已经让人们变得麻木，渐渐地缺失了幸福感，为什么会如此？原因是人们总是沉湎于过去的温暖回忆，过分地寄希望于未来，向往未来的美好，而忽视了如何发现现在所拥有的幸福。

从前，有一个人生前善良且热心助人，所以他死后升上天堂，做了天使。他当了天使后，仍时常到凡间帮助人，希望感受到幸福的味道。

一日，天使遇见一个农夫，农夫的样子非常苦恼，他向天使诉说：“我家的水牛刚死了，没它帮忙犁田，我怎么下田播种呢？”

于是，天使赐他一头健壮的水牛。农夫很高兴，天使在他身上感受到了幸福的味道。

有一日，天使遇见一个男人。男人非常沮丧，他向天使说：“我的钱被骗光了，没盘缠回乡。”

于是，天使给他钱做路费，男人很高兴。天使在他身上也感受到了幸福的味道。

有一日，他遇见一个诗人。诗人年轻、英俊、有才华且富有，妻子貌美而温柔，但他却过得不快活。

天使问他：“你不快乐吗？我能帮你吗？”

诗人对天使说：“我什么都有，只欠一样东西，你能给我吗？”

天使回答说："可以。你要什么我都可以给你。"

诗人直直地望着天使："我要幸福。"

这下把天使难倒了，天使想了想，说："明白了。"

然后，天使把诗人所拥有的都拿走。

天使拿走诗人的才华，毁去他的容貌，夺去他的财产和他妻子的性命。

天使做完这些事后便离去了。

一个月后，天使再回到诗人的身边，那时诗人已饿得半死，衣衫褴褛地躺在地上挣扎。

于是，天使把他的一切还给他。

然后，又离去了。

半个月后，天使再去看诗人。

这次，诗人搂着妻子，不住向天使道谢。

这是因为，他得到幸福了。

每个人都可以享受生活的幸福，因为幸福从来不曾走远，而就在当下。有的人会把现时的平安和喜乐看作是上帝的一种恩赐，怀着感恩的心情去享用。还有的人则会把手中的喜乐随意丢弃，如同故事中的诗人一样，即使已经拥有了很多幸福的事物，他却一点也看不见，还在为那些没有得到的东西而不停地抱怨。

詹姆斯·奥本汉说："笨人寻找远处的幸福，聪明人在脚下播种幸福。"

当你活在当下，没有已经过去的东西拖在你后面，也没有未来拉着你往前狂奔时，你全部的能量都集中在这一时刻，生命因此具有一种巨大的张力。这就是使生活丰富的唯一方式。

想想看，你这一生是怎么度过的：年轻的时候，你拼了命想挤进一流的大学；随后，你巴不得赶快毕业找一份好工作；接着，你迫不及待地结婚、生小孩；然后，你又整天盼望小孩快点长大，好减轻你的负担；后来，小孩长大了，你又恨不得赶快退休；最后，你真的退休了，但你也老得几乎连路都走不动了……当你正想停下来好好喘口气的时候，生命也快要结束了。这样算来，人的一生实在太短暂。

其实，这不正是大多数人的写照吗？他们劳碌了一生，时时刻刻为生命担忧，为未来做准备，一心一意计划着以后发生的事，却忘了把眼光放在现在，等到时间一分一秒地溜过，才恍然大悟——时不我予。

智者常劝世人要活在当下，到底什么叫做当下？简单地说，当下指的就是：你现在正在做的事、待的地方、周围一起工作和生活的人；活在当下就是要你把关注的焦点集中在这些人、事、物上面，全心全意去接纳、品尝、投入和体验这一切。

许多人喜欢预支明天的烦恼，想要早一步解决掉明天的烦恼；然而，明天如果有烦恼，今天是无法解决的，每一天都有每一天的人生功课要交，努力做好今天的功课才最重要。用平常的心对待每一天，用感恩的心对待当下的生活，我们才能理解生活和快乐的真正含义。

3. 学会让生活充满爱

生活中倘若没有爱，生活就会变成荒芜的戈壁滩。有一首歌中唱道：人生最遥远的旅途，不是距离，而是心境。心若累了，就饮一杯岁月的酒，淡然如水；心若苦了，就捻一抹流风的影，静然如花；心若醉了，就听一首忧伤的曲，皓然如月。习惯沉默，不想多说，也许言语太过苍白；习惯独坐，不想喧闹，也许心里太多浮躁；习惯旅行，不想禁锢，也许心灵需要放逐。学会让生活充满爱，让生命永恒！

在每个人眼中，爱的感觉是不同的。有的人认为，爱是一种很玄妙的东西，如影随形。把月色揉碎成凌乱的心事，轻轻放逐在遥远的天际；把脚步揉碎成无言的心殇，默默镌刻在岁月的等待，如花般绽放；把爱揉碎成满天的星光，静静婉约成唐诗宋词，如水流般深。也有人认为，爱是一场艰难的修行。或喜或悲，都是一次洗礼，一次岁月的历练；或浓或淡，都是一抹绽放，一抹美丽的风景；或远或近，都是一种生命无悔的选择。无需解释，默默相伴；无需埋怨，将心放淡；无需承诺，慢慢沉淀。在雨的街道，爱是一种无奈；在风的路口，爱是那遥远的守望。

人们对爱的诠释实在太多了，有个故事可能更容易教你理解爱，如何学会爱。

那年，她才20岁，像春天枝头上新绽的桃花，鲜嫩而饱满。她自小学戏，在剧团里唱花旦，嗓音清亮，扮相俊美，把《西厢记》里的小红娘演得惟妙惟肖。他32岁，和她同在一个剧团，是头牌，演武生，一根银枪，抖得虎虎生风。

台上，他们是霸王和虞姬；台下，她叫他老师，他教她“手眼身步法，唱念做打功”，一板一眼，绝不含糊。她悄悄拿了他的戏装练功服去洗，在乍暖还寒的春风里搓得满头大汗。她年轻的心，轻舞飞扬。

知道他是有家室的人，她还是爱上了他。就像台上越敲越紧的锣鼓，她的心在鼓点中辗转，起落，徘徊，挣扎，终究是失陷的城池，一寸一寸地陷落下去。台上，当她的霸王在四面楚歌中，她一手拉着头上的野鸡翎，一手提着宝剑，凄婉地唱：“君王从此逝，楚歌何聊生……”双目落泪，提剑自刎。她当时就想，爱一个人就是这样的吧，他生，她亦欢亦歌；他死，她绝不独活。

这份缠绵的心思，他不是不懂，可是他不能接受，因为他有家有妻子。面对她如花的青春，他无法许诺给她一个未来。他躲她，避她，冷落她，不再和她同台演出。她为他精心织就的毛衣，也被他婉言拒绝，却还是有风言风语渐起。在那个不大的县城，暧昧的新闻比瘟疫流传得还快。她的父亲是个古板的老头，当即就把她从剧团拉回来，关进小屋，紧锁房门。

黄铜重锁，却难锁一颗痴情的心。那夜，她跳窗翻墙逃到他的宿舍，热烈地扑进他的胸膛，对他说：我们私奔。

私奔也要两情相悦，热烈奔放，可他们不是。他很淡定，冷冷地推开她，拂袖而去，只留下两个字：胡闹！

那一夜以及之后的无数个夜，她都辗转难眠。后来，她重回剧团，才知道事业正如日中天的他已经辞职，携妻带子，南下打工去了。

此后便是杳无音讯，她的心成了一座空城。她知道，这份爱，从头到尾，其实都是她一个人的独角戏，可是她入戏太深，醒不过来了。

15年过去了，人到中年的她，已是一个有名的艺术家，有了一个幸福和睦的家庭，夫贤子乖。她塑造了很多经典的舞台形象，却再也没有演过虞姬。因为她的霸王，早已经不在了。

那一年元宵节，她跟随剧团巡回演出。在一个小镇上，她连演5场，掌声雷动。舞台，掌声，鲜花，欢呼，都是她熟悉的场景。可分明又有什么不一样，似乎有一双眼睛，长久炙热地追随她，如燎原的火焰。待她去找时，却又没入人群不见了。谢幕后，在后台卸妆的她，忽然收到一纸短笺，上面潦草地写着一行大字：15年注视的目光，从未停息。

她猛然怔住了，15年的情愫在心中翻江倒海——是的，是他！她追出去，空荡荡的观众席上寂静无人，她倚着台柱，潸然泪下。15年来盘桓在心中的对他的积怨，在刹那间冰消雪融。

是的，他一直都是爱她的。只是他清楚，那时的她是春天里风华正茂的树，这爱是她挺拔的树身上一枝斜出的杈，若不狠心砍下，只会毁了她。所以，他必须离开。如今，她是伸入云霄的钻天杨，而她成长的每一个枝丫间，都有他深情注视的眼睛。

爱，就是这遥远的守望。其实，每个人身边都有爱，只要细心观察就能发现。

生活中要是充满爱，可以抚平许多受伤的心灵，可以挽救许多沉沦的生命，可以激励许多彷徨的游子，可以慰藉许多失败的落魄者……

让生活充满爱吧，当爱成为一种习惯时，它将成为我们生命中不可或缺的一部分。有时，爱是一种坚持，可以穿越时间，穿越距离，穿越心灵；有时，爱是一种沉默，在沉默中铭刻，在沉默中清澈，在沉默中精彩；更多的时候，爱是一种正能量，它能让时间美丽，让岁月坚毅，让生命永恒。

4. 经营爱巢——家

一天，柏拉图问苏格拉底：什么是婚姻？苏格拉底对柏拉图说："我请你穿越这片树林，去砍一棵最粗最结实的树回来好放在屋子里做圣诞树，但是有个规则：你不能走回头路，而且你只能砍一次。"

于是，柏拉图去做了。许久之后，他带着一棵并不算最高大粗壮却也算不赖的树回来了。

苏格拉底问他怎么只砍了这样一棵普通的树回来。

柏拉图说："当我穿越树林的时候，看到过几棵非常好的树。这次，我吸取了上次摘麦穗的教训，看到这棵树还不错，就选它了。我怕我不选它，就又会错过了砍树的机会空手而归，尽管它并不是我碰见的最棒的那棵。"

这时，苏格拉底意味深长地说："这，就是婚姻。"

和你一起走进婚姻殿堂的伴侣，并不一定是你遇到的最好的那个人，但一定是有些地方值得你欣赏、值得你爱的人。婚姻是爱情在经历了风雨的洗礼与时间的考验之后修成的正果，两人生活在同一屋檐下，便构成了他们的爱巢——家。人们常常用"共筑爱巢"来祝福走上婚姻红地毯的新婚夫妇，其实，无论我们把婚姻和家比喻成什么，都需要夫妻双方苦心经营，唯其如此，才能保证爱巢永固！

有个男人从部队退伍时，因为受伤，一直找不到对象，最后勉强娶了个带着孩子的寡妇。男人很喜欢孩子，为了让孩子生活得更好，每天想尽办法多赚钱。一天，听说某厂出了一种新药，要找人试吃，男人毫不犹豫就去吃了。寡妇发现男人吃药时很担心，以为他生病了。但是，男人只是淡淡地说是糖浆。一段时间过去了，和这个男人一起吃药的那些人都有了严重的生理反应，只有他毫无反应。一天，男人提早回到家，发现女人也在喝糖浆，一看和自己喝的一样。他忙去找给药的人，怎么也可以给女人喝。给药的人不明所以，说从来没给过女人药啊。原来是女人发现丈夫的秘密后就偷偷把药换成了糖浆，自己喝了真正的药。女人哽咽着说："你是家里的顶梁柱，要照顾好自己的身体。"

爱，就是这样平凡而细微，一个糖浆事件体现了夫妇俩都为对方着想的大爱！爱，真的不需要轰轰烈烈，相濡以沫，过着平淡的生活，却拥有幸福的源泉。

生活平平安安，是人人都渴望的。但生活中常有意想不到的灾难，挫折如月食，隔不太久便要光临一次，给爱的旅途投下阴影。知道这些都是定数，逃不脱，避不开，一旦遭遇上了便也心底坦然而悠然。灾难临头了，心扉随之异变为蚌壳，噙住它，定住它，泌出黏稠的心液包裹它，直到将它滋养成美丽的珍珠……

爱更多地体现在日常生活中的点点滴滴上。最经典、最浪漫、最深情不渝的情话，永远来自淡定的生活，来自不悔的真心。

家，一个充满爱的地方，应该是最舒服、最安全、最稳定和最快乐的地方。是家的温暖让我们在失败时拥有了鼓起自信风帆的勇气，是家的温暖为我们在痛苦中抚平了心中的伤痕，是家的温暖帮我们在狂风暴雨中撑起爱的大伞。家用永恒的爱诠释着一种高尚的情怀，托起了生命的坚实港湾。而伴侣不是结婚时发誓非你不娶或非你不嫁的那个人，而是发现你身上有许多缺点仍然选择你的那个人；伴侣不是生活中你爱吃黄瓜他也爱吃黄瓜的那个人，而是你吃蛋清他吃蛋黄的那个人；伴侣不是天黑了和你一起手挽手走进饭店的那个人，而是守在门口巴望你回来共进晚餐的那个人；伴侣不是和你大谈爱情，把"我爱你"挂在嘴边的那个人，而是和你平淡地唠叨柴米油盐、锅碗瓢盆的那个人。在幸福的婚姻中，伴侣已不是一个具体的人，而是你和他在几十年的岁月中沉淀下来的一份默契、一份温情、一份平淡、一份理解、一份宽容。

是啊，日子像水一样地流着，当繁华落尽，或许，日子有它的疼痛与无奈。当爱情被柴烘、米煮、油烹、盐腌、酱卤、醋浸、茶泡后，也会改变原来的味道，现实而又平淡的生活会随着时间的流逝而冲淡曾经的激情，两个人也因为生活中的琐碎小事而淡化了爱情甚至磨灭了爱情。同一个屋檐下若干年的共同生活，让两个曾经相爱的人都在怀疑，自己曾经的海誓山盟是否只是一时冲动，而曾经想要长相厮守的愿望是否只是现在并不满意的生活。有时，我们常常看到、听到，两个曾经爱得死去活来的人会因为一点鸡毛蒜皮的小事而拍桌子、摔东西、恶语相加，甚至大打出手。

其实，每一个幸福的家庭都是一样的，夫妻之间从经历若干的挣扎到无原则的妥协，最后才能步伐一致地走向更加幸福的生活。家的幸福温馨来自于两个人的共同经营、相依相偎！哪怕是病中的一碗粥、雪夜里的一炉炭火、雨天的一把伞，随着时光的流逝，爱情婚姻早已升华，已经变成日久弥坚的亲情。

5. 疼痛是生命的嫁接

爱情是人类永恒的话题，恋爱也是每个人都要经历的事情。然而，并不是每次恋爱都有美好的结局。如何对待失恋，可以说世上没有人能够教你，全靠你自己用心去感悟。

小芸不顾父母的反对，随他辗转千里来到这个北方的小城。她喜欢的，是他俊朗温暖的笑。那笑容里的暖，让她觉得欢喜而踏实。北方的风，干燥冷硬，吹疼了她柔嫩的肌肤，却把她内心的幸福吹成枝头蓬勃绽放的花儿。

小芸以为幸福会一直延续下去，然而不过是一季花谢，她的爱情就已萧条。她觉察出他的淡漠与疏远，却并未在意，直到他淡淡地说出那句“我爱上了别人”，她才如梦初醒。错愕，惊讶，伤心，她感觉仿佛从悬崖跌落，疼痛钻心入骨。面对她的伤心欲绝，他无动于衷。他的冷漠和无情，深深刺伤了她，撕心的痛楚与难过，汇成了心底的绝望。

小芸发疯似的跑到郊外的湖边。他带她来钓过鱼，欢笑犹在，情却已远。早春，湖面的风冷冷地吹来。她想，跳下去，所有的痛苦就都消失了。

“姑娘，帮个忙吧？”一个憨厚苍老的声音传来。她循声望去，是一位 60 多岁皮肤黝黑的老汉。她漠然地看了看老汉。“老伴生病没来，还有几棵杏树没嫁接完，等树发芽时就接不活了。姑娘，麻烦你帮我扶扶树枝就行。”老汉指着身后的山坡笑呵呵地说。她点了点头。

老汉把杏树从根部锯平，在一侧切上一道口子，然后，把削好接口的桃枝插进去。“姑娘，你帮我扶着桃枝就行。”她疑惑不解地望着老汉。“这杏树都栽上几年了，长势也不旺，结的杏又小又难吃，只好嫁接成桃树，要不，最后都得枯死。”老汉边说边用塑料薄膜把接口包好，再用绳子绑紧固定。老汉自语着叹息：“树也不易啊，熬过旱涝虫害，还要受这嫁接之疼。”

她听了，心头一震，眼里泛起泪光。老汉语重心长地说：“姑娘，我知道你遇上不顺心的事了。人和树一样，熬过些痛，受些苦，就又能长成一棵新树。甭管遇上啥事，就当是被嫁接了一回，痛过了，人才看得更清楚、更明白。湖边风冷，快回家吧，爹娘都惦着你呢。”她默默地听着，轻轻地点点头。

老汉质朴的话语，让她明白了：爱情有时像鲜花一样娇艳欲滴，但有时也会有脆弱而不堪一击的一面。当丘比特不再眷顾我们的时候，爱情的花儿就会因为缺少阳光而枯萎，这时的我们也要随着花儿一起凋亡吗？失恋很痛，但疼痛是生命的嫁接，也是一次新的开始与启程。

人生在世，难免要经历一些情感的波折。因为误会而相爱，因为理解而分手，这句话很时髦。随着生命中的情感路线越走越远，蓦然回首，往事印刻在记忆里，喜怒哀乐，悲欢离合，那些在生命中走过的人，在心灵深处那片被爱踏足过的芳草地，是否还保留着一份珍贵的情感，借以回味逝去的时光，只是我们终将错过一些可以陪伴一生的人。总有一些感叹，在我们灵魂的悸动中，如同昙花的闪现，梦境一般摇曳起光阴的故事。泪水悄然滑落的瞬间，我们才发现，原来失恋只是一种人生经历。在我们生命行走的过程中，只要将心门敞开，随时都可以融入幸福和美丽。

还有一个小故事，也值得你细心体会。

有个女孩失恋后，跑到河边自杀，正好被路过的老人救了下来。老人见姑娘年纪轻轻就想不开，大概猜到了其中的缘由，心中觉得非常惋惜，于是不住地摇头。姑娘见状，好奇地问道："老人家为何一直不停地摇头呢？"老人故作哀伤地说："我刚才途经街市，捡到一件非常漂亮的衣服，于是便高高兴兴地穿在身上，不想走了不到半刻钟，便有人追上来要回了那件衣服，弄得我烦恼得很，与对方争执不下，最后讨了一顿打骂。"

姑娘诧异地说："老人家难道想妄取别人的东西吗？这衣服原本就不是你的，被人取回也很正常，你何必与人纠缠呢？当真是自讨苦吃。"姑娘的话说得毫不客气，但老人并不生气，反而笑着说："这就是了，姑娘为何又不愿放弃不属于自己的东西呢？明知这感情已经不属于自己了，为何还要苦苦纠缠，让自己不痛快呢？"姑娘这才明白了老人家的深意。

幸福就是能把握好拥有的东西，而不是错误地追求不属于自己的东西。如果你误解了幸福的意义，那么人生自然也就要承受不应当承受的痛苦和烦恼。如果你错把已经失去了的、不属于自己的爱情当成悲伤的理由，必将陷入生活的圈套。所以，不要为那些留不住的人而哭泣伤悲，不要对那些原本就要逝去的东西苦苦挽留。很多时候，不是生活剥夺了你恋爱与幸福的权利，而是将你的爱与幸福重新进行了正确的排序。

亦舒说：“失去的东西，其实从未真正属于你，也不必惋惜。”恋爱了，就真正珍惜。但一旦失恋了就不要再去纠缠，让自己沉浸在痛苦之中不能自拔。面对失恋，你可以这样想：也许他（她）不是最适合我的。你也可以诗意一点地想：也许他（她）是我生命中的过客，是注定留给我回忆的人，是教会我如何珍惜下一份感情的人。失恋，有什么了不起。面对生老病死，你或许无能为力，可面对失恋，你完全有自己的决策权。其实，失恋在某种意义上也给了我们又一次选择的机会。放弃一个爱你的人并不痛苦，放弃一个你爱的人那才痛苦。若是有缘，时间、空间都不是距离。若是无缘，总是相聚也无法合意。凡事不必太在意，更不需强求，淡然处之，就让一切随缘。

6. 幸福需要学会放弃

很多人之所以痛苦，并非因为生活得不好，而是因为在乎的太多。人总是希望有所得，以为拥有的东西越多，自己就会越快乐。可是，有一天，我们忽然惊觉：忧郁、无聊、困惑、无奈，都与我们的欲求有关。

你爱上一个人，但他不爱你，你的世界就将微缩在对他的感情上。他的一举手、一投足，都将引起你的注意，都足以成为你快乐和痛苦的源泉。

有的时候，你明明知道有些东西不属于你，可你仍强求，或许出于对自己的盲目自信，或是过于相信所谓的“精诚所至，金石为开”，结果不断努力，换来的却是不断的挫折，到头来弄得自己苦不堪言。

世界上有很多东西不是我们努力了就能够实现的，有的靠缘分，有的靠机遇，有的只能以看山看水的心情来欣赏，不是自己的不强求，无法得到的就放弃。

生活的艺术之一就是要知道什么时候收、什么时候放，因为生活即是矛盾，一方面它鞭策我们不懈追求，另一方面又强迫我们在力所不及时放弃一切。智者说："一个人来到这个世界时，他紧握双拳；离去时，却松开了双手。"

生活中需要放弃的东西很多，比如，一个不正确的目标、一个错误的观念、一段已逝去的感情、一段过去的往事、一笔丢失的财富，等等。

一个大学生在毕业前夕，女友移情别恋，离他而去。一时间，他觉得人世间再也没有什么可留恋的了，整日恍恍惚惚，郁郁寡欢。

一天傍晚，他来到江边，准备结束自己年轻的生命。就在他将要投江的时候，一位钓鱼的老人叫住了他。老人问明了他的情况，注视着他，一言不发。过了一会儿，老人说："小伙子，我看你的面相，以后定是个大富大贵之人，你在学业中将有非凡的成就，何必为一点微不足道的小事自寻烦恼呢？失恋对于年轻人来说是正常的事情，恋爱可以重来，而生命对于人来说却只有一次，要想想你的亲人、朋友，还有培养你的那些老师，他们正期望着听到你走向辉煌的佳音呢！"老人的一席话，深深地打动了他的心。他谢过老人，忘掉忧伤，重新鼓起了生活的勇气。几年后，他考上了一所知名大学的博士。

其实，那个老人并非相士，只是编了一个善意的谎言，挽救了一个年轻的生命。

现实中，并非所有人都能做到拿得起、放得下，愚者将自己的失败、忧伤深埋心中，永远无法释怀，这种压抑的毒种一旦发芽、生长，必将给人以致命的打击。

做事情要坚持才能成功，但是盲目的坚持却未必能成功。比如小蚂蚁要过河，前面是一条无法穿越的河流，它是应该坚持游过去，还是选择绕道而行呢？如果盲目地坚持原来的路游过去，可想而知，只能溺水而亡。面对一件事情，如果我们百般努力却成功无期，就不要盲目地坚持到底，选择放弃，换一种方式或一个活法，往往会带来新的契机。

生活中有许多东西，拥有反而是一种负担，没有才是一种轻松，在某些时候，你选择了放弃，就意味着你选择了一种新的人生。可惜，有的人从来不知道，有一种智慧叫放弃。

一个地方上小有名气的企业家，经过10多年的打拼，终于使自己经营的化工厂实现了盈利，对此他颇为得意。但好景不长，没多久，由于市场竞争相当激烈，他的小化工厂显然不具备与大企业竞争的能力，惨淡经营不到两年便倒闭了，所幸没有多少外债。但他整日忧心忡忡，日渐憔悴。亲朋好友都劝他放宽心，想办法投资其他项目，以后东山再起。他对别人的话一句也听不进去，整个身心全被笼罩在失败的阴影里。

后来，当他拖着虚弱的身体到医院检查时，医生告诉他得了癌症，这个不幸的消息就像晴天霹雳。不到两个月，他便在忧郁和病重中抛下年轻的妻子和几岁的孩子撒手西去。

如果你牢记着过去的失意和悲伤，它们将像魔鬼一样整天缠着你，使你不能有片刻的宁静。

幸福快乐不是因为拥有得多，而是计较得少。学会放弃，在落泪以前转身离去，留下简单的背影，才能重新轻松投入新生活，才会有新的发现和转机。

7. 与别人分享快乐

热爱生活，享受生命，让自己的人生充满欢乐，是人生的一种境界。但是，人不应仅仅让自己成为一个快乐的人，还应该把快乐带到邻里、同事、朋友中间，使大家都沉浸在快乐之中。如果没有人和你一起分享快乐，那无异于严厉的惩罚。

有个寓言故事说，犹太教规定，信徒在安息日必须休息，什么事都不能做。但酷爱打高尔夫球的犹太教的长老，终于忍不住一整天的寂寞，决定偷偷去高尔夫球场。

由于安息日犹太教徒都不会出门，球场上一个人也没有，因此，长老觉得不会有人知道他违反了规定。

然而，当长老打第2洞时，却被天使发现了，天使生气地到上帝面前告状。上帝听了，就跟天使说，会好好惩罚这个长老。

第3个洞开杆，长老打出超完美的成绩，几乎是一杆进洞。长老兴奋莫名。到打第7个洞时，天使又跑去找上帝：上帝呀，你不是要惩罚长老吗？为何还不见有惩罚？上帝说：我已经在惩罚他了。直到打完第9个洞，长老都是一杆进洞。因为打得太神乎其技了，于是长老决定再打9个洞。

天使又去找上帝了：到底惩罚在哪里？上帝只是笑而不答。

长老打完18洞，成绩比任何一位世界级的高尔夫球手都优秀，把长老乐坏了。天使很生气地问上帝：他都乐成那样了！这就是你对长老的惩罚吗？

上帝说：你想想，他那惊人的成绩以及兴奋的心情，却不能跟任何人说，这不是最好的惩罚吗？

原来，没人分享快乐就是一种惩罚；相反，把快乐分享给别人，自己也能得到更大的快乐。

把快乐带给身边的人不是矫揉造作，更不是哗众取宠，而是为了优化人际关系，创造更美好的人际环境。

有一个馒头店的老板，他的馒头每天只出笼3次，每次固定蒸120个馒头。100个出售，20个接济老人和孩子。常常生意好时，馒头一出笼就被抢光，但无论客人如何要求，他从不肯把多出的20个馒头出售。“这是送的，不卖！”老板用十分坚定的口吻拒绝每一个想要买的客人，一边说，一边把热乎乎的馒头分送给老人和孩子。在那一刻，老板黝黑的脸上绽放出的是明亮的光彩。那种动人的亲切和笑容，是其他顾客看不到的。原来，在分享快乐的同时，你会收获幸福和满足。而一颗自私自利的心是无法感受到真正的快乐的。快乐是心灵的沟通，你关上心门，快乐便无法浸染你。困守在自设的真空中，不肯接受也不肯付出，结果很可能会窒息。而当你敞开心扉，乐于付出的同时，快乐、满足和真正的自由，便进入你的心中。生命的丰富是因你的分享而成倍增长的。当你把自己的痛苦和幸福吐露给朋友的时候，你的心灵就得到了平静，你就变成了一个更加亲切可爱的人。

那么，怎么才能与别人分享快乐，让别人喜欢自己呢？

其一，在别人忧愁时加以抚慰。人们常常会因为受到社会压力的冲击而表现出忧愁的情绪。当朋友陷入忧愁中时，你适时而至，给予对方抚慰，说不定对方就会走出情绪低谷，重新走向快乐。也许你的言语未必百分之百地符合真理，但却能使对方暂时卸下思想包袱。当然，根据具体情况，抚慰的方式也要因人而异，不可生硬、简单。

其二，在别人发生矛盾时加以化解。人与人之间难免出现这样那样的矛盾。矛盾不仅会导致人际关系走向僵局，更会赶走人与人之间应有的快乐。若要把快乐带给身边的人，你要做的就是让双方恢复正常交往，融洽关系，使快乐重新回到大家中间。

其三，在气氛沉闷时加以激活。在交际情境中，难免出现沉闷的场景。沉闷会导致僵局和窘境，这不仅与交流、沟通的宗旨相悖，而且让人失去了交往的快乐。这时，你应该设法去打破这种沉闷的局面。两个长期处于冷战状态的人，不可避免地邂逅，情景既别扭又令人窒息，你巧妙地加以激活，不仅能打破沉闷的局面，或许还会带来两个人重新握手的契机。

当你把快乐带给身边的人，你就能成为一个飘逸洒脱、快乐的人，也会成为一个受欢迎、受尊重的人。

快乐的要素之一是积极的心态。首先自己是开心的，才能把快乐带给别人。如果自己心情灰暗、低落，怎么给别人带来快乐呢？给予别人快乐不是做出来的，而是健康积极心态的自然流露。给别人带来快乐也不是表现在一时一处，而是长期在人们心目中留下的印象。

快乐的另一个要素是幽默。懂得幽默的人才能把自己的快乐有效地传达出来，并感染大家。你不可能像相声、小品演员那么诙谐，但你至少可以说些新颖、轻松的话，或者多学几则幽默笑话等，都会让你越来越幽默。

给身边的人带来快乐的时候，要适时适度。如果不能把握尺度，轻则显得生硬、做作，重则变成一种冒犯、侵害。比如在肃穆庄严的场合，你就别一厢情愿想着把快乐带给别人，而要等待时机，掌握适当的度。超过别人的接受限度，就会弄巧成拙、适得其反。

总之，分享快乐是一种智慧，更是一种豁达，与人分享快乐，能使你的心胸更开阔，头脑更睿智。